特别说明,本书系宁波幼儿师范高等专科学校优秀学术著作出版基金资助项目,宁波市哲学社会科学研究基地课题"高质量发展背景下区域普惠性学前教育公共服务体系建设路径研究(课题编号:JD181)"的阶段性成果之一

区域普惠性学前教育公共服务体系建设

刘　海◎著

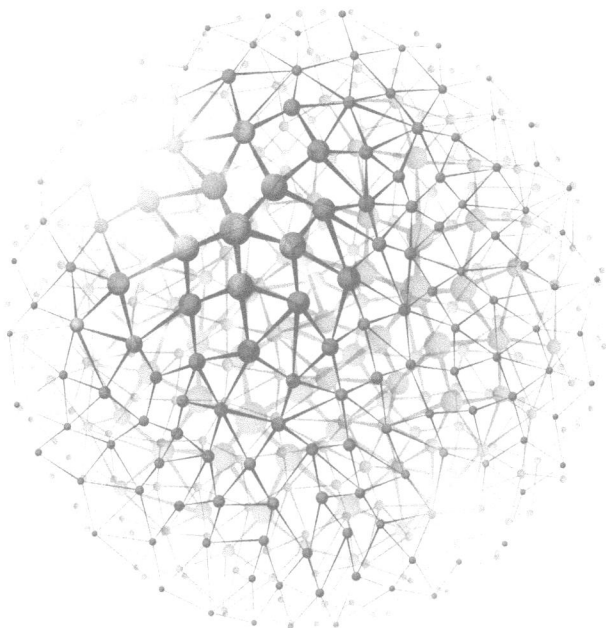

复旦大學 出版社

2010 年以来,我国学前教育事业发展迎来新的历史发展机遇,学前教育公共政策取向发生重大转折,重建学前教育公共服务体系,发展普惠性学前教育成为学前教育事业发展的主旋律。自此,我国学前教育事业进入全新发展阶段。经过十余年发展,我国学前教育事业的普及程度,学前教育总量、结构、属性、管理模式以及学前教育质量等取得跨越式发展,极大地改变了之前的学前教育生态。可以说,十余年来我国学前教育跨越式的发展历程,是以解决"短缺和普及"为重点,以"重建学前教育公共服务体系"为目标,以"政府主导、增加投入"为基础的。经过十余年努力,我国学前教育在普及普惠方面取得了举世瞩目的成就。

进入 21 世纪的第二个十年,蓬勃发展的学前教育事业又迎来了新的历史拐点。2021 年的第七次全国人口普查数据显示,2020 年中国育龄妇女总和生育率仅为 1.3,已是联合国报告中的"极低生育率"。我国的生育政策由控制生育向全面鼓励生育急剧转变,促进生育的相关政策举措密集出台。然而,产生的实际效果却不尽如人意。2021 年出生人数是 1 062 万,2022 年出生人数是 956 万,2023 年出生人数仅为 902 万,三孩政策实施三年,每一年的出生率都在下降。新生人口的快速下降对我国人口结构、经济发展将产生深远影响,婴幼儿产业、学前教育事业将面临第一波冲击。尤其是我国学前教育事业经历了供给侧扩张后,由于需求端——新生儿的下降,供求关系平衡开始逆转,未来十年学前教育事业的发展与布局将面临拐点到来后新的趋势与新的转变。

进入新时期,按照中央的战略部署,我国教育事业开始进入高质量发展的新阶段,建立和完善普惠性学前教育公共服务体系,促进学前教育高质量发展是今后发展的主要方向和任务。2021 年《中共中央 国务院关于支持浙江高质量发展建设共同富裕示范区的意见》颁布,文件支持浙江高质量发展建设共同富裕示范区。为进一步落实中央政策要求,浙江省人民政府颁布《浙江省高质量发展建设共同富裕示范区实施方案(2021—2025 年)》,在公共服务优质共享方面,提出更高水平推进幼有所育,建构包括学前教育在内的更加完善的公共服务体系。2022 年《浙江省学前教育发展第四轮行动计划(2021—2025 年)》发布,提出加快完善覆盖城乡、布局合理、公益普惠的学前教育公共服务体系,促进学前教育高质量发展。进入新的历史时期,党和政府高度关怀关心学前教育事业的健康发展,高质量建设、完善普惠性学前教育公共服务体系,在高质量发展中扎实推动实现共同富裕,有着基础性、全局性、深远性和超前性的意义。

本书聚焦区域普惠性学前教育公共服务体系建设路径研究,遵循"界定核心概念—确定价值取向—构建建设路径"的思路进行。首先,清晰普惠性学前教育公共服务相关核心概念,奠定理论基础;其次,基于我国学前教育改革演进历程,结合新时代学前教育高质量发展背景深入推动"幼有所育"向"幼有优育"的价值取向转变;最后,借鉴多学科理论,以宁波市为研究对象,分析其在高质量发展普惠性学前教育公共服务的相关政策与施政举措,通过田野调查,分析其发展现状、影响因素以及存在的问题,构建区域普惠性学前教育公共服务高质量发展建设路径,为地方政府高质量发展普惠性学前教育提供政策建议。

特别说明,本书系宁波幼儿师范高等专科学校优秀学术著作出版基金资助项目,宁波市哲学社会科学研究基地课题"高质量发展背景下区域普惠性学前教育公共服务体系建设路径研究(课题编号:JD-181)"的阶段性成果之一。

刘 海

contents

第一章

绪 论

诺贝尔经济学奖得主赫克曼(J. Heckman)曾言:"没有哪一项政策能够像学前教育一样,既具有远高于其他教育阶段的投资回报率而受到经济学家的青睐,又解决公众的家庭需求而受到社会认同。"(Heckman, 2000)。社会变迁影响着学前教育需求的改变,学前教育作为教育体系中不可替代的奠基阶段,是建构社会公共服务体系和满足民众重大需求的重点领域,这促成了各国政府积极地调整学前教育政策。

我国于 2010 年 7 月 29 日正式颁布《国家中长期教育改革和发展规划纲要(2010—2020 年)》(简称《发展规划纲要》),将学前教育列为专章,提出未来十年的发展战略与规划,学前教育受到前所未有的关注。在《发展规划纲要》中,包含扩大学前教育资源供给、加强幼儿教师队伍建设、增加政府对于学前教育的投入,以及完善学前教育管理机制等改革措施相继开展。在近十年的发展中,普惠性学前教育政策成为重点发展政策项目,影响着学前教育事业的发展,也引发了各方对政策内涵及其发展的讨论与关注。

本书除系统梳理普惠性学前教育政策发展的脉络外,专以浙江省宁波市为例,聚焦探讨前述政策发展所产生的影响、问题,以及对问题的回应等,以期能借此研究的汇总与发现,对前述政策发展提出具体建言。

本章分为五节,分别概述本研究的问题背景与研究动机、研究目的与待答问题、名词释义、研究方法与流程,以及研究范围与限制等。

第一节 问题背景与研究动机

基于对学前教育重要性的认同,各国通过国际倡议、国家行动计划以及立法等多种形式推进学前教育普及,通过建立以政府为主体的多元化学前教育服务体系,协调学前教育在数量扩充与质量保证之间的平衡。以欧盟为例,20 世纪 90 年代关注学前教育的发展,最初的着眼点是促进女性就业;欧盟各国政府意识到学前教育的价值,不仅能够促进女性就业,缓解贫困家庭的恶性循环,而且能够促进幼儿的学习与发展,因此致力于推进学前教育普及和质量提升,以有益于国家人才的培养。

2009 年,在"欧洲教育与培训合作战略架构(Strategic Framework for European Cooperation in Education and Training)2020"会议上,欧洲各国提出学前教育发展应以效率与质量并重的原则,要求到 2020 年、从 4 岁到进入义务教育阶段的幼儿都能够接受有质量的学前教育(刘焱、武欣,2019)。2017 年欧盟委员会通过《促进和保护儿童权利指导方针(修订)》(*EU Guidelines for the Promotion and Protection of the Rights of the Child*),提出以儿童权利为本的原则,不放弃任何一个儿童,保障所有的适龄幼儿都能获得高质量的学前教育(Education and Training Monitor, 2017)。

21 世纪初,"入园难""入园贵",成为我国亿万家庭时刻萦绕心头的苦恼,学前教育已不再是单纯的教育问题,更是关系千家万户切身利益的民生问题。为此,我国政府针对学前教育事业发展启动诸多教育改革,其中"普惠性学前教育政策"成为备受关注的目标,该项政策发展的力道迄今仍有增无减。

一、问题背景

"入园难""入园贵"的问题一直困扰着新世纪初的幼儿家长们,也对地方各级政府造成诸多压力,犹如悬在顶上的"达摩克利斯(Damocles)之剑",相关问题时常见诸报端。

2010 年,《人民日报》中指出,广州民办幼儿园收费奇高,部分小区配套幼儿园招收小区生每月 3 000 元,非小区生每月 5 000 元,兴趣班还需另外收,每年 4—6 万元的学费给普通家庭造成了巨大的压力。同年《工人日报》报道,贵阳市多年来只有区属 17 所、市属 2 所公办园,而且分布极不均匀,大多数公办园只能超额办班,根本无法接收外来务工人员子女,他们只能进入大量收费低廉且无质量保证的无证"黑园"。《北京青年报》也报道北京很多家长为了能让孩子进入优质公办园,不仅要承担亲子班每节课的高学费,而且要通宵等亲子班门票,对于进城务工人员子女而言,进入城市正规幼儿园已是遥不可及的梦想(王迎兰,2010)。

所谓"入园难""入园贵",系指"入质优价廉的公办园难","入有质量的民办园贵",其根本原因在于当时学前教育政策滞后,城乡学前教育机构的规划布局不合理,公办、民办幼儿园比率失调,学前教育经费投入匮乏,学前师资不足等众多问题使然(曾洁女,2020)。这造成家长难以觅得良好的学前教育机构,不仅会让诸多幼儿受教质量堪忧,机构间教保质量落差大并缺乏有效的管理机制,还会让学前教育的发展成为各方关注与批评的目标。

为解决上述问题,我国政府于 2010 年正式发布《发展规划纲要》,这是我国进入 21 世纪后的第一个教育规划,系指导全国教育改革和发展的纲领性文件(国家中长期教育发展与发展工作小组办公室,2010)。《发展规划纲要》中提到 2020 年要达成普及学前教育的目标,保障更多的适龄幼儿"有园上、上得起园、上合格园"。并提出要"建立政府主导、社会参与、公办民办并举的办园体制"。

2010 年 11 月 21 日,国务院发布《国务院关于当前发展学前教育的若干意见》(简称《国十条》),第一条即指出"学前教育是终身学习的开端,是国民教育体系的重要组成部分,是重要的社会公益事业。办好学前教育关系到亿万儿童的健康成长,关系千家万户的切身利益,关系国家和民族的未来"。指出了学前教育的性质与价值并定调公益性为我国学前教育政策的发展方向,进一步要求"坚持公益性和普惠性,努力构建覆盖城乡、布局合理的学前教育公共服务体系,保障适龄儿童接受基本的、有质量的学前教育"。发展普及且具有公益性的普惠性学前教育,成为指导政策发展的重要核心。

为进一步落实《发展规划纲要》与《国十条》的政策要求,国务院要求各省区市结合本区域经济社会发展状况和适龄人口分布、变化趋势,以县为单位编制《学前教育三年行动计划》,"发展与改善学前教育"成为教育发展的实效工程(《国十条》第十条)。2018 年 11 月 7 日,以中共中央与国务院名义颁发的《中共中央 国务院关于学前教育深化改革规范发展的若干意见》(简称《若干意见》)中提及:"到 2020 年,全国学前教育毛入园率达到 85%,普惠性幼儿园覆盖率(公办园和普惠性民办园在园幼儿占比)达到 80%……到 2035 年,全面普及学前三年教育,建成覆盖城乡、布局合理的学前教育公共服务体系。"这不仅延续扩增普惠性幼儿园的政策发展走向,更制定了具体的学前教育入学率目标(新华社,2018)。

随着前述政策的宣示,我国学前教育事业快速发展,具体表现在以下四个方面。

1. 普及水平大幅提高。2021 年全国幼儿园数达到 29.5 万所,比 2011 年增加了 12.8 万所,增长 76.8%;2021 年全国幼儿园在园幼儿数达到 4 805.2 万人,比 2011 年增加 1 380.8 万人,全国学前三年毛入园率由 2011 年的 62.3% 提高到 2021 年的 88.1%,增长了 25.8%,学前教育实现了基本普及。

2. 普惠资源广泛覆盖。2021 年全国普惠性幼儿园(包括公办园和普惠性民办园)达到 24.5 万所,占幼儿园总量的 83%,其中公办园 12.8 万所,较 2021 年增长了 149.7%,充分发挥了公办园兜底线、保基本、平抑收费、引领方向的重要作用。

3. 经费投入快速增长。2020 年全国财政性学前教育经费 2 532 亿元,比 2011 年的 416 亿元增长了 5 倍,财政性教育经费占比从 2011 年的 2.2% 提高到 2020 年的 5.9%。中央财政支持学前教育发展专项资金十年累计投入超过 1 700 亿元,有效拉动了地方财政投入的快速增长,为学前教育发展提供了有力保障。

4. 教师队伍不断加强。2021 年,全国开设学前教育专业的本专科高校有 1095 所,毕业生达到 26.5 万人,分别比 2011 年增加 591 所、23.1 万人,分别增长 1.2 倍、6.7 倍,为持续补充幼儿园师资提供了有力支撑。教师配备基本达标,2021 年,全国幼儿园园长和专任教师总数超过 350 万人,比 2011 年增加 200 万人,增长了 1.3 倍,生师比从 2011 年的 26:1 下降到 2021 年的 15:1,基本达到了"两教一保"的配备标准,师资短缺问题得到有效解决。教师素质明显提高,学历结构进一步优化,2021 年专科以上学历的园长及专任教师占比达到 87.8%,比 2011 年提高了

24 个百分点。

普惠性学前教育政策的发展迅速,但过程中也陆续出现问题。例如,各地普惠性幼儿园发展出现"不平衡""不协调"和"不可持续"等问题(佘宇、单大圣,2019),纵使先前"入园难""入园贵"的问题已有所缓解,但区域发展差异明显,深层体制亟待改革等课题仍有待解决。

十多年来,我国政府尽管采取了一系列战略措施推动学前教育发展,但是有些制度和措施带有"权益性""临时性"色彩,缺乏全面、系统、宏观、总体的战略设计,关注更多的是问题出现后的迅速应对和补救措施。如在追求园所覆盖率和学前教育普及的过程中,新增园数量迅速增长,但是学前教育事业发展的配套保障,特别是合格师资没有相应跟上,使得学前教育面临严重的教育质量危机(姜勇、王艺芳等,2020)。

就普惠性民办园而言,尽管在财政投入上能够得到政府的相关投入与补贴,但由于政府补助力度远远不足,造成部分地区公办幼儿园越办越强,民办幼儿园越办越弱的局面(曾洁女,2020)。以普惠性民办幼儿园教师为例,尽管他们在普惠性政策中有所获益,工作环境略有改善,专业支持有所增强,人际关系微有拓展,然而结构性变革并未发生。教师薪酬福利待遇依然偏低,工资收入较少,尤其在绩效工资上与公办幼儿园教师相比有较大差距。此外,普惠性民办幼儿园教师评职称机会欠缺,工作时间较长,任务较重,压力较大,专业培训力度和针对性有待加大等(林榕、王海英、魏聪,2019)。

在中央政府的政策宣示下,普惠性学前教育政策发展虽然明确但仍遭遇不少问题,究竟在执行层面遭遇了哪些问题?如何回应?问题是否获得妥善的处理?有哪些经验可以为政策修正作参考?这都令人关切。

二、研究动机

基于前述问题背景,本书研究动机分述如下。

(一)家庭送托需求增加,幼儿园收托量增但质量不齐

随着家庭结构的变化,家庭核心化、双薪家庭、农村地区留守儿童以及单亲家庭的增加,传统的家庭支持功能日益衰减。尤其在农村地区,伴随着外出务工人员的增加,传统的家庭支持、邻里支援照护的功能日渐式微。传统的家庭照护、祖辈养育带来留守儿童成长面临的诸多问题,家庭的养育与教育越来越依赖家庭外部的支持,家庭送托需求日益增加。对于城市地区而言,随着经济方式的转变,女性离开家庭外出工作,双薪家庭成为常态,这愈加提升了儿童照顾的需求,尤其是家庭外部支援的需求愈加迫切。

"天当房顶地当床,面包饼干当干粮。"这是在幼儿园门口一家老少齐上阵排队的场景。北京昌平区工业幼儿园门口,200 多名家长,有搭帐篷的,有支行军床的,有坐竹椅的,已经在此安营扎寨坚守了九天八夜,只为给孩子争取一个宝贵的入园名额。在南京

某所只招 80 人的知名幼儿园收到的"打招呼"关系条多达 800 张。类似这样的场景以及相关的新闻报道屡见不鲜,入园难问题成为急迫的民生问题(北京晨报,2010)。

入园难的问题在 20 世纪 90 年代中期并不突出,伴随着经济体制改革,公办性质的幼儿园尤其是企事业和集体办园迅速被关、转、改,取而代之的是完全靠家长付费且要从中盈利的民办幼儿园。长期以来,学前教育的重要性并未引起人们的重视,在一些地方,学前教育备受冷落,举办学前教育的主要责任推向市场,财政投入长期过低;而这些本就数量不够的经费又仅仅投向了少数示范园,由此导致学前教育资源总体规模不足与结构失衡。

根据 2009 年教育部统计数据,我国幼儿园共有 13.8 万所,在园儿童 2 657.8 万人,学前三年教育毛入园率为 50.9%。尽管在当时已达到历史最高水平,但仍有 2 563.8 万名适龄幼儿不能完整接受三年学前教育。由于教育资源分布不均,城乡学前教育资源差距明显。我国农村地区学龄前(0—5 周岁)农村留守幼儿有 1 596 万人,占农村同龄儿童的 30.46%。在中西部 22 省区市的 27 284 个乡镇中,有一半乡镇没有一所中心幼儿园。2008 年,农村学前三年儿童毛入园率仅为 37%,西部一些省区市甚至最低的不足 10%(全国妇联课题组,2013)。在广大农村地区,政府对学前教育投入严重不足,很少有社会力量愿意投资幼儿园,很多乡镇根本没有幼儿园,即使在有幼儿园的农村地区,由于师资力量薄弱、办学条件有限等因素,幼儿往往只能接受低质量的教育。

为解决上述问题,亟须加大普惠性学前教育公共服务体系建设,满足人民群众对普惠性学前教育的需要,满足家长送托需求,建设合格有品质的学前教育资源,此为研究动机之一。

(二) 幼儿园收托出现两极化趋势,现实的教育问题亟待政策因应

一直以来,在老百姓心目中,孩子上幼儿园都是一个难题。无论公立还是私立,现有幼儿园的容量已接近饱和。公办园"稀缺化"、民办园"两极化"、优质资源"特权化"、收费"贵族化"是当时我国学前教育发展面临的主要问题,不仅导致有钱没钱都没有幼儿园可上的窘迫局面,也造成了公众对于学前教育的抱怨声有增无减。

入园难、入园贵、办园水平参差不齐、教育不公等现象,长期困扰着众多家长。新华社曾发表评论痛陈:"公办园太难进了!民办幼儿园太贵了!"家长评价说,幼儿园是"入园难,难于考公务员;入园贵,贵过大学学费"。(王恩奎,2016)

伴随着我国人口政策的调整,生育政策放开,学前教育发展面临公办幼儿园资源有限,民办幼儿园两极分化,原有的学前教育资源不能满足人口变化带来的新需求,很多地区依旧面临着学位一席难求,一些偏远地区依旧存在无园可入的情况。这一现象也直接影响到适龄幼儿接受学前教育的权利和教育公平问题。尽管城市地区并没有普遍的"入园难""入园贵"的问题,而是入优质幼儿园"难"、入优质幼儿园"贵"的问题;现有优质教育资源不足与社会需求矛盾日益凸显。在农村地区,由于学前教育

资源严重不足与分布不均,农村对有园入和就近入园需求突出。教育部统计数字显示,2018 年公办园约 10 万所,占比 37.8%,民办园约 16 万所、占比 62.2%;公办园在园幼儿占比 43.3%,不到 4 成的公办园却收纳了近 43.3% 的适龄幼儿入园,说明目前公办园与民办园发展失衡的现状,公办园起着"托底"和保障的作用,然而尚无法独立支撑普惠性资源。建构普惠性学前教育公共服务体系,解决普惠性学前教育公共服务供给与需求相匹配的问题,此为研究动机之二。

(三) 中央普惠性学前教育政策陆续实施,地方政府的应对情形令人关注

自 2010 年始,从中央到地方有关发展普惠性学前教育的相关政策陆续颁布,体现了大力推进普惠性学前教育资源建设。在普惠性学前教育政策实施过程中尽管取得诸多成就,但同时面临新的问题与挑战。伴随着普惠性学前教育公共服务体系的推进,新增园所数量迅速增长,学前教育入学机会扩大,但是学前教育事业发展的配套保障政策不足。体现在以下三个方面(洪秀敏,2019)。

1. 合格师资数量严重不足,学前教育质量难以保障。

2. 财政投入方面,尽管学前教育财政投入大幅度增加,并设置专项资金,但在经费使用上不够合理,大量经费用于园舍建设。一些地方政府为了追求"面子工程""政绩工程",盲目撤并村办园,集中资金建设规模超大的乡镇中心园,作为当地学前教育展示的视窗,表面上增加了学前教育公共资源,改善了办园条件,实际上扩大了服务半径,造成了极大的不便。

3. 普惠性民办幼儿园建设亦是面临诸多问题,根据中国学前教育研究会的研究结果显示,普惠性民办幼儿园发展中存在三个方面的主要问题:

(1) 部分地区普惠性民办幼儿园的认定标准不够科学,仅以学费水平是否降至政府规定水平为唯一判定标准,而未关注办园质量;

(2) 对已认定的、获得资助的普惠性民办园的经费使用缺乏有效监管,致使部分幼儿园"一手拿补贴、一手拿收费";

(3) 部分地区的普惠性民办幼儿园认定政策只抓住了认定这一"入口"而未关注"出口",即普惠性民办幼儿园的退出问题,导致一些地方生源不佳时幼儿园申请认定、生源稳定后幼儿园自行退出的现象。

上述问题都使得各地认定的一些普惠性民办园虽享受政府的补贴,但没有做到真正的普惠。梳理地方普惠性学前教育发展状况,评估地方普惠性学前教育公共服务体系建设状况,此为研究动机之三。

(四) 普惠性学前教育政策发展的相关研究实有亟需,据以反馈政策走向

自 2010 年以来,我国实施"强化政府发展学前教育责任"的教育体制改革专项试点,其中辽宁省大连市、上海市闵行区、江苏省镇江市、浙江省杭州市与宁波市、安徽省合肥市、甘肃省甘南藏族自治州,以及宁夏回族自治区部分县市等入选明确政府职责,

完善学前教育体制机制,构建学前教育公共服务体系的试点城市。其中浙江省宁波市处于中国东部沿海,其经济社会和教育发展在全国一直处于较为领先的水平。近年来浙江省确立了推进基本公共服务均等化、加快形成惠及全民基本公共服务体系的建设目标,并在经济社会持续快速发展基础上确立了"教育强省"的基本战略。宁波市为响应国务院《国十条》,将列入国家教育体制改革的"强化政府发展学前教育责任"列为重要施政试点。2011 年制定《宁波市学前教育改革试点实施方案》,2012 年颁布实施《宁波市学前教育促进条例》及《宁波市普惠性民办幼儿园管理办法(试行)》。此外,2011 年至 2020 年,宁波市先后颁布并实施《宁波市学前教育三年提升行动计划(2011—2013年)》《宁波市第二轮学前教育三年提升行动计划(2014—2016 年)》《宁波市发展学前教育第三轮行动计划(2018—2020 年)》,逐步推进区域学前教育均衡发展与质量提升。

本研究拟以浙江省宁波市为个案城市,探讨宁波市已有改革探索的背景和动因,分析其改革理念与思路,剖析其改革主要措施并总结其中的特点与规律,追踪其改革发展的进一步思考,从发展变化的视角探寻地方政府回应普惠性学前教育政策发展的经验。

普惠性学前教育政策为当前发展与研究热点,研究者以"普惠性学前教育""普惠性民办幼儿园"等为关键词,通过"中国知网数据库"进行搜索发现,相关论文自2010 始逐年递增,相关论文自 2010 年始逐年递增,发文数量及聚焦主题分布详见图 1-1。

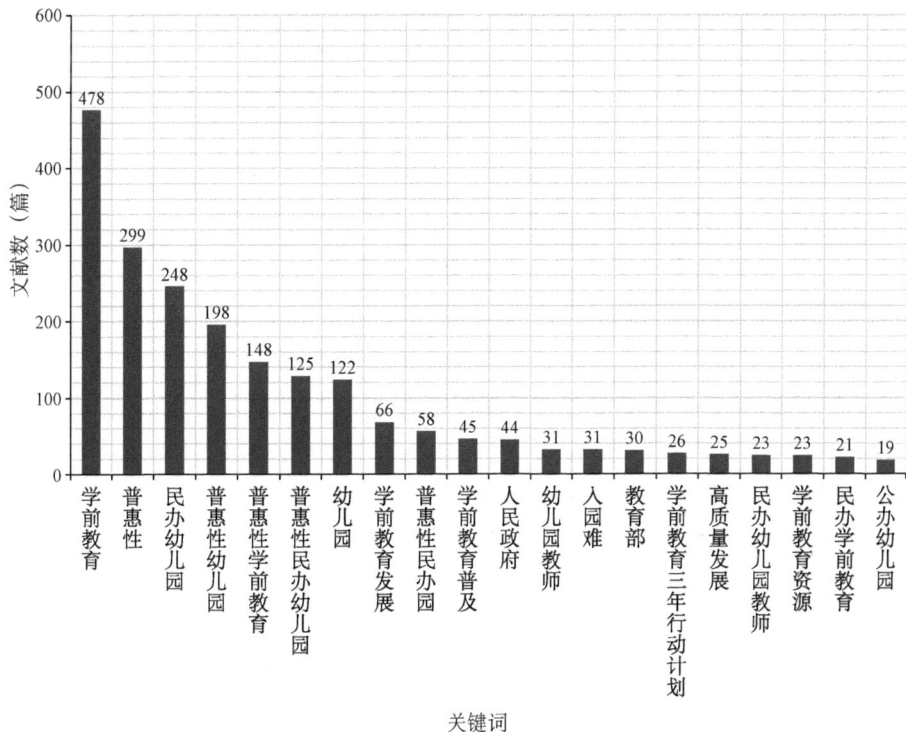

图 1-1　2010 年至 2024 年我国普惠性学前教育相关文献

有关普惠性学前教育政策的探讨主要集中于普惠性学前教育内涵、概念的研究，实施普惠性学前教育的原因、措施及策略的研究，发达国家发展学前教育的经验研究，发展普惠性学前教育价值与功能的研究，普惠性民办幼儿园质量评估的研究，以及普惠性学前教育师资质量的研究等理论性研究为主，但关乎普惠性学前教育政策发展的实践性研究较少，显示相关政策发展的研究实有需要，此为研究动机之四。

第二节　研究目的与待答问题

一、研究目的

本研究基于前述研究动机，借由当前我国普惠性学前教育政策的发展现状，通过梳理改革开放以来学前教育政策的嬗变，尝试从源头厘清普惠性学前教育政策发展的背景，分析普惠性学前教育政策的主要内容。在这一过程中，将结合当前普惠性学前教育的主要举措，探析普惠性学前政策实施取得的成效以及存在的问题。具体研究目的如下。

1. 分析中央政府普惠性学前教育政策发展之背景与相关内容。
2. 探讨地方政府回应普惠性学前教育政策发展的情形。
3. 探究地方政府执行普惠性学前教育政策的成效。
4. 汇总前述研究结果，就普惠性学前教育政策发展提出建议。

二、待答问题

依据前述研究动机与目的，探讨问题具体如下。

1. 普惠性学前教育政策发展的背景为何？
2. 普惠性学前教育政策形成的历程为何？
3. 中央政府推动普惠性学前教育政策的施政措施为何？
4. 中央政府关于推动普惠性学前教育政策的内容为何？
5. 宁波市回应中央普惠性学前教育政策的施政措施为何？
6. 宁波市回应中央普惠性学前教育政策的内容为何？
7. 宁波市推动普惠性学前教育政策发展的成效为何？
8. 教育行政人员对于普惠性学前教育政策发展的看法为何？
9. 不同类型幼儿园园长及教师对于普惠性学前教育政策发展的看法为何？
10. 幼儿家长对于普惠性学前教育政策发展的看法为何？

第三节 名词释义

一、普惠性幼儿园

1989 年颁布实施的《幼儿园管理条例》中规定,幼儿园实行登记注册制度,未经登记注册,任何单位和个人不得举办幼儿园。幼儿园收费需在政府指导之下,以政府指导价收取保教费与服务性收费项目,包括伙食费、生活用品费、外出活动费、体检费、保险费等。

所谓普惠性幼儿园,主要须具备下述特征。

1. 符合政府规定办园的基本标准。

2. 面向社会大众招生。

3. 收费实行政府定价或接受政府指导价。

在前述的办园特征下,所谓普惠性幼儿园应主要包括以下三种类型。

1. 公办幼儿园。

2. 由公民集体或以单位形式举办的公办性质幼儿园。

3. 提供普惠性服务的民办幼儿园。

普惠性民办幼儿园是面向大众、以非营利为目的,享受公共财政资助,并参照当地同类公办幼儿园保育费标准或按照当地政府指导价收费。目前普惠性民办幼儿园采取自愿申报制度,在达到依法办学、科学保教、合理收费、规范管理四项条件,即可向所在地县级教育行政部门提出申请。

二、普惠性学前教育政策

本书中所谓普惠性学前教育政策,系指我国中央与地方政府为建构普惠性学前公共服务体系,据以制定和颁布关于前述服务体系建立的系列方针、决定、通知、意见、纪要等的总称。在中央政策方面,包括《国家中长期教育改革发展规划纲要(2010—2020 年)》《国务院关于当前发展学前教育的若干意见》《中共中央 国务院关于学前教育深化改革规范发展的若干意见》《关于鼓励和引导民间资金进入教育领域促进民办教育健康发展的实施意见》《关于实施第二轮学前教育三年行动计划的若干意见》《关于实施第三轮学前教育三年行动计划的若干意见》等。

在地方政策文件方面,以宁波市为研究对象,包括宁波市政府所颁布的《宁波市学前教育促进条例》《宁波市普惠性民办幼儿园管理办法(试行)》《宁波市第二轮学前教育三年提升行动计划(2014—2016 年)》《宁波市发展学前教育第三轮行动计划(2018—2020 年)》等。

三、普惠性学前教育政策发展

由于政策实施过程中常因社会变化、政策决策而进行调整,因此政策发展具有弹性,在实施过程中亦会有非预期情况发生。

公共政策架构分以下五个阶段开展(吴定,2008):

1. 政策问题形成阶段;
2. 政策规划阶段;
3. 政策合法化阶段;
4. 政策执行阶段;
5. 政策评估阶段。

以上均属于政策发展探讨的范围。

本研究所指普惠性学前教育政策发展,在探讨的时间范围方面,系指 2010 年《国家中长期教育改革发展规划纲要(2010—2020 年)》发布至 2021 年;其中整体政策发展脉络,包括该项政策的演变情形、内涵,以及政策执行面临的问题与修正等,均纳入本研究的探讨范围。

第四节　研究方法与流程

一、研究方法

依据研究主题及目的,本研究欲深入了解我国普惠性学前教育政策发展情形及各方利益相关者对于政策议题的看法,除了采用文件分析法掌握大量文献以及相关的历史背景资料外,另以焦点团体座谈与半结构式访谈的方式,借由对研究议题的聚焦讨论,搜集对该议题更多元的意见与见解。文件分析以静态的资料呈现,研究者分析、描述过程中,不免受到主观因素介入而影响对资料的判读。因此,邀请实务界及领域专家学者以沟通对话方式进行资料的澄清与再理解,借以发挥资料相互印证之效,弥补单一研究法之缺失。主要研究方法如下。

(一) 文件分析法

本研究的主要目的在于梳理我国普惠性学前教育政策发展历程、内在逻辑以及出现的问题,并由此提出未来进一步促进普惠性学前教育发展的策略建议。

梳理改革开放以来学前教育政策变迁以及普惠性学前教育政策文本是本研究的重点之一,因此,文件分析法是本研究的核心研究方法。

本研究所搜集的政策文本,将通过以下三个步骤进行分析。

第一步：对文本中的政策规范进行考察。

第二步：确立并论证教育政策内容分析的标准。

第三步：用确立的标准对教育政策文本中的政策规范进行分析。

本研究将通过对普惠性学前教育政策文本的规范化的描述与分析，以政策目标的定位、政策机制及政策价值取向为分析维度，揭示我国学前教育政策嬗变过程，分析影响普惠性学前教育政策发展的症结所在，为后续政策发展提供方向性的引导与参考。

本研究所聚焦的政策文本集中于中央和地方政府有关学前教育的法律法规、政策文本，其中政策发布的社会背景、学界对相关议题的讨论与相关研究成效以及政策实施后的社会反应与效果均是所需收集、整理、分析的文献资料。相关文本大多散见于国家及地方的法规条例、政府部门发布的政策文件、党的文件、会议报告，以及领导讲话中，研究者通过检索政府网站、新闻报道、教育年鉴、研究报告等途径进行文献资料的搜集整理。

（二）焦点团体座谈

焦点团体座谈起源于社会学的群体访谈和历史学的口述史研究，注重参与者对知识建构所做的贡献。集体讨论的方式为研究者提供每一位参与者的个人意见，而且可以提供在特定情境下特定社会公众对待特定事务的集体性解释。

本研究中焦点团体座谈的对象为幼儿家长，选择此研究方法的理由如下。

首先，利用团体访谈的这一微观场景下所表现出来的互动行为，可以反映不同年龄阶段、不同社会阶层的参与者彼此的态度与看法，在互动过程中透视他们所处社会中宏观政治、经济、文化等方面的权力关系。

其次，通过相互间的交谈，通过对议题的讨论，将内容更加聚焦于共同议题上，激荡更多元的思考、论述及观点，可以将群体成员对于议题的认识进一步推进，从而达到共同建构新知识的目的。

在本研究中，有关普惠性学前教育"就近易得""平价优质""公平适度"等议题的讨论，即可通过以家长为对象的焦点团体座谈法的意见搜证据以提供分析立论的依据。

（三）半结构式访谈

本研究访谈将通过半结构式访谈开展。半结构式访谈是为了深入了解研究议题内容所进行的一对一资料搜集的方式，其采用的样本数少但却具有代表性。依据文献分析以及研究目的，采取半结构式访谈的形式与普惠性幼儿园园长、教师、地方教育局普惠性学前教育政策执行人员进行深度访谈，以获取关于普惠性学前教育发展的深入资料。在半结构式访谈中，有研究者针对事先设计好的访谈提纲对受访者提出问题，让受访者通过语言表达方式针对普惠性学前教育政策相关议题提出其个人的想法、见解与意见。透过与研究主题相关领域的代表进行访谈，以得到多面向的观点与论述来源。在访谈的过程中,研究者将依据访谈实际状况,视访谈对象的回应做弹性的内容与顺序上的调整。

二、研究流程

本研究依据研究动机与目的,运用文件分析、焦点团体座谈及半结构式访谈等方法,研究流程如下。

（一）研究构想阶段

主要是进行资料搜集及确认研究问题、范围与方法。

（二）研究执行阶段

主要依据政策文本、政策发展趋势、专家学者见解,形成四大指标项目（"就近易得""平价优质""公平适度""支持永续"）,并依分析架构设计焦点团体座谈及半结构式访谈之议题大纲,进而开展文献资料的整理与分析、研究工具的规划、设计、半结构式访谈的邀约等。

（三）研究分析阶段

根据文件资料所得及焦点团体座谈与半结构式访谈结果,进行综合分析与对话讨论,并依政策分析逻辑架构进行分析。

（四）研究完成阶段

本阶段主要是根据分析结果归纳研究发现并提出建议事项。

第五节　研究范围与限制

一、研究范围

本研究旨在对我国普惠性学前教育政策发展进行分析与评估研究,研究范围涉及研究时间、研究对象、研究来源以及研究议题四个部分。

（一）研究时间

本研究时间范围即从 2010 年至 2021 年,主要依其历史演进大致分为政策形成阶段（2010 年）、政策实施初期阶段（2011—2013 年）、政策全面实施阶段（2014—2016年）、政策深化改革阶段（2017 年之后）。然而,由于普惠性学前教育政策的分析涉及学前教育政策发展及历史脉络的了解,因此探讨时间范围将从 1978 年改革开放后对学前教育政策演进切入,借以系统了解普惠性学前教育政策产生的时空背景。

(二) 研究对象

本研究的研究对象,是宁波市下辖区县的公办幼儿园以及普惠性民办幼儿园的园长、教师及家长,主要包括海曙区、江北区、北仑区、镇海区、鄞州区、奉化区、余姚市、慈溪市、象山县、宁海县 6 个区、2 个县及 2 个县级市;宁波市部分教育部门主管亦为本研究的研究对象。

(三) 研究资料

在文件分析部分,主要以与议题相关的研究报告、政府出版物、期刊论文、硕博论文、会议论文集、网络资源、官方公文、相关会议记录、官方网站资料、相关成效报告以及说明手册等文件作为分析依据,透过上述资料来源,了解政策理念、目标与执行成效。另外,通过访谈方式,搜集具有代表性人员的意见与建议。

(四) 研究议题

本研究以"普惠性学前教育政策历史发展背景""普惠性学前教育政策相关理论基础"以及"宁波市普惠性学前教育政策落实情形分析"为探讨主轴,从相关文件中归纳"就近易得""平价优质""公平适度""支援永续"四个指标,并依此进行后续访谈大纲的设计。本文即依此顺序进行探究与分析。

二、研究限制

本研究因受研究者自身研究能力以及相应主客观因素的影响,仍不免有如下限制:本研究在样本便利及地域情境考量下,在研究对象选取上,每个地区所选取的研究对象在数量上有限,无法做到大样本的抽测,此难免会限制研究推论。当前,因普惠性学前教育依旧在持续推进,本研究所搜集的文献资料截至 2021 年 12 月,至于在此之后所产生的新问题、新情况将留待日后再持续研究。

本研究在探讨普惠性学前教育政策发展与分析过程中,研究方法采用文件分析法以及访谈法,应能符合研究目的,然而受承办人员更迭,相关原始文档未能完整收录的影响,本研究希冀透过其他官方相关文件资料进行三角验证,以补不足。此外,本研究以个案城市宁波市为主要研究对象,所得结论因地区差异具有一定局限性,因此相关结论难以完整体现我国地区普惠性学前教育发展的全貌。

第二章

改革开放以来学前教育政策变革与发展

中华人民共和国成立之初,我国以苏联学前教育思想为蓝图开展学前教育改革,全盘学习苏联的学前教育制度、理论与经验。1978 年,伴随着中国共产党十一届三中全会的召开,开启了改革开放的新时期。改革开放带来了思想解放、经济发展与社会繁荣,也加强了公众对知识的渴望以及平等受教育权、发展权的诉求,这些都为学前教育的发展带来了新的发展契机。由此,我国学前教育事业发展逐渐步入正轨。在此,以 1978 年教育部恢复学前教育处为时间节点,探讨我国改革开放以来学前教育发展的嬗变。

本章共分为三节进行文献探讨,第一节就我国的社会变迁与学前教育发展进行探讨,主要聚焦于 1978 年我国实施改革开放政策之后,经过 40 余年的发展,我国学前教育事业所发生的种种变化;第二节则是主要探讨我国学前教育政策的重要变革;第三节聚焦我国学前教育政策发展的问题与趋势。

第一节 我国的社会变迁与学前教育发展

编制和实施五年计划(规划)是中国共产党治国理政的重要方式,对国家治理有全局性影响,成为中国共产党领导国家治理、实现执政使命和奋斗目标的重要政策工具(丁忠毅,2021)。本文将结合不同时期五年计划,作为探讨学前教育发展的时间节点。

学前教育在不同的历史时期受到国家政策规划的影响,呈现出不同的特点。纵观改革开放之后,受到社会政治、经济发展的影响,我国学前教育的发展大致可划分为修复发展、体制改革、社会化发展、深化改革、调整提高、跨越式发展六大阶段。

一、修复发展阶段(1978—1986 年)

1978 年,中国共产党十一届三中全会确定了改革开放的国家战略,我国学前教育迎来久违的"春天"。学前教育发展纳入政府重要议事日程,有关学前教育管理体制、城乡学前教育发展方针、幼儿园课程标准、学前教育师资培养及管理等文件相继颁布,有了明确的规范,详见表2-1。

表 2-1　1979—1986 年有关发展学前教育的政策文件

机构	时间	政策文件	主要内容
五届人大	1979 年	《政府工作报告》	重视发展托儿所、幼儿园,加强学前教育
国务院	1979 年	《全国托幼工作会议纪要》	确立政府牵头、各部门共同管理的学前教育管理体制
教育部	1979 年	《城市幼儿园工作条例(试行草案)》	对学前教育发展方针、教育目标、内容与管理体制作详尽规定
教育部	1980 年	《教育部关于印发〈中等师范学校教学计划试行草案〉和〈幼儿师范学校教学计划试行草案〉的通知》	加强对幼儿师范学校的教学管理,提高教育质量
教育部	1981 年	《幼儿园教育纲要(试行草案)》	幼儿园教育工作的依据及课程标准
卫生部	1981 年	《三岁前小儿教养大纲(草案)》	重视托儿所的保教质量
教育部	1983 年	《教育部关于发展农村幼儿教育的几点意见》	坚持"两条腿走路"的方针,有计划地发展农村学前教育
卫生部	1985 年	《托儿所、幼儿园卫生保健制度》	确保婴幼儿的安全与健康
国家教委	1986 年	《关于进一步办好幼儿学前班的意见》	规范农村学前班的办班行为,保证教育质量
国家教委	1986 年	《关于转发国家教育委员会中、小学教师职务试行条例等文件的通知》	明确小学(含幼儿园)教师职务设置、职责及任职条件

资料来源:笔者整理。

(一)确立学前教育事业管理体制

1978 年,我国教育部恢复学前教育处,一些省(自治区、直辖市)的教育厅也陆续恢复或新建了学前教育行政领导机构和教研机构,配备专职或兼职学前教育行政干部和教研员,开始形成自上而下的统一领导、分级管理的管理体制。

(二)明确学前教育事业发展方针

1979 年 6 月 18 日,第五届全国人民代表大会第二次会议通过的《政府工作报告》指出:"要十分重视发展托儿所、幼儿园,加强学前教育。"

1979 年 7 月 24 日至 8 月 7 日,国务院召开全国托幼工作会议,发布《全国托幼工作会议纪要》。指出"做好幼儿的保健和教育工作是党和国家的一项战略任务"。

1979 年 10 月 11 日,中共中央、国务院转发《全国托幼工作会议纪要》并进一步强调:"加强对婴幼儿保健和教育工作,培养体魄健壮、品德良好和智力发达的后一代,是关系到国家和民族前途的根本大计。各级党委和各级政府应关怀和重视托幼事业,积极抓好这项工作。"

1979 年 11 月 8 日,教育部颁布《城市幼儿园工作条例(试行草案)》,这是修复发展后的第一个学前教育文件,为学前教育事业指明了方向。

(三) 颁布师资培养及幼儿园课程标准

1980 年 10 月 14 日,教育部发布《教育部关于印发〈中等师范学校教学计划试行草案〉和〈幼儿师范学校教学计划试行草案〉的通知》,各地区积极创办幼儿师范学校或幼师班,加强对幼儿师范学校的教学管理,注重提高教育质量。

1981 年,教育部颁发《幼儿园教育纲要(试行草案)》,这是改革开放以来的第一个幼儿园课程标准。同时组织编写了 7 类 9 册幼儿园教材,这是第一次全国统编幼儿园教材。

1981 年 6 月份,卫生部妇幼卫生局颁布《三岁前小儿教养大纲(草案)》,这也是首次就 0—3 岁儿童的集体教育工作作出明确规定。在此基础上,卫生部于 1985 年颁布了《托儿所、幼儿园卫生保健制度》。

(四) 重视发展农村学前教育

在农村学前教育发展方面,1983 年,国家教育委员会发布的《关于发展农村幼儿教育的几点意见》提出,必须坚持"两条腿走路"的方针,创造条件有计划地发展农村教育。

伴随着经济体制改革和教育体制改革的逐步开展,农村学前教育中学前班发展迅速,逐渐成为农村学前教育的主要办学方式。为规范农村学前班的办学行为,保证教育质量,1986 年 6 月,国家教委发布《关于进一步办好幼儿学前班的意见》,该文件对学前班的办班指导思想、教育活动的内容组织、教师培训、办班条件、领导和管理等方面做出明确细致的规定。

这一时期,教育部门与其他相关部门通力合作,于混乱中恢复秩序,学前教育事业发展迎来新的历史契机。1979 年,我国共有幼儿园 16.65 万所,在园幼儿 879.23 万人,教职工总数 53.27 万人,比 1965 年分别增长了 8.7 倍、5.1 倍和 3.29 倍(洪秀敏,2019)。

二、体制改革阶段(1987—1995 年)

20 世纪 80 年代后期,教育体制改革不断推进,在教育体制改革的大背景下,政府通过改革管理体制,逐步推进依法执教。主要体现在学前教育开始重新被纳入国家教育行政管理体系,一系列学前教育法规、政策相继颁布,学前教育工作科学管理进一步增强,各项工作更加科学化、规范化,详见表 2-2。

表 2-2　1987—1995 年有关发展学前教育的政策文件

机构	时间	政策文件	主要内容
国家教委	1989 年	《幼儿园工作规程(试行)》	幼儿园的基本要求和管理基本原则
国务院	1989 年	《幼儿园管理条例》	地方政府发展和管理学前教育的职责
八届人大四次会议	1993 年	《中华人民共和国教师法》	教师的权利与义务、资格和任用、培养和培训等,对幼儿园师资质提出明确要求"取得幼儿园教师资格应当具备幼儿师范学校毕业及其以上学历"
国家教委等	1995 年	《关于企业办幼儿园的若干意见》	调整办园布局与格局

资料来源:笔者整理。

(一) 学前教育纳入国家行政管理体系

1987 年,国务院召开全国幼儿教育工作会议,国务院办公厅转发了国家教委等九部门《关于明确幼儿教育事业领导管理职责分工的请示》,确定了学前教育实行"地方负责,分级管理"和有关部门分工负责的原则,明确规定了教育、卫生、计划、财政、劳动人事、城乡建设、环境保护、轻工、纺织、商业等部门对学前教育的职责。

全国幼儿园管理工作自此由国家教委主管,地方各级人民政府的教育行政部门主管本辖区内的幼儿园管理工作。在各级政府的领导下,省、地、县、乡四级学前教育行政管理、教研、科研、培训网络建立,这种由上而下统一领导、分级管理、分工负责的管理体制的建立,实现了学前教育管理的地方化,这也为今后学前教育地方管理搭建了基本框架体系。

(二) 颁布学前教育政策法规

1989 年 6 月,国家教委发布《幼儿园工作规程(试行)》(以下简称《规程》),在重申1981 年《幼儿园教育纲要(试行草案)》基本精神的基础上,《规程》规定了国家对幼儿园的基本要求和管理的基本原则,对幼儿园的各项工作做出了规定。

1. 教育目标方面,强调"体、智、德、美诸方面的教育应互相渗透,有机结合"。

2. 课程设置上,强调幼儿园课程是以教育活动为基本组织形式,重心在于创设开放的教育环境,让幼儿在环境中主动、积极地探索,1996 年 3 月《幼儿园工作规程》正式施行。

1989 年 8 月 20 日,《幼儿园管理条例》(简称《条例》)由国务院批准,这是中华人民共和国成立以来的第一个学前教育行政法规。

《条例》明确了地方人民政府发展和管理学前教育的职责即"地方各级政府应当根据本地区社会经济发展状况,制订幼儿园的发展规划……地方各级人民政府可以依据本条例举办幼儿园,并鼓励和支持企业事业单位、社会团体、居民委员会、村民委员会和公民举办幼儿园或捐资助园……幼儿园的管理实行地方负责、分级管理和有关部门负责的原则"。

同时《条例》也是首次将幼儿园办学格局与经济、人口规划联系在一起,指出幼儿园的设置应与当地居民人口相适应,乡、镇、市辖区和不设区的市的幼儿园发展规划应包括幼儿园设置的布局方案。

《条例》和《规程》的颁布,标志着我国学前教育迈向法治化的新进程,推动学前教育的全面改革,为保证两个法规落到实处,各级政府和教育部门从本地实际出发,制定了地方性行政法规和实施细则。

地方政府学前教育立法在这一时期也开启积极探索,如江苏省人大常委会于1986年6月20日通过《江苏省幼儿教育暂行条例》,1988年12月25日《青岛市托幼管理条例》颁布,这些地方性学前教育法规,为学前教育的国家立法提供了参考。在学前教育法规、政策的保障与推动下,这一阶段学前教育事业持续发展,1995年,全国幼儿园18.04万所,在园幼儿2711.2万人,教职工总数116万人,相较于1986年分别增长了1.04倍、1.66倍和1.32倍(洪秀敏,2019)。

三、社会化改革阶段(1996—2000年)

经过20余年的改革开放,社会主义市场经济体制不断完善,社会改革不断持续,学前教育事业发展同样面临社会化改革的影响,详见表2-3。

表2-3 1996—2000年有关发展学前教育的政策文件

机构	时间	政策文件	主要内容
国家教委 民政部 建设部 经贸委 全国总工会 妇联	1995年	《关于企业办幼儿园的若干意见》	1. 坚持依靠社会力量发展幼儿园的方针 2. 深化改革,积极稳妥地推进幼儿教育逐步走向社会化 3. 政府和教育部门加强对企业办园的业务指导 4. 在城市规划建设中安排好幼儿园规划与建设 5. 加强社区对幼儿教育的扶持与管理
国家教委	1996年	《全国幼儿园园长任职资格、职责和岗位要求(试行)》	选拔、任用、考核、培训幼儿园园长的依据
教育部	1997年	《全国幼儿教育事业"九五"发展目标实施意见》	提出"九五"时期学前教育事业的发展目标:2000年全国学前三年幼儿毛入园(含学前班)率达到45%以上,大中城市基本解决适龄幼儿入园问题,农村学前一年幼儿入园(班)率达到60%以上

（续表）

机构	时间	政策文件	主要内容
国务院	1997 年	《社会力量办学条例》	各种社会力量凡利用非国家财政性教育经费面向社会举办的学校和其他教育机构都属于社会力量办学

资料来源：笔者整理。

（一）明确学前教育事业发展目标

1997 年 7 月 17 日，国家教委印发《全国幼儿教育事业"九五"发展目标实施意见》（简称《意见》），提出"九五"时期是我国实施"科教兴国"伟大战略的重要时期，也是幼儿教育事业逐步适应社会主义市场经济体制，深化改革与健康发展的关键时期。

为认真贯彻《中华人民共和国教育法》《中华人民共和国教师法》《幼儿园管理条例》和《幼儿园工作规程》，实施《全国教育事业"九五"计划和 2010 年发展规划》确定的幼儿教育事业发展目标：为形成具有中国特色的、面向 21 世纪的社会主义教育体系的框架奠定坚实的基础；2000 年全国学前三年幼儿毛入园（含学前班）率达到 45％以上，大中城市基本解决适龄幼儿入园问题，农村学前一年幼儿入园（班）率达到 60％，并按"普及九年义务教育"（简称"普九"）情况和经济发展水平提出分区实施要求，对各省、自治区、直辖市学前教育事业"九五"发展提出了明确的指标。

（二）开启学前教育事业市场化改革

在办园体制改革方面，《意见》中提出，随着经济体制改革的深化，应积极稳妥地进行幼儿园办园体制改革，进一步明确各级政府的责任，探索适应社会主义市场经济的办园模式和内部管理机制，逐步推进幼儿教育社会化。幼儿教育发展的方向应该是建立以社区为依托的、适应当地经济和社会发展的、正规与非正规教育相结合的组织形式。自此，学前教育社会化改革浪潮席卷全国。

1995 年国家教委等七部委发布的《关于企业办幼儿园的若干意见》，对企业办园体制和格局变化产生重大影响。该意见提出：幼儿教育关系到千家万户，国家、集体、企事业和公民个人对该项事业的发展都承担着义不容辞的责任和义务。政府和企业要继续办好中小学、幼儿园。

1997 年国务院颁布《社会力量办学条例》，其中规定，各种社会力量凡利用非国家财政性教育经费面向社会举办的学校和其他教育机构都属于社会力量办学。该条例对于社会力量办学有了明确的界定和政策保障，扩大了学前教育市场化的范畴，其中包括原企事业单位园所转制园、承办园，新增的社团、街道、公民合资合作办园或公民个人办园等多种非国家财政性教育经费办的幼儿园。

我国政府机构改革，其主旋律都是精简机构、减负增效、分离社会职能（庞丽娟，2009）。社会主义市场经济体制建设过程中，大量的国有企业、集体企业纷纷改制，分离原有的社会职能中的福利项目,幼儿教育作为企业的福利项目不可避免地面临着改革,其中一种改革形式就是将幼儿园推向市场,让幼儿园成为市场经济中的主体,自主经营、自负盈亏。在这一波学前教育社会化浪潮中,大量国有企业、集体企业办幼儿园被推向社会,大量事业单位办幼儿园也被推向社会,剥离其社会职能。

在企业转换经营机制的过程中,应在政府统筹下,因地制宜地采取积极、稳妥的措施,多种形式办园,探索在新形势下发展幼教事业的有效途径(冯晓霞,2016)。关于企业办园的改制出路,该《意见》指出:

1. 坚持依靠社会力量发展幼儿教育的方针,有条件的企业继续办好幼儿园。要加强企业幼儿园内部管理运行机制的改革,增强办园活力。改革现行幼儿园收费制度,鼓励企业幼儿园向社会开放,逐步改变幼儿园经费由企业内部包揽的做法,提高企业的办园效益。

2. 要积极稳妥地推进幼儿教育逐步走向社会化。对于部分确实不具备独立办园条件和具备了分离幼儿园条件的企业,本着平稳过渡的原则,可在政府统筹下,将所办的幼儿园交给当地教育行政部门规划,以多种形式继续办好,或由社区办,或由具备条件的团体、个人承办。

3. 各级政府和教育行政部门要加强对企业办园的业务指导。

4. 在城市规划建设中安排好幼儿园规划和建设。

尽管意见的目的是稳定企、事业单位办园和集体办园,但是面对企、事业单位剥离教育职能的体制改革,一方面该文件缺乏约束力,另一方面又缺乏支持这些单位继续办园的优惠政策措施,如减少税收、政府退税、政府补贴等,导致国有企、事业单位缺乏继续办园的积极性,使得积累了大量优质学前教育资源的企、事业幼儿园被迫停办、转卖(洪秀敏,2019)。

由此产生的影响主要体现在以下两个方面。

一是,企、事业单位办园和集体办园大幅减少,2000年其他部门办园比1995年减少了32.6%,集体办园比1995年减少了近1/3,呈现大幅度下降的状况(洪秀敏,2019)。

二是,在园幼儿人数和幼儿入园率总体下降,农村入园率偏低。2000年,全国在园幼儿人数比1995年减少了467万人,学前三年入园率减少了2.1%,学前一年入园率减少了1.7%。在农村地区,随着计划生育和城镇化政策的不断推进,同时还受到农村教育经费不足、中小学布局调整、小学附设幼儿园(班)较少等因素影响,农村幼儿入园人数呈现逐年减少的趋势,2000年农村入园率仅为29.8%,相比1995年下降3.8%(洪秀敏,2019)。

整体而言,社会化改革时期,学前教育事业发展遭受重创。

四、深化改革阶段(2001—2005 年)

进入21世纪,伴随着经济与管理体制的进一步深化改革,与社会转型相适应的学前教育事业发展与管理体制尚未建立,学前教育事业受到市场化冲击,依旧面临困难与挑战,详见表2-4、表2-5。

表2-4　2001—2005 年有关发展学前教育的政策文件

机构	时间	政策文件	主要内容
国家经济贸易委员会 财政部 教育部 卫生部 劳动和社会保障部 建设部	2002 年	《关于进一步推进国有企业分离办社会职能工作的意见》	企业办的普通中小学和医院属于公益性机构,在分离后移交给当地政府;企业办托儿所等则被定为福利性社会职能,要求此类机构在分离后变成自负盈亏的经济实体
国务院	2003 年	《关于幼儿教育改革与发展的指导意见》	完善幼儿教育管理体制与机制,切实履行政府职责;加强管理,保证幼儿教育事业健康发展;全面实施素质教育,提高幼儿教育质量;加强师资队伍建设,努力提高幼儿教师素质;加强领导,保证幼儿教育改革与发展的顺利进行

资料来源:笔者整理。

表2-5　2001—2005 年不同办园主体的园数　　　　　　　单位:所

年份	教育部门	社会力量	其他部门
2001	55 682	44 526	11 498
2002	53 838	48 365	9 549
2003	51 774	55 536	9 080
2005	25 688	68 835	29 879

资料来源:笔者根据历年统计数据整理,2004 年数据缺失。取自:http://www.moe.gov.cn/jyb_sj21/moe_560/2020/。

2002 年,国家经贸委、财政部等部门联合发布《关于进一步推进国有企业分离办社会职能工作的意见》,规定企业办的普通中小学和医院属于公益性机构,在分离后移交给当地政府;企业办托儿所等则被定为福利性社会职能,要求此类机构在分离后变成自负盈亏的经济实体,但是对于企业办幼儿园的处置并未作出明确规定(冯晓霞,2016)。由于国有企业幼儿园转制后定位不清,各地在改革过程中操作混乱,幼儿园在企业为减轻负担、精简机构、剥离社会职能的情况下相继被停止拨款或减少经费,当地教育部门出于经费考量又不愿意接收企业办幼儿园,企业办园面临生存与发展的危机。大量国有企业办园纷纷被"关、停、并、转、卖",单位办园数量锐减,详见表2-6。

表 2-6　部分地区公办幼儿园转制模式

性质	类型	特点
产权不变	国有民办	园舍国家所有,由园长承办,保留国家编制及医疗福利,逐步停拨办园经费,价格开放,自收自支,自主办园
	承办园制	即幼儿园主办者权利、性质保持不变,国办还属国办,企业办还属企业办,仅是由园长或者园长为代表的集体承办
	民办公助	其园舍国家所有,由团体或个人承办,无偿或者低偿使用园舍,价格开放,自聘员工,经费自筹
	公办民助	所有制是以公有为主体,由个人租赁或承包,有偿使用园舍,每年向企业上交一定的费用
产权改变	股份合作办园	幼儿园全体职工上交一定数额的资金作为股份,实行利益分享,风险共担
	与港台合作办园	与香港、台湾机构合作,我方提供园舍、合作方投入资金,成立管理委员会,选聘园长,价格开放,自主办园
	外资独资办园	由境外资金投资租用房舍,招收外籍幼儿,独立自主
	个人独办	个人买断产权,产权个人私有,幼儿园自收自支

资料来源:朱永新主编,冯晓霞编,《中国教育改革大系:学前教育卷》,武汉:湖北教育出版社,2016年,第62页。

　　针对这一情况,国务院在2003年转发了教育部等十部委联合发布的《关于幼儿教育改革与发展的指导意见》(简称《指导意见》)。《指导意见》针对学前教育事业存在的诸多问题,提出从五个方面进行调整,分别为完善幼儿教育管理体制与机制,切实履行政府职责;加强管理,保证幼儿教育事业健康发展;全面实施素质教育,提高幼儿教育质量;加强师资队伍建设,努力提高幼儿园教师素质;加强领导,保证幼儿教育改革与发展顺利进行。

　　《指导意见》规定,在管理体制方面,首次明确了从中央、省、地、县、乡(镇)级政府到村民委员会应承担的具体职责和任务,明确了农村学前教育的管理体制为由县负责举办公办园,乡(镇)负责举办乡镇中心幼儿园,村要发展多种形式的学前教育,包括幼儿班、非正规的教育形式,即"三级办学,二级管理"。首次明确"乡(镇)财政预算也要安排发展学前教育的经费",农村义务教育实行"以县为主"的体制,把幼儿教育的责任和管理权力交给乡级政府,管理重心下移,明确主体责任,改变学前教育管理薄弱的状况;在国有企业转制幼儿园资产管理方面,《指导意见》命令"不得出售或变相出售公办幼儿园和乡镇中心幼儿园,已出售的要限期收回"。国有企事业转制中,幼儿园产权归属办法是提交教育部门管理、多种体制结合的管理办法(洪秀敏,2019)。

五、调整提高阶段(2006—2009年)

　　2007年,我国教育部颁布《国家教育事业发展"十一五"规划纲要》,提出2006—

2010 年学前教育事业的发展目标是"学前三年毛入园率达到 55％以上",要求欠发达地区学前教育规模稳步扩大,中等发达地区学前教育进一步发展,发达地区学前三年毛入园率要达到 85％以上,建立较为完善的城乡一体化教育体系。

2009 年,幼儿园数量为 13.8 万所,在园幼儿人数 2 657.8 万人,相较于 2005 年,园所数量增加了 1.4 万所,增长 11.3％,在园幼儿增长了 22％。这个时期的增长主要体现在城市学前教育,然而农村地区的学前教育却发展缓慢,详见表 2-7。2007 年农村幼儿园比 2006 年减少 3 376 所,在园幼儿数减少 14.72 万人,面临十分严峻的形势。

表 2-7　城区、镇区、乡村地区不同办园主体的园所变化(2005—2009 年)　　　单位:所

区域		2005 年	2006 年	2007 年	2008 年	2009 年
城区	教育部门	4 400	3 810	4 066	4 043	4 062
	其他部门	8 745	7 368	6 489	6 093	5 675
	民办	20 154	20 650	22 391	23 029	23 777
镇区	教育部门	7 142	7 520	7 670	7 867	8 155
	其他部门	4 328	4 300	4 000	3 881	3 471
	民办	19 412	15 547	23 127	24 506	26 721
乡村	教育部门	14 146	15 547	14 961	15 539	14 741
	其他部门	16 806	16 524	14 824	13 180	12 819
	民办	29 269	32 648	32 098	35 584	38 806

资料来源:朱永新主编,冯晓霞编,《中国教育改革大系:学前教育卷》,武汉:湖北教育出版社,2016 年,第 67—68 页。

究其原因,伴随着农村中小学布局调整工作的不断推进,农村中小学撤点并校不断开展,被撤并小学的学前班也随之消失。农村小学附设学前班一直以来承担着农村学前教育发展的主要任务,随着农村学前班数量的不断减少,农村学前教育发展面临重大危机。办园格局方面,教育部门办园基本保持稳定,集体办园和其他部门办园相继减少,社会力量办园在此阶段迅速发展。

此阶段,民办学前教育发展迅速,在集体办园不断减少的情况下,民办幼儿园作为重要补充,逐渐在数量上占据优势。民办学前教育的发展呈现两极分化的情况,由于国家对民办教育没有任何财力支持,一些适宜低收入人群的、成本很低的、质量差的幼儿园,包括不具备办学条件的未注册的"黑园"大量存在;与此相对的,一些成本很高的高价、豪华型幼儿园在城市应运而生。由于本身既有的基础薄弱,此时学前教育发展水平不高,地区之间、城乡之间发展不平衡,"十一五"的发展规划在此阶段并未完成。

六、跨越式发展阶段(2010 年以后)

2010 年是我国学前教育发展进程中重要的转折之年,学前教育的公益性地位确

立,办园体制改革向以公办为主、兼顾市场的政策方向发展。同时,中国共产党第十七次全国代表大会提出"加强学前教育",首次将发展学前教育作为教育的一个重要组成部分予以强调,同时将教育列为民生之首,明确提出要坚持教育公益性质。

2010 年 7 月,时任国家主席胡锦涛在全国教育工作会议上就推动教育事业科学发展提出"五项核心要求",包括优先发展教育,强调政府责任,健全政府投入为主、多渠道筹措教育经费的体制;坚持以人为本,强调全面实施素质教育;坚持改革创新,深化办学体制改革;必须促进教育公平,坚持教育的社会公益性、普惠性;必须重视教育质量,强调质量为核心。

2010 年 7 月,中共中央、国务院颁布《国家中长期教育改革和发展规划纲要(2010—2020 年)》(以下简称《发展规划纲要》),勾画了教育事业改革与发展的蓝图。

《发展规划纲要》首次用专章论述了学前教育发展问题,提出到 2020 年"学前三年毛入园率达到 70%"的战略目标,并明确为达成该目标应落实的三项发展任务即基本普及学前教育、明确政府职责、重点发展农村学前教育。

为贯彻落实《发展规划纲要》,2010 年 11 月 24 日颁布《国务院关于当前发展学前教育的若干意见》(以下简称《国十条》),明确提出"发展学前教育,必须坚持公益性和普惠性,努力构建覆盖城乡、布局合理的学前教育公共服务体系,保障适龄儿童接受基本的、有质量的学前教育;必须坚持政府主导,社会参与,公办民办并举,落实各级政府责任,充分调动各方面的积极性;必须坚持改革创新,着力破除制约学前教育科学发展的体制机制障碍;必须坚持因地制宜,从实际出发,为幼儿和家长提供方便就近、灵活多样、多层次的学前教育服务"。

2017 年 10 月,中国共产党十九大报告中将"幼有所育"纳入习近平新时代中国特色社会主义思想的基本方略,将其视为重要的民生问题,强调要"办好学前教育"。同年 11 月,中央经济工作会议首次提出要着力解决五大具体的教育问题,其中包括解决婴幼儿照护和儿童早期教育服务问题。

2018 年 11 月 7 日,中共中央、国务院《关于学前教育深化改革规范发展的若干意见》颁布,确定到 2020 年学前三年毛入园率达到 85% 的目标,普惠性资源覆盖率达到 80% 的普惠性目标和全国公办园在园幼儿占比原则上达到 50% 的结构性目标。

表 2-8　发展普惠性学前教育的相关政策文件

机构	时间	政策文件	主要内容
国务院	2010 年	《国家中长期教育改革和发展规划纲要(2010—2020 年)》	基本普及学前教育,到 2015 年实现幼儿在园人数 353 万人,学前一至三年毛入园率分别达到 85%、70% 和 60%;到 2020 年实现幼儿在园人数 4 000 万人,学前一年至三年入园率分别为 95%、80% 和 70%
国务院	2010 年	《国务院关于当前发展学前教育的若干意见》	提出了加快推进学前教育发展的十条政策措施

（续表）

机构	时间	政策文件	主要内容
教育部	2012 年	《关于鼓励和引导民间资金进入教育领域促进民办教育健康发展的实施意见》	鼓励引导民间资金进入学前教育领域,积极扶持民办幼儿园,特别是面向大众、收费较低的普惠性幼儿园
教育部国家发展改革委财政部	2014 年	《关于实施第二期学前教育三年行动计划的意见》	进一步加大学前教育投入,加快发展公办幼儿园,积极扶持普惠性民办园
教育部办公厅	2015 年	《关于申报国家学前教育改革发展实验区的通知》	大力发展公办园,结合本地公办教育资源,采取积极有效措施,新建、改扩建教育部门办园,支持企事业单位、集体办园、探索公办园领办分园等多种形式;积极扶持普惠性民办园,探索引导和支援民办园提供普惠性服务的政策和措施
国务院	2017 年	《国家教育事业发展"十三五"规划》	继续扩大普惠性学前教育资源,基本解决"入园难""入园贵"问题;以区县为单位实施学前教育行动计划及后续行动;支持企事业单位和集体办园,扩大公办学前教育资源;完善普惠性民办幼儿园扶持政策;发展0—3岁婴幼儿早期教育,探索面向社区、指导家长的公益性婴幼儿早期教育服务模式
教育部等四部门	2017 年	《关于实施第三期学前教育行动计划的意见》	到2020年,基本建成广覆盖、保基本、有质量的学前教育公共服务体系
中共中央国务院	2018 年	《中共中央 国务院关于学前教育深化改革规范发展的若干意见》	到2035年全面普及学前三年教育,建成覆盖城乡、布局合理的学前教育公共服务体系,形成完善的学前教育管理体制、办园体制和政策保障体系,为幼儿提供更加充裕、更加普惠、更加优质的学前教育

资料来源:笔者整理。

回顾我国改革开放以来学前教育发展,学前教育事业从改革开放前的公共福利性质与公办园为主的办园体制,伴随着经济、社会改革的不断推进。自20世纪90年代始学前教育开始社会化探索,学前教育事业在曲折中前进,以2010年为转折点,我国学前教育事业迎来改革开放后的第二个"春天",学前教育事业建立公益普惠的新格局,呈现跨越式发展(见表2-8)。

第二节　我国学前教育政策的重要变革

回顾1978年我国改革开放以来的学前教育发展历程,兹将重要变革及其内容分项说明。

一、供给体制变革

1978年之前,学前教育机构作为后勤服务保障的重要组成部分,镶嵌在集体经济中,学前教育服务供给由城市的各类单位、街道以及农村集体承担。伴随着改革开放,农村经济首先受到冲击并逐步瓦解,原本建立在农村集体经济之上的农村学前班和幼儿园逐步瓦解。

与此同时,伴随着城市国有经济体制改革,企业逐步剥离包括学前教育在内的社会福利功能,学前教育开启市场化改革,大量公办学前教育资源面临"关、停、并、转、卖",公办学前教育资源大量流失的同时,市场力量开始自动弥补社会需求,民办幼儿园开始补充市场空缺,民办学前教育快速增长并逐步成为主要力量。

伴随着学前教育市场化改革,21世纪初在"入园难""入园贵"占据社会热点多年后,我国自2011年起开始实施"学前教育三年行动计划",分别为2011—2013年第一期,2014—2016年第二期,2017—2020年第三期。

一方面在于缓解城市家庭对于学前教育不断增长的需求与焦虑,另一方面是补齐农村地区学前教育资源严重不足的短板。学前教育资源供给逐步呈现政府主导、社会参与、公办民办并举的新格局,普惠性学前教育体系也在此际逐步形成。

从计划经济到市场经济,伴随着经济体制改革,学前教育资源供给从单位办到学前教育由社会提供,再到公办民办并举的多元供给,学前教育体制改革伴随着经济体制改革呈现时代特征。

二、管理体制变革

改革开放以来,我国先后在1982年、1988年、1993年、1998年以及2003年先后进行了五轮行政体制改革,在经济社会发展和教育制度变革的不同时期,学前教育管理体制主动或被动地发生变化。总体而言,学前教育管理体制改革大致经历四个阶段(范明丽、洪秀敏,2019):

1. 1978—1982年:集中领导,分级管理,成立托幼领导小组;
2. 1982—1992年:地方负责,分级管理,各有关部门分工协作;
3. 1992—2009年:地方负责,分级管理,进一步明确主管部门;
4. 2010年至今:政府主导职责回归,地方负责,有关部门分工协作等。

长期以来,由于对学前教育重要性认识不足,学前教育管理体制改革相对滞后,政府职责定位不清、各级政府间权责划分不清、学前教育管理机构设置不健全以及专职人员配备不足等问题,都影响我国学前教育事业的健康发展。

行政管理体制改革伴随经济体制改革而来,学前教育管理体制从计划经济体制下的"集中领导"到改革开放后的"地方负责",经历了学前教育"市场化"的阵痛后,仅依靠市场调节无法有效解决学前教育面临的问题,尤其学前教育作为国民教育体系的基础以及社会公共服务体系的重要组成部分,公益性已毋庸置疑。

基于此,学前教育管理体制强调政府主导,明确政府发展学前教育的主导责任,实现其职能转变是学前教育管理体制改革的基本方向。

三、教师政策变革

学前教育发展离不开数量充足、结构优化、具备较高素养的幼儿教师队伍。田涛(2019)的研究指出,改革开放以来,我国的幼儿教师队伍建设,经历了正常化恢复发展、规范化稳步发展、调整化曲折发展与专业化有序发展以及标准化快速发展等阶段。

幼儿园教师队伍数量日益壮大,整体呈现上升趋势。以 1978 年为例,全国幼教教职工人数仅为 46.9 万人,专任教师 27.75 万人,2017 年,全国幼教教职工人数为 419.29 万人,专任教师 243.21 万人。经过 40 余年的发展,全国幼教教职工人数及专任教师数增长了将近 9 倍。除了教师数量增加以外,自 2011 年始,我国实施"幼师国培"项目,以提升幼儿教师队伍素养。与此同时,保障教师待遇的相关政策文件陆续颁布实施,幼儿教师整体待遇得到保障并逐步提升。值得注意的是,伴随着学前教育事业的快速发展,财政投入的不断提高,幼儿教师队伍不管是在数量、素养、待遇等方面相较之前已有明显改善。但是学前教育事业改革进程中,师资数量依旧不足、师资水平依旧较低、教师待遇依旧较低依然是幼儿教师队伍建设进程中面临的难题。如何强化师德师风建设,扩增师资数量的同时优化幼儿教师资源配置,提升师资素养,完善幼儿教师职称制度并切实保障幼儿教育权利,是现阶段我国学前教育师资政策发展的重要议题。

四、投入政策变革

稳定的财政投入是学前教育事业发展的重要推动力。改革开放以来,有关学前教育投入政策随着时代发展呈现出波浪式前进的过程,前述可分成三个阶段,兹说明如后(李卓豫,2020)。

1. 政府集中管理时期(1978—1992 年)。这一时期学前教育福利性质仍未改变,学前教育作为公共福利事业,经费支出是公共财政支出的一部分。

2. 社会力量为主时期(1993—2009 年)。此时期,各类市场主体积极参与学前教育事业中,社会力量投资办园数量激增。

3. 政府主导、社会参与期(2010 年至今)。中央财政支持学前教育发展,坚持"政府主导、社会参与"的基本原则。

从经费投入方式来看,由单一的政府投入向政府与社会的多元投入转变;伴随着投入形式与规模的变革,学前教育的性质由 1978 年以前最初的公共福利性质向改革开放后市场化进程的推进演变为市场化运营。2010 年后,伴随着普惠性学前教育政策的实施,学前教育的性质逐步向公益性质转变。

前述学前教育投入政策的变革依旧存在诸多问题。例如,缺少学前教育投入与管理的法律依据,又如地方学前教育经费主要是通过省(市)政府拨款给县级政府,前述过程产生的权责不清晰、投入机制不健全、投入与效益不匹配等问题,亟待进一步澄清并解决。

五、民办学前教育变革

1978 年以来,我国改革开放的核心逻辑是正确处理政府与市场的关系(刘志彪,2018),表面上看是政府和市场作用范围的此消彼长的调整,实际上是以市场化为导向的互动改革和完善(洪银兴,2018)。民办学前教育的发展,其动力在于运用市场机制配置资源,在供求机制、价格机制与竞争机制发挥作用的过程中吸纳社会力量举办学前教育,前述发展会经历如下阶段(李辉,2019)。

(一) 民办学前教育的恢复发展与公办补充阶段(1978—1992 年)

1982 年《中华人民共和国宪法》提出,"国家鼓励集体经济组织、国家企业事业组织和其他社会力量依照法律规定举办各种教育事业",标志着民办教育的正式崛起。

(二) 民办学前教育的快速发展与共同发展阶段(1993—2002 年)

此期间伴随着国有企业与集体企业的逐步改革,原先诸多由单位提供的福利逐步削减,体现在学前教育领域,大量国有企业、事业单位、政府部门办园逐次开始转制,将之推向市场,实行自主经营,自负盈亏。

(三) 民办学前教育的规范促进与主体发展阶段(2003—2009 年)

在政府与市场的双重作用下,民办教育事业发展定位愈加清晰与规范,民办学前教育快速发展,民办幼儿园数、教职工数、专任教师总数等比率纷纷超过 50%,民办学前教育逐步成为我国学前教育事业的主体力量。

(四) 引导民办学前教育分类发展阶段(2010 年至今)

2010 年以来,我国对学前教育的重视程度大幅提升,在"基本普及学前教育"的目标下,政府首次在政策文本中提出普惠性幼儿园的概念,通过对民办幼儿园的分类扶持、分类管理,进一步扩大公益、普惠的学前教育公共服务的受益范围。

在民办学前教育分类管理的大趋势下,政府通过制度变迁,以生均经费、土地、金融、税费等资金资源手段和政策工具,主导民办学前教育分类发展的路径。政府将引导大多数民办园办成普惠性或非营利性幼儿园,此类民办园将与政府形成常态合作关系,而市场机制则主要在非普惠性民办园或营利性民办园中发挥作用。

六、农村学前教育变革

我国农村学前教育在改革开放以来的发展历程中,先后经历了调整与恢复、稳步提高、艰难曲折发展、深化改革发展以及重点发展五个阶段(孙美红,2019)。农村学前教育发展及其进程中遇到的诸多问题与体制变革密切相关,其关键在于农村学前教育的性质定位以及政府在发展农村学前教育进程中责任是否落实息息相关。

如何定位农村学前教育直接影响农村学前教育发展。尽管长期以来地方各级政府皆强调重视发展当地农村学前教育事业,但在基层政府实践中并未得到重视,只是停留在"口号"阶段。

2010 年《发展规划纲要》及《国十条》,从国家角度明确提出大力发展农村学前教育事业,公共资源配置向农村边区、边远贫困地区和民族地区倾斜,农村学前教育事业也备受关注,主要的政策变革归述有二。

其一,管理体制层面,2017 年《教育部等四部门关于实施第三期学前教育行动计划的意见》明确提出:"建立健全国务院领导,省(地)市统筹,以县为主的学前教育管理体制,省级、地市级政府加强统筹,加大对贫困地区支持力度。落实县级政府主体责任,充分发挥乡镇政府的作用。"长期以来下放的学前教育管理权力开始由乡镇一级人民政府上移至县一级政府。

其二,财政投入层面,农村学前教育财政投入建立了以项目为依托,中央财政重点扶持的财政投入制度,"校舍改建"项目、"综合奖补"项目、"幼师培训"项目、"幼儿资助"项目等获得中央财政重点支持。

在农村学前教育资源布局方面,办理乡镇中心幼儿园建设与发展,同时利用农村闲置校舍和其他公共资源改建幼儿园,农村小学增设附属幼儿园,在农村偏远地区开展学前教育巡回支教点等方式扩充普惠性学前教育资源。在重视幼儿教师培养的同时,强调教师培训,由中央设立农村幼儿教师培训专项经费,提升农村幼儿教师师资素养。发展农村学前教育事业受到重点关注,管理体制权利上移,政府责任进一步落实,财政投入明显增加,农村学前教育资源增长明显,农村幼儿教师师资数量、待遇保障及专业素养均获得明显提升。

第三节 我国学前教育政策发展的问题与趋势

自 2010 年以来,尽管学前教育受到高度重视,但在进一步发展进程中仍存在诸多问题,学前教育仍是各级各类教育中的薄弱环节。学前教育资源短缺,投入不足、师资队伍不健全、城乡发展不平衡、体制机制不完善等问题依旧严重制约着我国学前教育的进一步发展。

2016年,我国教育部召开《纲要》实施5周年系列发布会,发布《〈纲要〉中期评估:学前教育专题评估报告》,指出当前学前教育发展主要存在六个方面的问题。

1. 学前教育普及率城乡差异显著,城市学前教育三年毛入园率明显高于农村。

2. 学前教育公共服务"公益普惠"程度不高,公办幼儿园占比仍旧较低,民办幼儿园占比过高,"公办民办并举"格局尚未形成;相当多地区,尤其是中西部地区普惠性资源依旧短缺。

3. 学前教育财政经费占比仍旧较低,以2014年为例,我国学前教育三年毛入园率已经达到70.5%,但2013年学前教育财政经费占比仅为3.5%。

4. 发展的长效经费投入与保障机制有待建立。大多数公办园以及企事业单位和集体办园的日常运转主要依靠收费,办园条件较差,教师工资待遇较低,家长负担较重。

5. 教师队伍建设需要进一步加强。教师数量依旧不足,农村地区专科以上学历教师占比仅为55.42%,有幼儿园教师资格证的教师数量占比仅为50%左右,未评职称教师占70%左右,公办幼儿园教职工编制数量严重不足。

6. 提升幼儿园保教质量任务依旧艰巨。相当多幼儿园教育"小学化"仍较严重,多数地方教育行政部门未设学前教育管理和教研部门,学前教育管理和指导力量单薄,难以适应由于幼儿园快速发展所带来的日益繁重的管理和指导任务。针对前述学前教育发展进程中遇到的种种问题,关于我国学前教育体制机制改革未来发展,应重点关注以下三个问题。

一、正确处理幼儿园规模与质量的关系

学前教育资源匮乏是导致"入园难""入园贵"的主要原因,各地在三年行动计划中也将经费与精力集中投放在扩大办园规模上,提高入园率,解决"入园难"的问题。然而在实施进程出现了盲目追求绩效,一味地扩张扩建幼儿园,增加幼儿园的数量和扩张规模等"大干快上",忽视质量与安全的现象。

规模是学前教育发展的基础,但质量是发展学前教育的核心;教育公平不仅仅停留在"机会公平",很大程度上亦体现在"质量公平"。在不断扩大学前教育规模提高入园率,解决入园难问题的同时,提升学前教育质量同样刻不容缓,尤其是在城乡差异显著,中西部及农村地区学前教育质量远远落后于东部地区,规模扩张与质量提升之间的关系的平衡,将是我国学前教育改革进程中亟需解决的议题。

二、厘清不同性质幼儿园的作用与配套政策

公办幼儿园和民办幼儿园的性质不同,《国十条》中指出要以多种形式扩展学前教育资源,同时鼓励社会力量以多种形式举办幼儿园。在普惠性学前教育公共服务体系建构过程中,公办幼儿园应发挥引领示范作用,承担提高学前教育质量的任务;民办幼儿园则应在政策引导与支持下,尽力提供普惠性服务。然而,当前学前教育不属于义务教育,学前教育普及化将不可避免地面临成本合理分担的问题。

在此背景下,公办幼儿园与民办幼儿园之间的关系应该如何处理? 民办幼儿园的合理收益如何保障? 将民办幼儿园通过政策引导推向非营利性民办幼儿园,相关配套政策如何保障? 以上诸多问题亦是在今后学前教育体制改革中需重点关注并亟待解决的议题。

三、财政经费长效投入与优化效益

长期以来,学前教育经费投入严重不足,一直只占我国整体教育支出的1.3%左右。近年学前教育体制改革,财政部、教育部加大对学前教育的财政性投入,在第一期学前教育三年行动计划中,除了增加投入金额,还向中西部欠发达地区的学前教育倾斜。与此同时,原我国学前教育所增加的经费多是以"专项经费"的方式投入,而非"制度性投入",如何在保障"专项经费"投入不足、减少甚至是取消的情况下,依旧保持学前教育事业的可持续性发展,则是另一项亟待探讨的议题。

学前教育的高质量发展不能只是将希望寄托在政府加大财政投入上,仍需以制度性保障,维持学前教育经费的长效投入。除此之外,尽管当前学前教育经费投入规模已明显增加,但是发展效益并未和投入产生正比。学前教育财政投入分配不合理,政府财政大部分被投入在"硬件建设"上,将更多的精力放在新建幼儿园、扩建幼儿园基础设施方面,至于幼儿园教师待遇、生均教育经费等并未显著增长。与此同时,学前教育经费投入存在"重发达(地区)、轻落后(地区)"的现象,进一步加剧了资源分布的不均衡。

因此,如何保障学前教育财政的长效投入,建构科学合理的财政投入分配机制,实现资源优化配置,提升投入—产出的效益值等,都是重要且亟待解决的议题。

第三章

普惠性学前教育政策的理论基础

本章主要从学理及相关研究等角度,通过资料搜集、整理与分析,作为本文文献探讨之基础。全章共分五节,第一节为普惠性学前教育政策的缘起、意涵与目的;第二节为普惠性学前教育政策的理论基础;第三节为普惠性学前教育政策的内容;第四节为普惠性学前教育政策的相关研究;第五节为普惠性学前教育政策的成效与问题。

第一节　普惠性学前教育政策的缘起、意涵与目的

目前学前教育依然是我国各级教育中的短板,发展状况与国家社会、经济和教育发展的需要有所失衡,甚至落后于世界经济发展水平相当的国家和地区,在世界9个人口大国中,也位于巴西、墨西哥、巴基斯坦等国之后。

随着义务教育普及和家长教育观念的转变,我国家长让孩子接受学前教育的需求持续增长,"入园难"演变成一种社会焦虑,致使公益普惠的学前教育成为全社会的普遍期待(李天顺,2011)。

一、普惠性学前教育政策的缘起

普惠性学前教育政策旨在缓解日益严重的"入园难"与"入园贵"等问题。这些问题的症结,在于国家提供的学前教育资源不能满足社会日益增长的教育需求。目前学前教育资源缺乏存在两种状况,即绝对缺乏和相对缺乏;所谓绝对缺乏,是指提供的学前教育资源的绝对数量不能满足适龄幼儿的入园需求,直接表现形式即幼儿无园可上;相对缺乏,即指适宜于幼儿家长需求的特定水平的教育资源短缺,没有适合的幼儿园可上(虞永平,2010)。其背后所体现的便是供需失衡的问题。

学前教育资源供需失衡的问题由来已久。曾晓东(2006)曾撰文分析我国学前教育由单位福利转向多元供给的发展过程,指出现有经济体制下教育供给格局极不平衡,既有资源投入稳定的优质教育幼儿园,又存在因缺乏稳定经费来源而举步维艰的幼儿园;同时,由于幼儿教育供给日趋多元化,迫切需要相关职能部门对学前教育进

行合理适宜的宏观规划与管理。

庞丽娟(2009)则指出,学前教育不仅是中国教育体系的薄弱环节,也是当前加强公共服务体系和建设满足民生的一个重要突出环节。学前教育的毛入园率在各级教育中最低,同时落后于世界平均水平。因此,应加强政府的主导作用,加大对学前教育的财政投入力度,建立公办民办共同发展和城乡有别的办园体制,争取基本普及学前教育。

长久以来,由于主客观等多种因素,学前教育的公益性被忽视,对于政府应该在学前教育中发挥主导作用,让学前教育回归公益性轨道的呼声不绝于耳。冯晓霞(2010)在对我国幼儿园办园结构变化进行分析后指出,"民办园在幼儿园中所占比率过高是不合理的",要解决"入园难""入园贵"的问题,政府首先要科学规划、合理布局,新建一批面向大众,特别是优先招收社会中低收入家庭的幼儿的普惠性幼儿园。

自20世纪90年代开始,在市场经济体制改革浪潮中,幼儿园纷纷改制,学前教育所获得的财政投入不断减少,学前教育收费却不断提高,幼儿家庭所承担的学前教育经费不断增长,学前教育的公益性与福利性逐渐消失。与此同时,学前教育的非营利性也未得到有效保证。在市场经济体制改革下,部分公办幼儿园面临"关、停、并、转、卖"的局面,很多幼儿园转变为营利性幼儿园,由于得不到国家财政支持,这些幼儿园为了保证正常运转以及获取一定的收益,只能高收费,以盈利为办学目的,这在一定程度上违背了学前教育的公益性特征。

尽管从政策层面,我国政府在发布的相关文件中皆明确规定了学前教育是基础教育的基础的定位。然而在实践层面,从中央到地方各级政府,都没有将学前教育置于应有的位置,学前教育管理体系不完善,学前教育财政性投入缺少计划,学前教育监控体制与机制不完善等问题普遍存在。

为解决"入园难"与"入园贵"的问题,《国家中长期教育发展规划纲要(2010—2020年)》提出:坚持教育的公益性与普惠性,保障公民依法享有接受良好教育的机会。《国务院关于当前发展学前教育的若干意见》也明确提出:地方政府是发展学前教育,解决"入园难"问题的责任主体,发展学前教育必须坚持公益性与普惠性,努力建构覆盖城乡、布局合理的学前教育公共服务体系,保障适龄幼儿接受基本的、有质量的学前教育。因此,要积极扶持民办幼儿园,特别是面向大众、收费较低的普惠性民办幼儿园发展。从国家政策层面来看,国家将成为普惠性学前教育资源提供的主导者;同时,国家发展的普惠幼儿园是一种收费合理、有质量保障的幼儿园,并且对处境不利的幼儿给予资助,以期能有效解决"入园贵"的问题。

二、普惠性学前教育政策的形成历程

普惠性学前教育政策的形成与我国学前教育政策变迁的历史背景息息相关。自

1978年中共十一届三中全会以来,我国开启了对内改革与对外开放,在国家宏观政策的推动下,学前教育事业逐步恢复正常发展的秩序,伴随着整个社会和教育领域改革的不断推进,学前教育事业在此时期获得进步与发展。

同时,伴随着市场经济体制改革的推进,学前教育领域出现的问题也不断放大。"入园难""入园贵"问题成为社会公众一种普遍的感受。随着教育领域改革的推进,义务教育的普及以及公众对学前教育需求提升两方面因素的叠加,学前教育原本存在诸多问题的"短板效应"不断放大。

(一) 中央政策的制定

中央在制定《国家中长期教育改革和发展规划纲要(2010—2020年)》前,于2008年8月至2009年2月历时半年,第一次面向全社会征询意见,并进行专题调研。社会民众对"入园难""入园贵"问题的反馈居于前列,凸显出学前教育领域问题解决的急迫性。

2010年7月时任国家主席胡锦涛在全国教育工作会议上就推动教育事业科学发展提出"五项核心要求",体现中央政府实施科教兴国、人才强国的战略决心。

2010年7月29日,国务院发布《国家中长期教育改革和发展规划纲要(2010—2020年)》,将学前教育作为教育改革发展的八大任务之一,在第三章中以专章的形式论述学前教育发展问题,提出学前教育发展的三项任务,即基本普及学前教育、明确政府职责、重点发展农村学前教育,回应民众诉求。

2010年11月,《国务院关于当前发展学前教育的若干意见》颁布,对学前教育事业发展进行全面部署,提出十条措施:

1. 把学前教育放在更加重要的位置;
2. 多种形式扩大学前教育资源;
3. 多种途径加强幼儿园教师队伍建设;
4. 多种渠道加大学前教育投入;
5. 加强幼儿园准入管理;
6. 强化幼儿园安全监管;
7. 规范幼儿园收费管理;
8. 坚持科学保教,促进幼儿身心健康发展;
9. 完善工作机制,加强组织领导;
10. 统筹规划,实施学前教育三年行动计划。

同年12月,国务委员刘延东在全国学前教育工作的电视电话会议上强调学前教育普惠性的重要性与紧迫性,指出"坚持以大力发展普惠性幼儿园为方向,注重保基本、广覆盖、多形式,着力解决入园难、入园贵问题"。至此,从宏观政策层面明确发展普惠性学前教育成为全国学前教育事业的发展方向。

（二）中央政策的落实

为进一步落实中央政策,2011 年 1 月 10 日和 17 日,教育部分别在天津市和南京市召开学前教育工作座谈会,各省(自治区、直辖市)教育行政部门负责同志参加会议。会议强调了学前教育三年行动计划编制的重要性,要求各地在三年行动计划制定中做到"三个落实",即落实目标任务,将三年有效缓解"入园难"的总体要求具体化,落实到区县;落实政府责任,将相关的项目纳入当地政府逐年实施的民生工程;落实政策措施,紧密结合实际,在扩大资源、加大投入、加强教师队伍等方面制定切实可行的措施。

各地方根据中央政策要求,制订学前教育三年行动计划。天津、江苏、福建、陕西和广西等省(自治区、直辖市)政府先后于 2010 年底召开学前教育工作会议,以政府名义颁布了加快学前教育发展的专门文件。天津市在全国率先颁布了三年行动计划,提出到 2015 年学前三年毛入园率超过 96%,明确了中心城区、新区和农业区县的发展目标与任务;福建省下发了《加快学前教育发展的意见》,提出到 2012 年底有效缓解"入园难"的目标,并计划在三年内新建 469 所公办幼儿园,学前三年毛入园率达到 91% 的目标等。

整体而言,普惠性学前教育政策产生于我国构建以公平公正理念为核心的社会政策背景体系之下,从中央政策走向地方实践,自上而下推动普惠性学前教育建设。自 2011 年始,地方政府开始落实中央政策要求,以县为单位制订并实施学前教育三年行动计划,将中央对普惠性学前教育的发展政策转化为实践行动。

三、普惠性学前教育的内涵

关于"普惠性学前教育"的意涵,王海英(2011)认为,普惠性强调的是普遍惠及,人人享有,其核心属性是高包容性、非竞争性、非排他性。所谓高包容性,即指学前教育的经费投入不仅惠及特权儿童、弱势儿童、残障儿童,更包括其他所有儿童;普惠性服务尊重的是公民权利,而非身份限制、阶层背景、经济基础等。

在其看来,普惠性学前教育应包括三个层面:

1. 指受惠面的普遍化、扩大化,依据标准为公民身份而非身份地位;
2. 指学前教育作为公共产品之一,由政府承担施惠方的责任;
3. 普惠性学前教育的核心目标是普及学前教育,提升学前教育质量。

宋伟、袁爱玲(2012)认为,学前教育普惠性是指普及学前教育,针对的是学前教育领域,其最终受益者是幼儿,是普及、惠及所有幼儿的一种受教育权利,是公平、公正的教育权利,而非个别人的特权,所惠及的幼儿是所有的幼儿而非个别幼儿。

郑子莹(2012)从内涵和外延两个层面建构普惠性学前教育的概念,在其看来,普惠性的主要内涵是普遍惠及、人人享有,即学前教育的各项制度和措施能够普遍惠及广大人民群众,全体社会成员都能感到学前教育给自己增进了实际利益,其核心属性是高度包容性。学前教育普惠性概念外延丰富,主要包括"广覆盖、保基本""基本的、有质量的""覆盖城乡、布局合理""面向大众、收费较低"等层面。

丁秀棠(2013)则认为,实现普惠性目标意味着不断扩大学前教育服务的覆盖面和辐射力,尽可能让所有适龄儿童都拥有享受低价、优质的学前教育服务的机会,使学前教育服务体系真正平等惠及所有儿童;学前教育的普惠性对于幼儿家庭来说应当具有"便利性、有质量、低价位、多样性与公平性"的特点。

姜勇等(2019)分别从政策语言、学术语言、公众语言三种话语形态解读普惠性。在其看来,对普惠性的理解应从五个 A 的维度加以明确,即"付得起"(affordability)、"达得到"(accessibility)、"配得齐"(assorting)、"顾得广"(all)、"适得度"(appropriateness)。只有满足了经济上"付得起"、空间上"达得到"、质量上"配得齐"、服务对象上"顾得广"这四大特征才真正体现了学前教育的普惠性,它们之间环环相扣,缺一不可。"适得度"(appropriateness)即适度性,亦即学前教育发展与我国特定社会主义初级阶段的经济发展水平相适应,这不仅是发展普惠性学前教育应遵循的基本原则,还是普惠性学前教育可持续发展的保障基础,贯穿着普惠性学前教育公共服务体系的整体内涵建设。

四、普惠性幼儿园的性质认定

冯晓霞(2010)认为,普惠性幼儿园是那些为广大中低收入家庭服务的幼儿园,即用公用资金举办面向社会大众的公共学前教育服务机构。

王元凯、刘传莉(2011)认为普惠性幼儿园,从字面上理解就是既普及又实惠的幼儿园,在教育公平的前提下,面向大众的、适龄儿童普遍接受的、收费合理的幼儿园,既包括公办性质的幼儿园,也包括非营利性的民办幼儿园。

姚琳琳(2011)则认为普惠性幼儿园应具备三个特征:

1. 达到规定办园的基本标准;
2. 面向社会招生;
3. 实行政府定价或接受政府指导价。

依据前述,普惠性幼儿园具有公益性、公平性和优惠性等特点。

因此,普惠性幼儿园一般而言应分为以下三类:

1. 公办幼儿园;
2. 集体或单位举办的公办性质的幼儿园;
3. 提供普惠性服务的民办幼儿园。

公办园的兴办主体为政府,经费来源以政府财政性经费为主的幼儿园。根据《中华人民共和国宪法》与《中华人民共和国教育法》相关规定,公办园主要包括教育行政部门办园、各级党政机关办园以及军队办园等。

所以,公办园代表的是公共利益,满足的是公共需要,不是某一群体或个体的利益(江夏,2011)。集体或单位举办的公办性质的幼儿园,这些在计划经济时代曾获得政府的财政性经费支持,集体办园包括集体所有制企业园、街道园和农村集体办的幼儿园等,但如今这类幼儿园已无法从原所属单位获得财政性经费投入。提供普惠性服务的民办幼儿园即具有办学资质,幼儿园保教费低于或等同于同级自收自支公办园收费标准的民办园。

按照办园体制的不同,普惠性幼儿园分为三类:

1. 由教育部门举办的公办幼儿园;

2. 其他部门举办的具有公办性质的幼儿园;

3. 提供普惠性服务的民办园。

不同普惠性幼儿园因办园主体、行政管理隶属关系上的不同,会享有不同的资源。长期以来,学前教育资源多向公办园倾斜,其他部门办园以及民办园扶持力度有限。

余中根(2016)则认为,普惠性民办幼儿园是指国家机构以外的社会组织和个人,利用非国家财政性经费,面向社会举办的对 3 周岁以上学龄前幼儿实施保育和教育的机构,提供给受教育者普遍的、非歧视的、非互惠的优惠。

杨慧敏(2017)认为,普惠性民办幼儿园是在政府指导与支持下,有效发动民间资本提供的面向大众招生,收费能为普通民众承担,质量达到优质水平的民办幼儿园。

从前述有关普惠性民办幼儿园的认定标准中,诸如"面向大众""条件达标""收费合理""提高质量"等,在认定标准中出现频率较高。可见,人人可及、收费合理、质量有保障是对普惠性民办幼儿园的基本共识。

然而现阶段各省市的普惠性民办幼儿园的界定说法不一,很多概念界定所包含的方面过于宽泛,其中并未考虑到民办园的特殊性和其"自由性",亦未对园所自身存在的诸多问题,什么样的幼儿园是高标准、能够得到大众认可的普惠性民办园做出明确的、严格的界定。这也导致部分地区在普惠性幼儿园的认定上存在诸多矛盾之处,对于普惠性民办幼儿园认定标准应建构制度性的系统设计,即存在着普惠性民办幼儿园的概念界定、认定条件、申报及认定程序、监督管理以及政策方面的全域性和整体性的设计(门鑫玥,2019)。

普惠性学前教育政策其核心理念主要奠定在教育机会均等的基础上,希冀通过政策手段提供丰富的学前教育资源,缓解日益严重的"入园难""入园贵"的难题,以及改善城乡之间教育资源分布不均、教育机会不均等问题。通过具体的策略与措施,构建完善的学前教育公共服务体系。

第二节　普惠性学前教育政策发展的理论基础

关于普惠性学前教育政策发展的理论基础,汇总中外有关学者主张,可归结为教育公平理论、教育机会均等理论、新公共管理与新公共服务等理论,分项说明如后。

一、教育公平理论

教育公平是指国家为了维护每一个个体的切身利益而对教育资源进行的合理、公正分配(皮拥军,2007)。教育公平理论包括三个面向,即人人享有、条件均等、效果均等。人人享有是个体拥有平等的接受教育的权利;条件均等系指个体拥有平等的教育资源和受教育条件;效果均等即享受平等的教育后教育成效水准均等。

约翰·罗尔斯(2001)提出的正义原则被后来很多学者用于教育公平领域。罗尔斯认为要想达到社会公平,需将各种社会资源集合在一起统一分配。教育资源作为基础的社会资源也需分配公平。

詹姆斯·科尔曼(1989)从三个方面阐释了教育机会均等的概念,即要满足个体均等的入学机会、满足个体教育过程中受到均等的教育,以及个体教育的成功几率均等。但由于家庭社会经济背景的影响,每个个体受到教育平等和均等的机会各不相同,所以实现教育均等须不受家庭、社会经济地位等因素的影响。

安妮特·拉鲁(2010)认为,父母所处的地位和社会阶层在无形中决定了孩子所能获得的教育资源和文化资本,她指出,不同家庭背景的孩子在教育资源和优势方面存在着显著的差异。这种教育不平等的现象在家庭环境背景、教育机构及社会中被不断地再生产。

托尔斯顿·胡森(1991)对于教育公平问题的研究侧重点则在于影响发达国家和欠发达国家的因素不同之处,在其看来,在经济欠发达地区,对教育公平影响较大的是个体的家庭出身,包括种族、阶级等方面;在经济发达地区,影响较大的是所在家庭对社会资本的占有程度。

罗伯特·帕特南(2017)认为孩子的阶级出身所产生的机会不平等已经超越种族和性别因素,生而不平等继而导致教育等资源的不平等。

关于教育公平、教育平等、教育公正的议题我国学者也有着丰富的研究。吴忠民(2003)认为公正和公平、平等三者之间既有关联又有不同,公正侧重社会的"基本价值取向",公平则强调衡量标准的"同一个尺度";公平与平等的差别在于公平不存在"过度"的可能性。

褚宏启(2006)认为教育公平不同于教育平等,教育公平包含教育资源平等配置等原则和对弱势群体补偿原则。虽然可以通过对经济、政治公平的不断发展和提高进而促进教育公平的快速发展,但是绝不能放弃发挥教育自身的作用,教育行政部门同样能为教育公平做出巨大贡献。因此,为了推动社会公平发展,教育公平发挥着不可或缺的作用和意义。

杨东平(2006)认为,1977年后教育公平的主要矛盾已经从教育权利平等转为教育机会均等。精英主义与大众主义两种不同的教育发展模式会在教育思想方面造成教育不平等。包括市场经济下新的利益格局和发展"教育产业化"等因素都会对其产生影响。

李春玲(2003)认为,1978年以前教育机会是一种极其不平等的状态。之后,家庭和制度因素影响因子加大,导致教育机会分配的不平等程度逐步增强,说明教育不平等的弱化或增强受到意识形态及政府相关政策的变动影响。

李煜(2006)认为教育不平等的传递机制受到制度设计和家庭背景的影响,如果教育不平等的产生机制转变为资源转化与文化再生产双重模式并存,并且得到延续就有可能会促进社会分层固化,传递代际教育不平等。

我国普惠性学前教育政策是在特定的历史背景下制定的,在一定程度上体现了为促进教育公平所做的努力与尝试,同时亦是帮助弱势群体进行的价值选择。普惠性学前教育在教育公平上体现在两个方面:

1. 普惠性幼儿园要求"普及",即每一个个体均可以平等地享有受教育的权利,在一定程度上体现了教育机会均等;

2. 普惠性幼儿园面向大众且收费机制合理,在一定程度上体现了条件均等符合罗尔斯的正义论原则。

二、教育机会均等理论

教育公平与教育机会均等互为表里,通过教育机会均等体现教育公平,并借由积极性差别待遇的措施达到公平正义的教育理想。

欧美国家自20世纪20年代即开始研究教育机会均等问题,20世纪六七十年代掀起教育机会均等研究热潮。1966年具有里程碑意义的《科尔曼报告》(*Coleman Report*)即《关于教育机会平等》发表,此报告揭示受教育机会和家庭背景具有高度的相关性。1971年伊里奇(I. Illich)的《非学校化社会文集》(*Deschooling Society*)和詹克斯(C. Jencks)的《不平等》(*Inequlity*)发表,使人们对教育机会均等是否可以实现和教育是否可以促进社会的均等产生怀疑。20世纪80年代教育机会均等的研究又开始复兴,对詹克斯等人的悲观观点进行修正,研究发现在教育扩张的早期会导致教育机会分配的不均等,当教育普及到一定程度时,教育机会不均等的状况会得到改善。

英美的教育改革和教育经费减少政策及高等教育的学费改革,使得教育机会均等问题再次成为谈论和关注的热点。

关于教育机会均等的含义,迄今尚无一致定论。经济合作与发展组织(OECD)提出

教育机会均等需具备以下意涵(黄昆辉,1975):

1. 能力相同的青年,不论其性别、种族、地区、社会阶级,皆有相同的机会,接受非强迫性的教育;

2. 社会各阶层的成员,对于非强迫性的教育,皆有相等参与的比率;

3. 社会各阶层的青年,具有相等的机会以获取学习的能力。

教育机会均等,是指将教育资源以公平的原则分配给每一个个体,不会因为其先天或后天条件的不同而有所差异,每个个体也都能得到相等的教育结果。

教育机会均等包括两大基本概念(陈奎熹,1980):

1. 每个人应具有相同的机会以接受最基本的教育,此种教育是共同性、强迫性的教育,也可称为义务教育;

2. 每一个人皆具有相等的机会接受符合其能力发展的教育,此种教育是分化教育,虽非强迫性,但含有适性发展的意义,也可说是人才教育,因此,教育机会均等是包括国民教育和人才教育两方面的机会均等。

造成教育机会不均等的原因一般包括社会阶层、区域分布、种族以及性别差异等面向。就社会阶层面向而言,我国学前教育阶段属于非义务教育,社会阶层的差异导致儿童接受学前教育的机会不均等,且属于愈高阶层的教育,机会不均等的现象愈明显。就地域不均等面向而言,主要反映在城乡差距,城市地区师资、设备远比乡镇地区充足,素质条件也更高。这种由于社会阶层以及地域因素造成的教育机会不均等,可通过人为的教育措施使之均等抑或更不均等。

我国的教育机会均等问题与西方国家相比有其自身特点,国家出台的教育政策对教育机会的分配起到十分关键的作用。在学前教育资源严重不足,资源分布严重不均的现实状况下,普惠性学前教育政策的实施,即期望解决前述问题,使每个适龄幼儿皆有机会接受价格适中、质量有保障的学前教育。

三、新公共管理与新公共服务理论

新公共管理理论(New Public Management)是 20 世纪 80 年代以来在英美国家出现的一种公共行政管理的理论与实践模式。

20 世纪 80、90 年代以来,世界上许多国家出现了新公共管理理论运动,其中具有代表性的如美国的“企业化政府”改革运动、英国的“管理主义运动”、奥地利的“新政管理计划”、丹麦的“公营部门现代化计划”、法国的“革新公共计划”等(徐增辉,2005),是西方各国在适应全球化、信息化,以及国际竞争加剧,国内公共服务需求增加及要求提高政府效能呼声的回应。

公共管理学者 Hood(1995)将新公共管理归纳为以下内容:

1. 公共部门实行专业化管理;

2. 绩效目标明确,并根据目标进行严格绩效评价;

3. 在关注过程的基础上更注重成效产出；

4. 强调公共部门之间的合作，主张去除公共部门之间的藩篱；

5. 引入竞争机制，降低公共管理成本，提高公共服务质量；

6. 借鉴和引入私营部门管理模式；

7. 重视对资源的有效利用与开发等。

新公共管理理论将公共服务作为其核心价值追求，并将追求行政效率作为主旨。但过分强调市场作用，强调经济价值优先所带来的公共价值受损等负面影响，则启发了新公共服务理论。

新公共服务理论代表人物丹哈特夫妇（2003）将新公共服务理论归纳为五个方面。

1. 政府的核心职能是服务，强调政府的首要作用是帮助公民表达并实现他们的共同利益，而不是试图去控制或驾驭社会。

2. 公共行政追求的根本目标是公共利益，政府不仅要使个人利益最大化，而且还要不断地努力和公民一起追求和实现大众的利益或共同的利益。

3. 战略决策和民主管理，满足公共需要的政策和方案可以通过全社会共同努力和协作过程得到最有效且最负责任的实现。在思想上形成共识，由政府去有力度地执行，同时使相关各方共同参与政策方案的执行过程。

4. 政府承担责任的复合性，政府的责任不是单一的，而是多方面复合而成。就政府而言，强调公权力的责任，强调如何使政府及其机构和官员对其最终的所有者即公民更加负责。

5. 政府的公共服务精神，重视公民对行政过程的参与，并且政府应是为公民所有，而不是为个别企业家所拥有。

新公共管理理论和新公共服务理论都将做好公共服务作为其核心价值追求，希冀提高公共服务的效率与公平，二者侧重点各不相同，前者更侧重效率，后者则侧重公平。

在新公共管理与新公共服务理论思想影响下，我国政府在学前教育治理中的政府责任逐渐复位，通过政府主导保障学前教育的公益性、公共性与普惠性，在提高服务效率的同时兼顾公平，对学前教育公共服务体系建设具有重要借鉴和启示意义。

第三节　普惠性学前教育政策发展的内容

一、普惠性学前教育的性质定位与发展方向

《国十条》进一步明确了学前教育的性质定位与发展方向，用"三个是"和"三个关

系"阐释了学前教育的性质定位与意义:"学前教育是终身学习的开端,是国民教育体系的重要组成部分,是重要的社会公益事业。""办好学前教育,关系亿万儿童的健康成长,关系千家万户的切身利益,关系国家和民族的未来。"

与此同时,《国十条》明确了坚持公益普惠,努力构建覆盖城乡、布局合理的学前教育公共服务体系的基本方向。

二、普惠性学前教育具体措施

(一) 扩充学前教育资源

针对当前城乡学前教育资源短缺的现状,需多种形式扩大学前教育资源,具体措施如下。

1. 大力发展公办幼儿园,提供"广覆盖、保基本"的学前教育公共服务体系。其实施路径包括:

(1) 通过在公办资源短缺的城乡地区新建一批公办园;

(2) 利用中小学布局调整的富余资源和其他公共资源优先改建幼儿园;

(3) 鼓励优质公办园通过举办分园或合作办园的方式扩大公办资源;

(4) 制定优惠政策,支持街道、农村集体举办幼儿园。

2. 积极扶持民办幼儿园,特别是面向大众、收费较低的普惠性民办幼儿园。其实施路径包括:

(1) 通过保证合理用地、减免税费等方式,支持社会力量办园;

(2) 采取政府购买服务、减免租金、以奖代补、派驻公办教师等方式,引导和支持民办幼儿园提供普惠性服务;

(3) 公办民办一视同仁,强调民办园在审批登记、分类定级、评估指导、教师培训、职称评定、资格认定、表彰奖励等方面与公办园具有同等地位。

3. 建好、用好、管好城镇小区配套幼儿园。

《国十条》将小区配套幼儿园作为增加城市学前教育资源、缓解城市"入园难"的主要渠道,明确要求没有配套幼儿园的城镇小区,要按照国家有关规定配套建设幼儿园,建成后要由当地政府统筹安排,举办公办园或委托办成普惠性民办幼儿园,保证面向小区适龄儿童提供就近的普惠性服务。

4. 加快发展农村学前教育。

加快构建县、乡、村学前教育服务网络,在乡镇和大村独立建园,小村设分园或联合办园,人口分散地区配专职巡回指导教师等。

国家实施学前教育重大项目,重点支持中西部农村地区;地方各级政府在农村幼儿园园舍建设、师资队伍、公用经费、资助困难群体等方面加大投入。努力为农村幼儿园配备好保教设施、玩教具和幼儿读物等,为农村幼儿创设良好教育环境。

（二）加强幼儿师资队伍建设

针对幼儿园教师数量不足、待遇不落实、整体素质有待提高等状况，幼儿园师资队伍建设的措施如下。

1. 配足配齐教职工。

各地根据国家要求，结合本地实际，合理确定师生比。公办幼儿园需按照国家和地方有关规定进行核编、逐步配齐。民办幼儿园要按照标准配齐幼儿园教职工。健全幼儿教师准入制度，尤其是中小学富余专岗教师必须经培训合格后，方可转入学前教育，严把入口关。

2. 保障教师待遇，维护幼儿园教师权益。

依法落实幼儿园教师在工资、职称和社会保障等方面的待遇，完善落实幼儿园教职工工资保障办法和幼儿园教师专业技术职称评聘机制，切实维护教师权益，按照社会保障改革的政策和方向，完善幼儿园教职工社会保障办法。

3. 完善师资培养培训体系，提高幼儿园教师整体素养。

（1）办好中等幼儿师范学校和高等师范院校学前教育专业，建设一批幼儿师范高等专科学校，加大面向农村的幼儿园教师培养力度，扩大免费师范生学前教育专业招生规模，积极探索初中毕业起点五年制学前教育专科学历教师培养模式，通过多种途径加大幼儿园教师培养力度。

（2）建立幼儿园园长和教师培训体系，实施幼儿园园长和骨干教师国家级培训计划，五年内对幼儿园园长和教师进行一轮全员专业培训。

（三）加大学前教育投入

各级政府加大学前教育投入需要做到"五有"：

1. "预算有科目"，将学前教育经费列入各级政府的财政预算；

2. "增量有倾斜"，新增教育经费向学前教育倾斜；

3. "投入有比率"，财政性学前教育经费要在统计财政经费中占比合理；

4. "拨款有标准"，各地需研究制定公办幼儿园生均经费标准和生均财政拨款标准；

5. "资助有制度"，建立学前教育资助制度，资助家庭经济困难儿童、孤儿和残疾儿童接受普惠性学前教育。

除加大政府投入外，还需鼓励社会投入，政府通过制定优惠政策，鼓励社会力量办园和捐资助园，家庭合理分担学前教育成本等。

（四）以县为单位编制实施学前教育三年行动计划

《国十条》明确要求地方政府以县为单位编制实施学前教育三年行动计划，缓解"入园难"问题。建立督导机制与问责机制。要求各省（自治区、直辖市）建立督导检查、考核奖惩和问责机制,确保大力发展学前教育的各项措施落到实处,取得实效。各级教育督导部门要将学前教育作为督导重点,加强对政府责任落实、教师队伍建设、经费投入、安全管理等方面的督导检查。教育部门会同有关部门对各地学前教育三年行动计划进展情况进行专项检查。

第四节 普惠性学前教育政策发展的相关研究

自 2010 年发展普惠性学前教育提出以来,普惠性学前教育政策相关研究数量激增,研究内容包括普惠性学前教育财政投入研究、普惠性学前教师政策研究、普惠性学前教育质量研究等。通过文献梳理,相关研究内容具体如下。

一、普惠性学前教育财政投入研究

自 2010 年以来,我国财政性学前教育经费持续增加。从 2010 年的 244.4 亿元增加到 2017 年的 1 563.6 亿元(图 3-1)。从 2000 年以来的时间序列数据可以看到,2010 年是我国学前教育事业发展的转折年,学前教育财政性教育经费增幅明显,从 2000 年的 31 亿元到 2009 年的 166.3 亿元,十年间增长 5.4 倍。截至 2017 年统计数字,2010—2017 年,财政性学前教育经费增长了 6.4 倍。从学前教育财政性经费占全国财政性教育经费比率来看(图 3-2),2000 年到 2010 年该指标长期徘徊在 1.5% 以下,自 2011 年突破长期在 2% 以下的格局,2017 年增长为 4.57%,学前教育生均经费支出也从 2010 年的 2 977 元增长到 2017 年的 7 328 元(宋映泉,2019)。

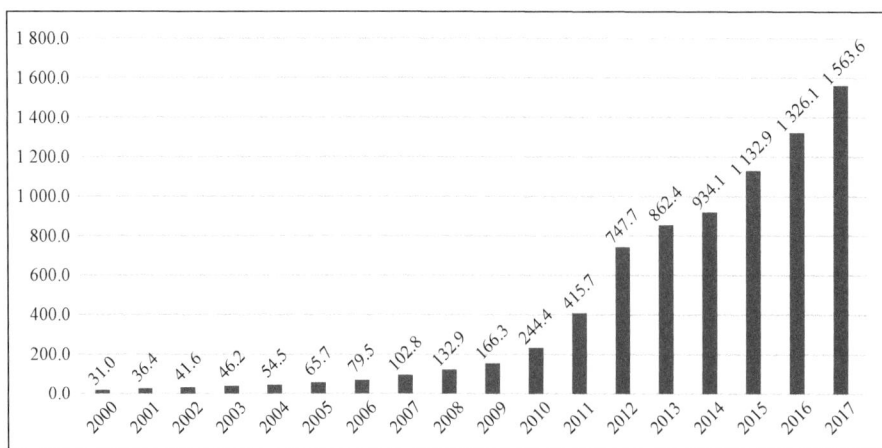

图 3-1 2000—2017 年财政性学前教育经费(单位:亿元)

资料来源:宋映泉,我国学前教育事业发展主要矛盾与公共财政投入改革方向,《教育经济评论》,2019(4):19-48。

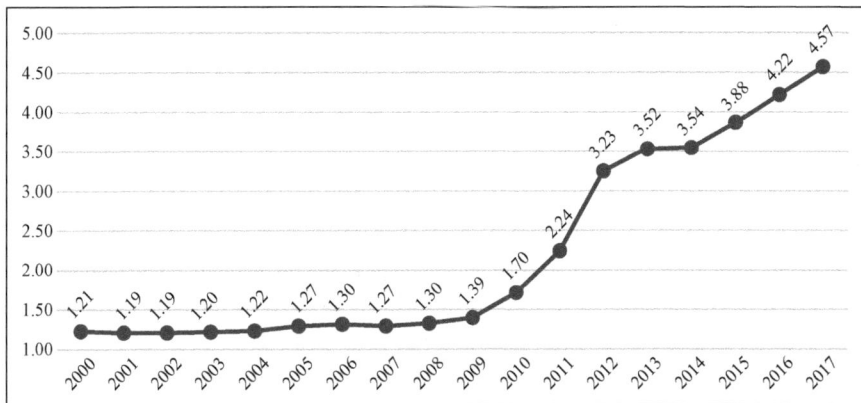

图 3-2　2000—2017 年学前教育财政性经费占财政性教育经费比率(单位:%)

资料来源:宋映泉,我国学前教育事业发展主要矛盾与公共财政投入改革方向,《教育经济评论》,2019(4):19-48。

但是总体而言,学前教育经费投入仍旧较低,不能满足当前发展的需要,相关政策可见表 3-1。这种低水平主要体现在两个方面。

1. 学前教育生均水平依旧较低。当前学前教育生均水平仅为 10 648 元,仅占人均 GDP 的 16.5%,远低于 OECD 国家的 23% 的均值。

2. 学前教育经费中的财政性投入比率较低。2018 年全国财政性教育经费共计 36 990 亿元,比 2017 年度增长了 8.13%,但从历年财政性教育经费在各级教育的分布中,学前教育所占比率始终最低,比 OECD(2017)国家均值 80% 低 33 个百分点。

陈纯槿、范洁琼等(2018)认为,经费投入水平低的同时,学前教育的经费投入还呈现出较大的区域差异。2015 年,全国各省份幼儿园生均公共财政预算教育经费支出为 4 843 元,其中位居前列的 5 个省市为北京、西藏、上海、天津和海南,其幼儿园生均公共财政预算经费均高于 1.2 万元,北京以 24 442 元的生均水平高居全国首位。较低的 5 个省市为河南、广西、湖南、重庆和广东,最低的河南为 1 921 元,最高省市是最低省市的 12.7 倍,省际差异系数高达 0.82。不同省市学前教育的生均公共财政预算经费支出、生均教育经费支出和生均公用经费的省级系数分别为 0.82、0.71 和 0.67。

高丙成、周俊鸣(2014)认为教育经费的不断投入和合理的成本分担比率相辅相成,二者缺一不可。根据学前教育的准公共产品属性,按照"受益原则"与"能力支付原则",政府、家庭和社会应共同分担学前教育成本。

目前 OECD 国家多为"一方为主,多方共担"的成本分担模式,即学前教育财政支出中政府一方占绝对优势,一般占总支出的 50% 以上。然而目前我国的成本分担模式却与此背道而驰,家庭扮演着成本分担的主要角色。尤其是在广大农村地区,学前教育成本分担的经济压力与日俱增,幼儿园生均学杂费的增幅远高于乡村地区人均可支配收入,使得原本恩格尔系数较高的乡村家庭承受了更多的家庭支出压力,这也从侧面反映出目前政府的学前教育财政投入呈现出"重城市、轻农村"的现象,学前教育资源投入呈现出城乡之间的不公平现象(张琴秀、赵国栋、成颖丹,2019)。

表 3-1　有关学前教育经费投入的相关政策文件

机构	时间	政策文件	相关内容
财政部	2011 年	《关于加大财政投入支持学前教育发展的通知》	基本原则:政府主导,社会参与。地方主导,中央奖补。因地制宜,突出重点。把加快发展农村学前教育作为工作重点。 立足长远,创新机制。建立健全经费投入及使用管理机制,注重经费使用绩效,建立督促检查和考核奖惩机制。 重点工作: 1. 支持中西部农村扩大学前教育资源(简称"校舍改建类项目") 2. 鼓励社会参与、多渠道多形式举办幼儿园(简称"综合奖补类"项目) 3. 实施幼儿园教师国家级培训计划(简称"幼师培训类"项目) 4. 建立学前教育资助制度(简称"幼儿资助类"项目)
教育部 国家发展改革委 财政部	2014 年	《关于实施第二期学前教育三年行动计划的意见》	进一步加大学前教育投入。各地要切实加大财政投入力度,落实学前教育投入的主体责任。……中央财政继续安排专项资金,鼓励和引导地方积极发展学前教育
教育部 国家发展改革委 财政部 人社部	2017 年	《关于实施第三期学前教育行动计划的意见》	健全教育成本分担机制。各地要按照非义务教育成本分担的要求,建立起与管理体制相适应的生均拨款、收费、资助一体化的学前教育经费投入机制,保障幼儿园正常运转和稳定发展 建立投入激励机制。中央财政继续安排专项资金,支持和引导地方积极发展学前教育,重点向农村地区、贫困地区倾斜
中共中央 国务院	2018 年	《中共中央 国务院关于学前教育深化改革规范发展的若干意见》	健全经费投入长效机制: 1. 优化经费投入结构。进一步加大学前教育投入力度,……主要用于扩大普惠性资源、补充配备教师、提高教师待遇、改善办园条件 2. 健全学前教育成本分担机制。各地要从实际出发,科学核定办园成本,以提供普惠性服务为衡量标准,统筹制定财政补助和收费政策,合理确定分担比率。……非营利性民办园(包括普惠性民办园)收费具体办法由省级政府制定。营利性民办园收费标准实行市场调节,由幼儿园自主决定。地方政府依法加强对民办园收费的价格监管,坚决抑制过高收费 3. 完善学前教育资助制度。各地要认真落实幼儿资助政策,确保接受普惠性学前教育的家庭经济困难儿童(含建档立卡家庭儿童、低保家庭儿童、特困救助供养儿童等)、孤儿和残疾儿童得到资助

资料来源:笔者整理。

二、普惠性学前教师政策研究

长久以来,全国在教师管理政策层面存在明显的身份制特征。于幼儿园教师而言,幼儿园教师分为公办幼儿园教师和非公办幼儿园教师两种身份。公办幼儿园教师是指占用国家事业单位编制,由国家财政拨付工资的一类教师,即所谓的编制内教师或体制内教师;非公办幼儿园教师指不占用国家事业单位编制,工资由办园者支付的教师,即编制外教师。非公办幼儿园教师包括民办幼儿园教师、公办幼儿园中的合同教师、街道园教师、农村集体园教师、企业转制后的企事业园教师等(梁慧娟,2011)。

长期以来,民办幼儿园教师常常被赋予专业能力不强、专业素质不高的标签,并在工资福利、专业培训、职称评聘、社会保障等方面与公办幼儿园教师相比存在较大差距,同工不同酬的不公平现象普遍存在,民办幼儿园师资大量流失。

持有教师资格证书是幼儿教师具有一定专业理论和专业技能的体现。然而民办幼儿园教师素质整体偏低,持有教师资格证的比率较低。王默等人(2015)调查发现,总体上民办幼儿园教师学历以职高、职业中专为主,发达地区民办幼儿园教师学历相对优于贫困落后地区。随着社会力量、民间资本投资举办学前教育热情的不断提高,民办学前教育机构的设立使得对于教师的需求不断增加,大量未经过专业培训与训练、未获得幼儿教师资格证的非专业人员进入幼儿教师队伍,为学前教育事业发展埋下诸多隐患。

全国教师采取分级制度,教师职称与教师的工资收入直接挂钩,教师的职称越高,所获取的劳动报酬越多。然而,到目前为止学前教育尚未建立独立的教师评定制度,而是参照小学教师职称评定制度,这一制度性缺陷导致幼儿园教师队伍中拥有职称的人数相对较少。2011年全国地区未评职称的幼儿园教师人数占幼儿园教师总数的67.57%,广东省、山东省和重庆市等经济相对发达的地区2010年已评职称的教师比率也不足三成(刘占兰,2012)。民办幼儿园教师职称评定受到严重影响,这也直接导致其工资水平相对较低,严重制约了民办幼儿园教师的发展。与公办幼儿园教师相比,民办幼儿园教师的社会保障得不到落实。民办幼儿园教师属于与劳动单位签订劳动合同的社会雇员,除基本工资以外,"五险一金"的社会保障得不到有效落实,无法像公办幼儿园教师一样享受完整的社会保障。与公办幼儿园教师相比,民办幼儿园教师少有接受专业培训和学习的机会,其接受脱产学习、培训的机会被忽视。

幼儿教师培训直接关系到幼儿教师的专业成长,是提高幼儿教师质量的关键,民办幼儿园教师本就学历水平较低,再加上较少地获取专业培训的机会,因此陷入了一种师资水平普遍较低的恶性循环。

普惠性学前教育事业建设不仅应关注园所建设、办园环境改善这些"硬件"问题,同时更不应忽视教师队伍这一"软件"建设。当前普惠性民办幼儿园教师队伍建设已获得各方重视,主要措施上是通过间接的监督保障和财政支持两个路径实现(详见表 3-2)。间接的监督保障主要是通过规范普惠性民办园审批政策、规范教师聘任及保障教师待遇。

表 3-2 三年行动计划中有关学前教师政策的相关论述

机构	时间	政策文件	相关内容
教育部 国家发展改革委 财政部	2014 年	《关于实施第二期学前教育三年行动计划的意见》	通过各种方式配齐各类幼儿园教职工,有条件的地方出台公办幼儿园教职工编制标准。完善幼儿园教师工资待遇保障,落实国家规定的工资待遇
教育部 国家发展改革委 财政部 人社部	2017 年	《关于实施第三期学前教育行动计划的意见》	加大对本专科层次幼儿园教师的培养力度。通过各种方式为农村和边远贫困地区培养补充合格的幼儿园教师。到 2020 年,基本实现幼儿园教师全员持证上岗。以需求为导向,开展新一轮幼儿园教师全员培训。不断完善有利于幼儿园教师专业发展的职称评聘标准
中共中央 国务院	2018 年	《中共中央 国务院关于学前教育深化改革规范发展的若干意见》	1. 严格依标配备教职工。各地要及时补充公办园教职工,严禁"有编不补"、长期使用代课教师。民办园按照配备标准配足配齐教职工 2. 依法保障幼儿园教师地位和待遇。确保教师工资及时足额发放、同工同酬。民办园要参照当地公办园教师工资收入水平,合理确定相应教师的工资收入。各类幼儿园依法规定足额为教职工缴纳社会保险和住房公积金。完善幼儿园教师职称评聘标准,畅通职称评聘通道,提高高级职称比例 3. 完善教师培养体系。办好一批幼儿师范专科学校和若干所幼儿师范学院,支持师范院校设立并办好学前教育专业。扩大本专科层次培养规模及学前教育专业公费师范生招生规模 4. 健全教师培训制度。实行幼儿园园长、教师定期培训和全员轮训制度。用两年半左右时间,通过国家、省、县三级培训网络,大规模培训幼儿园园长、教师 5. 严格管理教师队伍。认真落实教师资格准入与定期注册制度,严格执行幼儿园园长、教师专业标准,坚持公开招聘制度,全面落实幼儿园教师持证上岗,切实把好幼儿园园长、教师入口关。对违反职业行为规范、影响恶劣的实行"一票否决",终身不得从教

资料来源:笔者整理。

在上述政策文本中,对于提出申请普惠性幼儿园的民办园,在其审批过程中加强对园所聘任教师行为的法律规范提出明确要求,例如要求幼儿园与教师依法签订劳动合同、按照规定配备教职工、聘用合格教师等。具体的实施细则因各地具体情况差异而有所不同。与此同时,在普惠性幼儿园的审批过程中,将保障教师待遇作为其成为普惠性民办幼儿园的审批要件之一。

以深圳市为例,《深圳市普惠性幼儿园管理暂行办法》(2013 年)要求:"普惠性幼儿园应当按照政府规定用途使用补助经费,奖励性经费应当用于提高教职工待遇……各区教育行政部门应当建立健全财政补助经费监管制度,定期进行专项审计。"

相对于政策规范的间接保障,财政的支持补助更加直接且成效"立竿见影"。直接的财政支持包括财政补助教师待遇和补助教师培训两种方式。财政补助教师待遇则又涵盖补助教师工资与补助教师社保两个层面。

在补助教师工资方面,以重庆市为例,重庆江北区"幼儿教保人员补助"是对经审核备案并按相关要求合理配备的一线教保人员按在园工龄长短进行适当补助。园龄 2 年(含)以上按人民币 1 000 元/人/年进行补助;园龄 5 年(含)以上按人民币 2 000 元/人/年进行补助,此经费来源于学前教育专项财政经费。

财政补助教师待遇有助于稳定师资队伍,财政补助教师培训能帮助提升师资质量。进一步落实民办幼儿园教师与公办幼儿园教师享有同等法律地位,将普惠性民办幼儿园教师纳入到统一的幼儿教师继续教育体系,实施免费培训就是其中一种重要探索。

上海市浦东新区(2013)将民办幼儿园教师纳入与公办幼儿园统一的培训渠道进行在职培训,师资培育费每人 200 元/年,每年 30 万元左右,该项经费由专项财政投入中的"专业支持"项目支出。

甘肃省兰州市城关区(2013)自 2011 年始在全省率先设立民办幼儿园"以奖代补"专项经费,当年即拨付 300.15 万元,2012 年积极争取省级奖补奖金 935 万元、市级奖补资金 161.288 万元、区级奖补资金 268.022 万元,共计 1 364.31 万元,对民办幼儿园实施了"以奖代补"的七大项财政补助,"教师培训补助"即是其中重要一项。

这两种路径不管是财政投入还是政策保障,其重点都聚焦于教师待遇的解决与保障上。教师待遇问题得到解决才能稳定教师队伍,为师资队伍素质的整体提升提供保障。

三、普惠性学前教育质量研究

2018 年 11 月,《中共中央 国务院关于学前教育深化改革规范发展的若干意见》明确提出"到 2020 年,普惠性幼儿园覆盖率达到 80%",在扩大普惠性学前教育资源的过程中,仅仅追求园所规模的扩增是远远不够的,幼儿教育质量的提升才是目标达成的前提。

普惠而有质量的学前教育是全国普惠性学前教育公共服务体系建构的关键。其中必不可少的即建设普惠而有质量的普惠性幼儿园,不仅从数量上满足大众的学前教育需求,同时教育质量的提升亦是其关键所在,旨在"不仅有园上,亦有好园上"。

有关幼儿园教育质量的衡量指标与影响因素存在诸多解读。美国学者丽莲·凯茨在《幼教方案质量的多元视角》中提出,幼教方案质量可从以下五个视角加以考量(朱家雄,2017)。

第一,由上至下视角:成人与儿童关系的可见特征、成人与儿童的比率、保教人员素质与稳定性、设备和材料的质量与数量、每个儿童所拥有的质量和数量、保教人员的工作条件、保健卫生及消防设施提供等。

第二,由下而上视角:确定参与早期教育的儿童是怎样在真实地体验着,这个视角的要素通常是指环境的"过程性特征",注重过程因素。

第三,由外而内的视角:强调家长和教师关系的质量,家长跟保教人员的关系。

第四,内部视角:包括同事关系、保教人员与家长的关系、保教人员与资助机构的关系。

第五,外部视角:外部社会视角如各种各样的政策、法律、法规等。

幼儿园教育质量构成要素较为复杂,且存在诸多争议。一种观点认为,幼儿园教育质量应包括条件质量、过程质量、结果质量三要素;另一种观点则认为其由结构性质量和过程性质量组成。其分歧焦点在于是否将幼儿发展作为幼儿园教育质量的要素(马锦华、陈圆圆、李晓宁,2019)。

结构性质量包括幼儿园物质环境(硬件设施、园所管理等)、班级规模、师幼比、师资条件;过程性质量包括师幼互动、幼儿园课程(活动)、环境创设、健康安全、家长参与等;结果性质量则强调幼儿的成长与发展。

在学前教育质量评估层面,张思仪(2013)认为现有的评估标准较为笼统,往往以评估标准替代质量标准,缺乏可观测指标,对幼儿园和教师难有指导。此外,过程性质量评估未受到充分重视。

在具体操作中,过分强调场地、设备等硬性结构性指标,未综合考虑幼儿、家长、教师、幼儿园、政府、学术机构等多利益群体诉求等文化适应性问题(李召存,2017)。

在评价方法上,存在重量化轻质性,重分等评级和实地验收等外部评价而轻内部自评的问题,评估效度有待提高,评估发展性功能有待充分发挥(彭兵,2013)。

研究者关注及研究最多的是学前教育师资质量现状及影响因素。王默、洪秀敏(2017),陈蓉晖、张茜萌(2017)等人的研究发现,因社会地位不高、薪资待遇偏低、工作负荷较重、生源质量不佳、培养和培训模式不科学等因素,全国幼儿园教师专业化程度不高,表现为对教师专业发展标准理解不足、教学理念不够科学、教育观念与行为存在脱节、教学方法单一、观察与记录能力欠佳、信息化技能薄弱、反思能力不足、新手教师能力较弱、成熟教师专业发展易停滞等,西部地区、农村地区、民办园师资质量明显更弱。

王声平、姚亚飞(2018)对普惠性民办园教育质量管理的现状进行实地考察,结果发现被调查的幼儿园教育质量管理存在以下问题:教育教学质量管理的主体单一,教育质量自我评估的内容片面,课程内容结构失衡,教研活动内容侧重对教师教学技能的培养,教师教学质量考核机制不合理,家长参与幼儿园教学活动的积极性不高等。

洪秀敏等(2019)通过比较分析北京市 21 所不同办园体制的一级一类普惠性幼儿园教育质量发现,从结构性质量来看,当前普惠性幼儿园三分之一的班级师幼比尚未达标,大班额依然存在;教师学历基本在大专及以上,但仍有超四分之一的教师无职称,教龄结构偏于年轻化;从过程性质量看,师幼互动质量总体处于中等偏下水平,教学支持尤为薄弱。

张晓莹(2019)对辽宁省普惠性幼儿园质量现状的调查结果显示:园长资质总体合格,但公办、民办差距较大;办园规模"两极化",缺乏科学统筹配置;教师流动性较大,教师资历良莠不齐;生源"难进易出","普惠"发展存在障碍。

第五节　普惠性学前教育政策发展的成效与问题

自 2010 年《发展规划纲要》及《国十条》相继以国家话语定调学前教育性质及发展方向以来,全国学前教育事业迎来重要契机,全国普惠性学前教育服务体系初步建构,上至中央下至地方各级政府高度重视。

随着三轮学前教育行动计划的开展,普惠性学前教育政策取得诸多成效。与此同时,学前教育体制改革依旧有诸多待改进的问题。有关该项政策发展的成效与问题,兹分述如后。

一、普惠性学前教育政策取得的成效

(一) 学前教育资源有效扩充明显

《国十条》中明确提出要以多种形式扩大学前教育资源,其主要措施包括四个方面:

1. 大力发展公办园;

2. 鼓励社会力量以多种形式举办幼儿园;

3. 城镇小区没有配套幼儿园的,应根据居住区规模和居住人口规模,按照国家有关规定配套建设幼儿园;

4. 努力扩大农村学前教育资源。

《国十条》中提出"到 2020 年,全国学前教育毛入园率达到 85%,普惠性幼儿园覆盖率(公办幼儿园和普惠性民办幼儿园在园幼儿占比)达到 80%"。随着三轮学前教育行动计划的积极推进和落实,学前教育资源建设成效显著。根据全国教育部(2022)统计数据,2022 年幼儿园总数为 289 222 所,比 2010 年增加 138 802 所,其中

公办幼儿园 128 733 所,占比 44.51%,相较于 2010 年增加 12.51%;民办幼儿园 160 489 所,比 2010 年增加 58 200 所(表 3-3)。由此可见,全国学前教育资源扩充明显,其中民办幼儿园成长迅速。

表 3-3　2010—2022 年全国幼儿园规模

时间	幼儿园总数(所)	公办园数(所)	民办园数(所)	公办园占比
2010 年	150 420	48 131	102 289	31.99%
2011 年	166 750	51 346	115 404	30.79%
2012 年	181 251	56 613	124 638	31.23%
2013 年	198 553	65 102	133 451	32.79%
2014 年	209 881	70 599	139 282	33.60%
2015 年	223 683	77 307	146 376	34.50%
2016 年	239 812	85 609	154 203	35.70%
2017 年	254 950	94 578	160 372	37.10%
2018 年	266 677	100 898	165 779	37.80%
2019 年	281 174	107 938	173 236	38.39%
2020 年	291 715	123 759	167 956	42.42%
2021 年	294 832	128 130	166 702	43.46%
2022 年	289 222	128 733	160 489	44.51%

资料来源:笔者根据全国教育部统计数据整理而成,取自 http://www.moe.gov.cn/s78/A03/moe_560/moe_1659/。

在幼儿园数量呈现快速增加的同时,广大适龄幼儿入园机会明显增多,入园率明显提高。2022 年在园幼儿人数 46 275 486 人,相较于 2010 年的 29 766 695 人,在园幼儿数量增加 16 508 791 人,增幅近一半。同时,民办幼儿园幼儿数约为公办幼儿园幼儿数的 1.3 倍,整体趋势看来,自 2010 年以来,民办幼儿园在园幼儿数逐年增加,民办园在为适龄幼儿提供入园机会方面贡献巨大。在幼儿入园人数增加的同时,自 2010 年起,学前三年入园率稳步提升,2018 年学前三年入园率达到 81.70%,已提前完成《发展规划纲要》中关于到 2020 年学前教育三年入园率达到 70% 的目标(表 3-4)。

表 3-4　2010—2022 年在园幼儿数及学前三年入园率

时间	在园幼儿总数(人)	公办园在园幼儿数(人)	民办园在园幼儿数(人)	公办园在园幼儿占比	学前三年毛入园率
2010 年	29 766 695	15 772 001	13 994 694	52.99%	56.60%
2011 年	34 244 456	17 302 366	16 942 090	50.53%	62.30%
2012 年	36 857 624	18 330 180	18 527 444	49.73%	64.50%

（续表）

时间	在园幼儿总数(人)	公办园在园幼儿数(人)	民办园在园幼儿数(人)	公办园在园幼儿占比	学前三年毛入园率
2013 年	38 946 903	19 044 367	19 902 536	48.90%	67.50%
2014 年	40 507 145	19 253 364	21 253 781	47.53%	70.50%
2015 年	42 648 284	19 623 855	23 024 429	46.01%	75.00%
2016 年	441 38 630	19 762 041	24 376 589	44.77%	77.40%
2017 年	46 001 393	20 277 959	25 723 434	44.08%	79.60%
2018 年	46 564 204	20 166 357	26 397 847	43.31%	81.70%
2019 年	47 138 810	20 644 409	26 494 401	43.79%	83.40%
2020 年	45 158 985	21 558 008	23 600 977	47.74%	85.20%
2021 年	48 052 063	24 931 751	23 120 312	51.88%	88.10%
2022 年	46 275 486	25 007 718	21 267 768	54.04%	89.70%

资料来源：笔者根据全国教育部统计数据整理而成，取自 http://www.moe.gov.cn/s78/A03/moe_560/moe_1659/。

（二）学前教育财政投入大幅增长

2011 年 9 月 5 日，财政部、教育部联合下发《关于加大财政投入支持学前教育发展的通知》，明确财政支持学前教育发展的基本原则，并确定中央财政实施四大类七个重点项目，主要包括"校舍改建类"项目、"幼师培训类项目""幼儿资助类项目"等，为进一步推进上述项目的有效落实，相关辅助政策相继颁布实施，如《财政部教育部关于建立学前教育资助制度的意见》《中央财政扶持民办幼儿园发展奖补资金管理暂行办法》等。

2015 年 7 月 1 日，财政部、教育部再次联合印发《中央财政支持学前教育发展资金管理办法》，明确在中央设立学前教育发展资金，主要分为："扩大资源"类项目资金，用于奖补支持地方多种渠道扩大普惠性学前教育资源；"幼儿资助"类项目资金，用于奖补支持地方健全幼儿资助制度，重点支持中西部和东部困难省份，并向农村、边远、贫困和民族地区倾斜。

2010—2022 年间，全国教育经费总投入增长了 3.13 倍，财政性教育经费增长 3.3 倍(表 3-5)。伴随着全国近年来经济的快速发展，教育投入呈现持续增长态势。其中财政性学前教育投入从 2010 年的 244 亿元增长至 2022 年的 5 137 亿元，占财政性教育投入的比重亦在逐年提升。中央财政投入的提升同时也带动着地方学前教育财政投入，不断增长的财政性投入为学前教育资源的迅速扩张、提高教师专业化水平以及适龄幼儿入园提供经费保障。

表 3-5　2010—2022 年学前教育财政投入情况

时间	教育经费总投入（亿元）	财政性教育经费投入（亿元）	学前教育投入（亿元）	占财政性教育投入比重
2010 年	19 561.85	14 670.07	244.00	1.67%
2011 年	23 869.29	18 586.70	416.00	2.24%
2012 年	27 695.97	222 36.23	748.00	3.23%
2013 年	30 364.72	24 488.22	862.00	3.50%
2014 年	32 806.46	26 420.58	934.00	3.50%
2015 年	36 129.19	29 221.45	1 133.00	3.88%
2016 年	38 888.39	31 396.25	1 325.00	4.22%
2017 年	42 562.01	34 207.75	1 563.60	4.57%
2018 年	46 143.00	36 995.77	—	—
2019 年	50 178.12	40 046.55	3 102.50	7.74%
2020 年	53 033.87	42 908.15	4 203.00	9.79%
2021 年	57 873.67	45 835.31	4 982.89	10.87%
2022 年	61 329.14	48 472.91	5 137.00	10.60%

资料来源：笔者根据教育部统计数据整理，取自 http://www.moe.gov.cn/s78/A03/moe_560/moe_1659/。

(三) 幼儿教师队伍建设不断增强

学前教育质量的整体提升关键在于培养一支数量充足、质量合格、师资稳定的幼儿园教师队伍。

在师资队伍建设方面，自 2010 年《国十条》颁布实施以来，为全面落实《国十条》要求，教育部及其他相关部委相继下发一系列关于幼儿园教师配备、准入、培养、培训的政策，主要包括《幼儿园教师专业标准(试行)》《教育部中央编办财政部人力资源社会保障部关于加强幼儿园教师队伍建设的意见》《幼儿园教职工配备标准(试行)》《幼儿园园长专业标准》《教育部财政部关于实施中小学幼儿园教师国家级培训计划的通知》《中共中央 国务院关于全面深化新时代教师队伍建设改革意见》《教师教育振兴行动计划(2018—2022 年)》等。

在上述政策的引领、支持与保障下，2010—2022 年间，全国幼儿园教职工人数从 2010 年的近 185 万人增长至 2022 年的 575 万人，增长 3.1 倍；专任教师数从 2010 年的 114 万人增长至 2022 年的 312 万人，增长 2.7 倍(表 3-6)。

表 3-6　2010—2022 年幼儿园教师队伍数量情况

时间	幼儿园教职工总数(人)	专任教师数(人)
2010 年	1 849 301	1 144 225
2011 年	2 204 367	1 315 634
2012 年	2 489 972	1 479 237
2013 年	2 826 753	1 663 487
2014 年	3 142 226	1 844 148
2015 年	3 495 791	2 051 021
2016 年	3 817 830	2 232 067
2017 年	4 192 850	2 432 138
2018 年	4 531 454	2 581 363
2019 年	4 915 735	2 763 104
2020 年	5 198 165	2 913 426
2021 年	5 646 384	3 076 579
2022 年	5 756 829	3 123 018

资料来源:笔者根据全国教育部统计数据整理,取自 http://www.moe.gov.cn/s78/A03/moe_560/。

二、普惠性学前教育政策存在的问题

尽管经过近十年的发展,全国学前教育事业已取得诸多成就,2017 年学前教育三年在园幼儿数达到 4 600 万,幼儿园发展到 25.5 万所,支撑了世界规模最大的学前教育,适龄幼儿的毛入园率达到 79.6%,达到中上收入国家的平均水平,学前教育经费投入大幅增长(陈宝生,2019)。但从现阶段全国教育整体发展情况而言,学前教育依旧是其中最薄弱的环节,面临诸多严峻挑战,在普惠性学前教育发展过程中主要存在的问题体现在以下三个方面。

(一) 普惠性学前教育资源依旧不足

《若干意见》对于阶段性普惠性学前教育发展的目标作出明确规定:"到 2020 年,全国学前教育毛入园率达到 85%,普惠性幼儿园覆盖率(公办园和普惠性民办园在园幼儿占比)达到 80%。广覆盖、保基本、有质量的学前教育公共服务体系基本建成,学前教育管理体制、办园体制和政策保障体系基本完善。"其中关于毛入园率及普惠性幼儿园覆盖率即所谓的"双 8"目标,从目前的学前教育资源的布局来看,普惠性学前教育资源依旧短缺。

(二) 学前教育投入保障的长效机制亟待建立

2017 年全国财政性学前教育经费投入人民币 1 563.6 亿元,相较于 2010 年的 224 亿元,增长了近 7 倍。然而总体而言教育经费投入仍旧比较低,主要体现在:一方面,学前教育生均经费水平仅人民币 10 648 元,占人均 GDP 的 16.5%,远低于 OECD 国家 23% 的平均值;另一方面,学前教育经费的财政性投入占比偏低,以 2017 年为例,仅占财政性教育经费的 4.57%。

根据《国家教育事业发展"十三五"规划》的要求,如果到 2020 年全国学前教育达到国家规定标准,2017—2022 年学前教育总需求为 35 000 亿—46 000 亿元,然而按照目前现有的投入渠道与自然增长率计算,正常投入约为 30 000 亿元,缺口达到 5 000 亿—16 000 亿元,学前教育财政投入仍需增强(李帅,2019)。

从经费保障机制来看,当前区域内学前教育经费主要来源于县级财政,区县政府投入是学前教育财政性经费投入的主体。对于不发达和欠发达地区而言,"以县为主"的投入体制重心过低,县级财政自己能力不足,难以维持学前教育可持续发展的投入。

(三) 师资队伍建设仍需加强

当前幼儿园教师队伍建设存在的问题主要表现在合格教师供给不足、教师地位和待遇偏低、队伍不稳定,这些问题严重制约了幼儿园教师队伍建设与发展。

根据 2013 年全国教育部印发的《幼儿园教职工配备标准(暂行)》规定,全日制幼儿园教职工与幼儿比率须达到 1:5—1:7。根据这一比率测算,当前的师资数量远不能达到此标准。

除了师资数量不足的问题以外,同时面临挑战的还有教师质量不高的问题。全国教育部颁布的《幼儿园工作规程》以及《教师资格条例》,幼儿园园长及教师的学历水平只需要在大专及以上,保育员只需要高中及以上学历即可,幼教从业人员门槛较低,总体质量不高。并且,这种质量不高的问题在不同地区、不同群体的幼儿园中均不同程度地存在着。非公办幼儿园教师素质普遍低于公办幼儿园教师,农村幼儿园教师素质普遍低于城市幼儿园教师,西部、中部地区幼儿园教师素质普遍低于东部地区等。

在薪资水平方面,根据麦克斯研究院(2018)发布的一份调查报告显示,2016 届"幼儿与学前教育"职业类的本科毕业生,毕业半年后的月收入为人民币 3 504 元,比本科平均水平低 872 元;2016 届高职高专毕业生中从事"幼儿与学前教育"职业类群体,毕业半年后的月收入为 2 706 元,比高职高专平均水平低 893 元。这种薪资水平与城市低端劳动力相比,没有任何优势,更加难以让幼儿园教师对自己的工作产生强烈认同感。

除此之外,现行教师编制政策影响着幼儿园教师的身份确认、地位和待遇,民办幼儿园教师不能享有与公办幼儿园教师同等法律地位,农村幼儿园教师得不到认可等,同工不同酬、专业发展机会不均等现象严重。

　　综上所述,普惠性学前教育政策实施十年,尽管取得不少成就,但问题依旧凸显,普惠性学前教育资源依旧不足,普惠性学前教育投入长效机制亟待建立,财政投入的合理配置有待提高,学前教育师资的数量与质量仍有待提升,学前教育体制改革、普惠性学前教育公共服务体系的高质量建设任重道远。

第·四·章

研究设计与实施

本章旨在分析讨论我国普惠性学前教育政策及其发展概况,探讨的议题主要包括普惠性学前教育政策发展背景、发展状况、政策调整与变革、政策目标落实情形以及未来政策调整的方向等,除了透过官方文件及档案文本获取相关资料以外,另邀请该领域的专家提供实务经验,以交互验证的方式,将搜集到的资料进行对话与澄清,以期所探讨之议题能更接近事实。所采用的方法除了文件分析法,尚需辅以访谈法及焦点团体座谈法,依据研究动机与目的,进行研究设计与实施。

本章共分为六节,第一节为研究架构,第二节为研究对象,第三节为研究工具,第四节为实施程序,第五节为资料处理,第六节为研究伦理。

第一节　研　究　架　构

本研究的目的在于通过文件分析、半结构式访谈以及焦点团体座谈等方法进行研究资料的搜集、整理、分析与讨论。根据资料分析结果,提供相关教育行政机关未来政策发展方向建议及政策执行的参考。

本研究旨在阐述我国普惠性学前教育政策发展,并以个案城市宁波市为例,梳理地方普惠性学前教育政策发展脉络及实施成效。

1. 从政策形成的影响因素说明普惠性学前教育政策的缘起、变革与发展;

2. 针对普惠性学前教育政策内涵、目标及政策执行进行探讨;

3. 了解宁波市普惠性学前教育政策执行情况;

4. 针对研究结果进行分析与讨论。

访谈内容部分,根据研究目的及相关文献理论设计而成,希冀以多元开放的方式探讨更多事实,获得丰富资料,以提供政策分析结果之反馈意见。研究设计架构如图4-1所示。

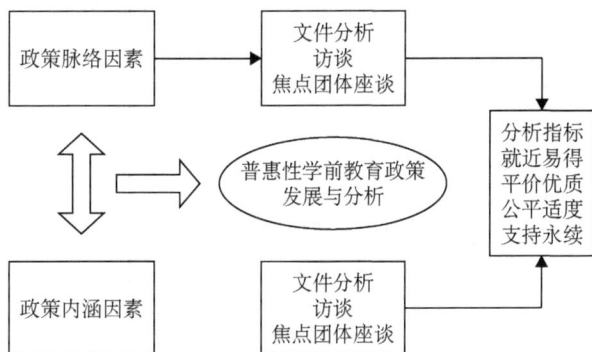

图 4-1 研究设计架构图

第二节 研究对象

本研究析论我国普惠性学前教育政策发展,以宁波市为个案城市,并透过静态的文件以及动态的访谈等方式进行研究资料的搜集、整理与分析。研究对象除了"人",即访谈参与者,亦有"物",即文件资料。

一、宁波市学前教育概述

宁波市简称"甬",是浙江省副省级城市(行政架构为副省级建制的地级市,其党政机关主要领导干部行政级别为省部级副职)、计划单列市(国家社会与经济发展计划单列市,受中央与所在省的双重领导,目前仅有大连、青岛、宁波、厦门和深圳 5 个计划单列市),也是东南沿海重要的港口城市及长江三角洲南翼经济中心。以 2019 年为例,宁波市下辖 6 个区(即海曙区、江北区、北仑区、镇海区、鄞州区、奉化区)、2 个县(即宁海县、象山县),代管 2 个县级市(即余姚市、慈溪市),总面积 9 816 平方千米,常住人口 9 404 283 人。

改革开放前,宁波市城区只有少量机关、妇联、教育部门举办的政府财政保障的公办幼儿园和行业系统举办的自收自支性质的公办幼儿园,其余大量的是乡镇街道、村居委会、企事业单位举办的集体性质的幼儿园。以 1956 年为例,实行公办与民办并举的方针,工厂企业、机关团体、街道居民区和农业生产合作社纷纷兴办幼儿园,民办幼儿园兴起;当时老市区有幼儿园 36 所,其中教育部门办园 12 所,民办 20 所,其他部门办 4 所,入学幼儿 2 045 人,教职员 188 人(宁波市教育委员会,1996)。这一时期,新建的幼儿园大多设施简陋,场地拥挤不堪,保教人员也未曾接受最起码的训练,其中不少是文盲或半文盲的妇女,师资素质不合要求(辜筠芳,2011)。

改革开放初期,宁波市经济得到快速发展,群众对学前教育的需求日益提高,在政府公共财政有限的困境下,学前教育发展相较其他教育阶段为艰。20 世纪 80 年代,随着宁波的对外开放,海外"宁波帮"人士纷纷捐资兴办幼儿园。以 1984 年至 1990 年为例,海外侨胞向宁波市捐建了幼儿园 13 所,1990 年全市已有幼儿园 1 187 所,共计 3 203 班,在园幼儿 98 885 人,幼儿入园率 56%,教职工 5 258 人(宁波市教育委员会,1996)。宁波市学前教育虽获得快速发展的契机,但整体发展与同级别城市相比较仍显滞后,此种城市发展滞后的情形在我国并非个例,或可视为整体社会事业百废待兴所致。

20 世纪 90 年代市场经济改革深化,宁波市政府对学前教育开展"以教养教"的市场化改革策略,原本具有公办性质的幼儿园纷纷转制为民办幼儿园,引进民间资金开启运营。仅以慈溪、鄞州两个县级行政区域为例,此一时期就吸纳民间资金 3.5 亿元,由民间投资、扩建幼儿园达 60 多所。另以 2006 年为例,全市民办幼儿园占幼儿园总数的 83.7%,其中民办乡镇中心幼儿园超过 80%,形成了公办幼儿园为示范、民办幼儿园为主体的办学格局(陈文辉,2007)。

"以教养教"的发展策略在短时间内扩充学前教育规模,利用市场机制发展学前教育成为资源匮乏时期的优先选择,但市场追求利润的驱动机制,在缺少必要监管或制衡的机制下,恐有逐渐演变成无序状态,甚至有反噬学前教育发展的危险。步社民(2008)便指出,学前教育市场化带来诸多问题,如公办幼儿园平民难进,民办幼儿园高收费普通家庭难以承受,学前教育在市场化运作下正在走向"非教育"甚至"反教育"。迎合市场、迎合家长的"重点班""小学化倾向"等陆续出现,更显示幼儿园的营利功能强化,教育功能出现退化的情形。

整体而言,这一时期宁波市形成政府办学为骨干,其他部门、集体和民间为主体,呈现多种所有制幼儿园共同发展的格局。然而随着学前教育事业发展环境的变化,尤其是办园、资金投入和幼儿园管理体制面临的困难和近乎举步维艰的处境,为今后进一步发展带来严重影响。

(一)学前教育办学中存在的问题

以民办学前教育为主体的办学格局暴露出诸多问题。

1. 学前教育管理机构设置与形势不相适应

以 2004 年为例,全市 13 个行政区域、1445 所幼儿园,仅有 5 名专职管理人员,9 名专职教研员,无法适应当时民间办园为主、办园主体多元、办园价值取向复杂的学前教育发展形势,学前教育规范管理、健康发展的需求难以满足。

2. 公办幼儿园数量不足

以 2004 年为例,宁波市当时 1 445 所幼儿园中,教育部门办园 56 所,集体办幼儿园 187 所、其他部门办园 42 所,这些幼儿园数量只占全部幼儿园总数的 19.72%,在园幼儿数占全部在园幼儿总数的 27.12%;民办幼儿园 1 160 所,占全部幼儿园总数的80.28%,在园幼儿数占全部在园幼儿总数的72.88%,均低于当时全省的平均水平。

3. 财政投入不足,公办、民办投入失衡

以2003年为例,宁波市幼儿人均财政教育经费年投入最高为1 270元,最低仅为43.4元,全市平均为553.5元;而同时期小学阶段平均经费为2 900元,中学为3 900元,相较之下,经费投入严重不足,是导致学前教育发展滞后的关键因素之一。

与此同时,有限的财政投入在分配中出现公办民办失衡现象,引发教育不公问题。以2006年为例,宁波市教育部门、机关及其他公办幼儿园在园幼儿占全市适龄儿童总数的29.3%,全市当年90%的财政性学前教育经费投入此三类幼儿园,其生均享有政府财政经费分别为3 417.8元、3 161.8元、1 856.7元;而占入园幼儿总数70.7%的各类集体办、民办幼儿园生均享有政府经费仅为124.8元。财政投入的巨大差异,造成严重的教育不公(陈文辉,2007)。

公办幼儿园由于政府财政保障,事业编制教师配备充足,收费上相对低廉并保持稳定,办学规范,拥有优质的师资,享有更多的公共资源,成为普通大众最希望入读的幼儿园。然而由于学位数量有限,"想入而不得","入园难"呼声强烈。与之相比的自收自支事业单位性质的公办园和部分高端民办园,政府财政保障水平极低甚至是没有任何保障,只能通过高收费和聘用相对素质较低的教师队伍保证办学质量。收费上能够满足群众支付能力的普通民办园则在"低收费、低水平、低质量"的循环中求得生存。

4. 农村学前教育薄弱

以2004年为例,全市乡镇126个,设立乡镇中心幼儿园117所,占比92.86%。其中由镇政府举办的幼儿园56所,占比44.4%,乡镇中心幼儿园以民办为主。由于缺少政府财政的支持,政府管理、指导的意识和能力不足,不能有效发挥中心的示范和辐射作用,导致农村学前教育存在随意性、盲目性,完全是处于自生自灭的状态,严重地说,有些乡镇的学前教育近乎处于失控状态。农村学前教育处于最薄弱的环节。

5. 教师待遇低、素质不佳、流失严重

以2006年为例,全市共有专职幼儿园教师11 300人,其中事业编制教师1 350人,占比12%。全市幼儿园教师全年工资收入在1万元以下的占10.3%,1万—2万元的占55%,2万—3万元的占17.1%,4万元以上的仅占7.5%,其中事业编制幼儿教师的年收入在4万元上下,占总数88%的非事业编制幼儿教师的年平均工资在1万—1.5万元之间,仅略高于2006年全市社会最低工资9 000元,相当于当年全市城镇职工平均工资28 948元的50%(陈文辉,2007)。

幼儿园教师不仅收入低,还面临着专业水平低的问题。以2006年为例,全市幼儿园教师队伍中具有学前教育专业文凭的仅占59.8%,其中2/3以上为职业高中毕业文凭,50.3%的教师没有幼儿园教师任职资格证书,73.1%的教师未获得专业职称。民办幼儿园还面临着年轻教师流失严重、师资队伍长期不稳定的问题。

民办幼儿园 3 年以下的年轻教师达到 53.3%,其中一个学年内流动的教师比率超过 40%(陈文辉,2007)。幼儿园教师收入待遇低,社会地位低,职业吸引力低,年轻教师将幼儿园教师职业作为临时性、过渡性的工作,普遍缺乏长期或终身从教的意愿。

6. 部分民办幼儿园办学行为不规范,学前教育质量下滑严重

市场机制运行下,有些街道、部门举办的幼儿园和实行承包租赁的幼儿园,被当作单位和个人创收的途径,存在收取高额承包费和租赁费的现象。部分民办幼儿园经营者为追求尽可能大的经济效益,不规范的办学行为普遍。随意扩大班额,不按规定师生比配足教师与保育员,缩减园所运营经费,克扣、节流、挪用儿童缴纳的伙食费等现象屡禁不止。激烈的市场竞争使部分幼儿园采取降低收费的方式争夺生源,在农村地区尤为严重,严重影响幼儿园的持续发展,学前教育质量下滑严重。

(二)出现问题的原因

尽管这一时期宁波市学前教育的普及率逐渐提高,但教育质量呈现上述诸多问题,在办学数量和质量失衡的情况下,究其缘由可归结为以下四个原因。

1. 学前教育定位模糊,政府责任不清

我国学前教育发展呈现出明显的时代特征。在计划经济时期,政府包办社会事业,幼儿园作为各级企事业单位服务单位内部员工的福利,皆由各类单位自行举办、自我管理。然而伴随着经济体制改革,原本带有福利性质的幼儿园,在市场经济改革浪潮中,幼儿教育经费保障、人员管理以及教育业务管理制度逐步土崩瓦解,学前教育只能从"单位内部"走出来,至于走向何处,由谁承担举办责任,国家没有明确、刚性的政策要求(王玲艳,2008)。

受到当时市场化改革的影响,宁波市学前教育走上了"以教养教"的市场化发展道路。套用企业改制做法,将幼儿园推向市场,其实质就是将学前教育事业彻底市场化运行的策略。学前教育机构向幼儿家长收取一定的保育费用以维持机构的日常运营与发展。政府对学前教育事业发展缺乏财政保障,学前教育运营成本转由家长承担,民办幼儿园为维持生存又难免出现各种办学不规范的行为。这种发展模式导致学前教育虽有较高普及率,但整体学前教育质量却不高的局面。

2. 学前教育管理制度不健全,亟须改革

学前教育事业发展离不开"人、财、物"等多方资源的优化整合。财政保障作为一种有力的物质基础,是学前教育事业发展的关键。然而在财政投入上却呈现明显的制度不合理。对于公办幼儿园而言,尤其是机关、行业部门举办的公办园,其经费虽是财政经费,却并不是公共教育经费,而是附属于其主管部门的下属事业单位财政供养人员保障经费,幼儿园本质依旧属于单位内部的福利事业机构,这也导致其招生过程中是相对封闭的。即使是教育部门或妇联部门举办的面向社会公开招生、体现公

共事业性质的公办幼儿园,其经费来源亦如此,所惠及的幼儿人数亦十分有限。由于未建立专门的学前教育财政预算制度,有限的财政经费多用于保障公办园,民办幼儿园难有政府财政保障,只能依赖收费获取生存,被迫"以教养教",这种计划经济时期遗留下的财政制度与当下学前教育发展环境格格不入,由此造成公办园与民办园的两极分化。

3. 人事管理制度不科学

幼儿园教师身份分为事业编制教师(有编教师)和非事业编制教师(非编教师)两种,有编教师纳入国家事业单位在编正式员工统一管理体系,按国家统一的工资标准获得劳动报酬,参加事业养老及各种社会保险,享受与中小学教师同样的寒暑假带薪休假、专业职务评定、业务进修等待遇。非编教师则只能进入劳动保障部门管理的企业职工管理体系,幼儿园自主聘用教师,双方协商自愿签订劳动合同、协商确定劳动工资待遇,以职工身份参加社会养老等保险,在寒暑假休假、专业职务评定、业务进修培训等方面存在诸多障碍。民办幼儿园教师、公办幼儿园中的合同教师、街道园、农村集体园教师、企业转制后的企业园教师等多为此种。这种教师管理身份制度的存在,导致公办园师资质量较好,民办园师资质量则参差不齐,进而导致学前教育师资素质整体不高的局面。

4. 学前教育管理体制不合理

20世纪90年代,宁波市将学前教育管理从妇联部门调整至教育行政部门,但实际上教育部门只承担学前教育业务辅导的职能。由于学前教育事业的发展规划、政策制定、园所建设布局规划、经费保障等工作制度不健全,学前教育依旧呈现部门举办、部门保障、部门管理或自我生存、自我发展等局面。学前教育管理体制的不完善,导致学前教育改革与发展缺乏转机(周永明、林佩玲,2010),更显示管理与政策指引的重要性,直到普惠性学前教育政策的出现,前述现象终于呈现转机。

二、文件资料

本研究所涉及的文件资料包括中央及地方关于普惠性学前教育政策的官方公文、会议纪录、政策报告书等文献,与议题相关的研究报告、政府出版物,以及期刊论文、硕博士论文、会议论文集、网络资源等,皆为本研究分析的文献资料。

三、焦点座谈对象

焦点团体座谈是研究者同时对一群人进行访谈,通过群体成员相互之间的互动对研究问题进行探讨。研究对象的选择基于立意抽样原则,选取能对研究问题提供最大量信息的相关个人和团体。

本研究意图了解家长对普惠性学前教育政策实施情况的了解,在研究对象选取方面,选取不同类型幼儿园家长为访谈对象,经由座谈方式,探析普惠性学前教育政策实施后对家长产生的诸多影响。

为保障座谈内容之专业性以及符合立意选择研究对象的基本精神,研究者将座谈参与者的相关信息列于座谈名单背景资料之中。基于研究伦理的考量,受访对象的身份均经过处理,以编码方式呈现。

四、访谈对象

本研究访谈对象皆为普惠性学前教育政策理念施行的教育行政人员、不同类型幼儿园园长、教师及幼儿家长等共 17 人(见表 4-1)。为求访谈内容的专业性以及符合立意选取访谈对象的精神,研究者在征得受访者同意后,将其职务名称列入访谈名单背景资料中。受访者的身份将进行适当处理以编码方式呈现,以保护受访者的个人隐私,使受访者能在访谈过程中畅所欲言。

表 4-1 访谈对象

身份类别	服务单位/职称	人数
教育行政人员	普惠性学前教育政策推动行政主管	1
幼儿园园长	高端民办幼儿园园长(未申请普惠性民办园)	2
	公立幼儿园园长	2
	普惠性民办幼儿园园长	2
幼儿园教师	普惠性民办幼儿园教师	3
	公办幼儿园教师	2
幼儿家长	普惠性幼儿园家长	5
合计		17

第三节 研 究 工 具

本研究主要采用文件分析法,辅以焦点团体座谈以及半结构式访谈的方法。本节分别就上述三种研究方法所采用的工具进行简述。

一、文件分析

研究者以 2010 年至 2021 年我国十余年来普惠性学前教育政策实施的政策脉络与发展背景、理论基础与政策变革以及政策目标落实情形等政策形成相关文件与政策推动说明文件进行政策文本分析。

依据文件资料整理分析,依此形成"就近易得""平价优质""公平适度""支援永续"四大指标面向,再由此四大面向进而发展成访谈大纲的基本维度。因此,研究论题可视为本研究的基础分析工具。

二、焦点座谈工具

焦点座谈将焦点聚焦于单一论题的讨论上,进行深入聚敛式的讨论。根据文献理论探讨结果以及研究待答问题,研究者自编普惠性学前教育政策发展与分析"家长焦点团体访谈大纲"(附录四),聚焦于家长对普惠性幼儿园"就近易得""平价优质""公平适度"三个指标的落实情况,通过焦点团体访谈开展资料搜集。

三、半结构式访谈工具

质性研究方法中,研究者自身即为研究工具,质性资料的信度与效度,相当程度上取决于研究者的方法论、技巧敏感度与诚实。因此,在访谈期间所取得的信息,绝大部分取决于访谈者。

本研究中,研究者根据文献理论探讨结果以及研究动机与目的,根据研究对象的差异,自行编制普惠性学前教育政策发展与分析"教育行政人员访谈大纲""幼儿园园长访谈大纲"以及"幼儿园教师访谈大纲"(附录一至三),以此作为访谈指引方针,在实际访谈中,根据访谈的具体情形将进行弹性调整。

第四节 实 施 程 序

普惠性学前教育实施已十余年,十余年间成效丰硕但亦衍生诸多问题。问题源自制度面抑或中性面? 政策目标是否落实? 目标的制定是否合宜? 此皆有赖于对政策文本的解读与分析。

因此,文件分析法为本研究最基本且重要的研究方法。然而,单一的研究方法尚不足以解释本研究的问题与目的,因此需辅以动态性、实务意见的对话,借以深化论述政策成效并彰显政策价值。

为避免文件分析流于片段资料的选择以及研究者个人主观意识的偏颇,采取访谈法,通过与政策实施的利益相关者如家长、幼儿园园长、幼儿园教师及教育行政人员的对话进一步对资料进行澄清,借以发挥资料相互印证之效,弥补文件分析的缺失。此为本研究采取此三种研究方法的理由。

根据研究动机与目的,本研究探讨的议题包括普惠性学前教育政策发展背景、普惠性学前教育政策目标的理论基础与政策的变革、目标落实情形以及未来发展方向四个议题。

"政策背景""理论基础及政策变革"主要通过文件分析法搜集资料;"政策目标落实情形"则是在透过访谈的实务经验结果提供佐证或反证论述;"未来政策发展方向"是通过访谈程序,整理意见及建议,据以研拟未来整合模式的可能性,以供决策及有关执行单位参考。实施程序如下所述。

一、文件设计与实施

(一) 文件资料设计

文件分析主要就普惠性学前教育历年官方文件、研究报告、政府出版物、期刊论文、硕博士论文、会议论文集、网络资源等,进行文件资料的分析。为利于后续访谈及调查顺利进行,在前置作业的资料搜集、整理与分析阶段,先就所欲探究的主题进行广泛搜寻,并逐步聚焦于政策发展及政策目标的落实等相关议题,其后将研究目的与待答问题融入访谈大纲的设计中。

(二) 文件资料实施

依上述文件资料分析,形成"就近易得""平价优质""公平适度""支持永续"四大指标面向,并以此作为半结构式访谈与焦点团体座谈分析的参照架构以及分析时的对照资料。

采用文件分析法可解决本研究所欲探讨的"普惠性学前教育政策理念缘起与发展""普惠学前教育的理论基础与政策变革"以及"普惠性学前教育执行的成效及政策目标"等问题。

二、座谈设计与实施

(一) 座谈方式设计

团体焦点座谈以团体互动、激荡讨论的对话为主。在进行座谈前,研究者根据研究问题与研究目的以及文件分析所得的议题,拟定座谈大纲,以大纲为搜集意见的对话架构。

(二) 座谈实施程序

通过幼儿园园长或教师推荐,向座谈对象说明座谈内容,征求与谈人同意后,向座谈对象发出邀约,并将座谈大纲提前发送给参与者。座谈时间为两个小时。由座谈主持人就所欲探讨的议题引起讨论。为避免座谈过程有所遗漏,全程采取录音方式加以记录。在座谈过程中,研究者将对讨论中的重要语句及关键字进行简要记录,后续通过录音辅助进行座谈资料的处理、分析与比较,分析结果将作为"普惠性学前教育政策目标落实情形分析"以及"未来政策发展方向"的理论依据。座谈实施程序主要包括以下三个阶段。

1. 准备阶段

文献资料搜集、座谈大纲设计、座谈对象选取以及座谈场地的选择等皆为准备阶段的事宜。为增加讨论的深度及广度,提高座谈的效率,座谈大纲在座谈开展前一周已提前发送至座谈对象,使其能了解座谈议题并提前做好相应准备。

2. 实施阶段

实施阶段为座谈讨论阶段,这一阶段主要包括讨论内容的指引、全程录音、重点内容记录以及讨论时间的把控等事宜,在讨论过程中,通过和座谈对象的不断对话,聚焦讨论议题,使意见形成交集。

3. 资料分析阶段

座谈结束后,将录音文件转为文字稿,将讨论结果与内容发给座谈对象进行再确认,并对座谈内容资料进行分析整理。

三、访谈设计与实施

(一) 访谈方式设计

本研究采用半结构式访谈方式,以个别访谈为主。研究者在访谈开始前,根据研究问题与目的以及文件分析所得的议题,拟定访谈大纲,作为访谈指引方针。

(二) 访谈实施程序

征求受访人同意后,将访谈同意函及大纲寄送受访者。访谈时间为 1—1.5 小时。为避免访谈过程中实时记录有所遗漏,因此于访谈邀约时即征得受访者同意采取全程录音,并于访谈过程中确保受访者隐私权受到充分保护。

研究者将受访者针对研究议题大纲所回答的重要语句以及关键字记录下来,以供现场访谈进一步提问,后续进行资料处理、分析与比较,访谈结果未来可作为上述文件资料的分析,形成"就近易得""平价优质""公平适度""支援永续"四大指标面向,并以此作为半结构式访谈分析的参照架构以及分析时的对照资料。

采用文件分析法可解决本研究所欲探讨的"普惠性学前教育政策目标落实情形分析""未来政策发展方向"的立论依据以及后续反馈意见的处理。访谈主要工作包括准备工作、进行邀约、开展访谈、资料整理等实施程序。

1. 准备工作

事先依据研究目的与待答问题,拟定访谈大纲及访谈同意书,以电子邮件、电话或微信的方式说明研究论题、目的及访谈大纲内容等,以征求受访者同意接受访谈,再将访谈大纲连同访谈同意书于访谈前提供给受访者参考。

2. 进行邀约

待上述访谈相关资料寄送后,再以电子邮件、电话或微信联系受访者,约定访谈时间与地点。配合受访者时间及身心舒适度,在访谈情境的安排上,选定受访者熟悉及方便的地方,初步暂定在其办公场所,时间以不影响其正常办公为原则。

3. 开展访谈

进入正式访谈前,研究者先概略说明访谈目的及内容,营造温馨和谐的氛围。再进行访谈,每位受访者的访谈时间为 1—1.5 小时,以面对面访谈方式进行。尽管已事先设计访谈问题,但在访谈过程中,仍会采取半开放方式,允许受访者主动积极参与。

过程中由访谈者建立对话方向,随时观察受访者反应,调整访问方式或针对受访者所提出的议题加以追问,借以引导更多细节,扩增研究的深度和广度。基于此,访谈顺序不一定按照原先设计的方式进行。另外,为忠于访谈对话内容,事先征询受访者同意,采取全程录音方式,方便后续进行资料的整理分析。

4. 整理资料

访谈结束后,整理访谈逐字稿,将访谈内容整理成书面资料导入 Nvivo12 软件中进行归纳分析,与文献整理进行比较分析与诠释,最后纳入研究报告中撰写研究结论。

第五节　资料处理

本研究的研究资料根据所采用的研究方法分为文件资料及访谈资料两类。研究者在进行资料分析前,需先对相关资料进行处理,并对资料进行分类与编码。以下将依所采用的研究方法说明研究资料的处理方式。

一、文件资料处理

根据本研究的目的,所探讨的议题包括普惠性学前教育政策背景、目标的相关理论基础,学前教育政策变革以及普惠性学前教育政策目标落实情形等。文献资料主要就所搜集的普惠性学前教育政策形成相关文件及政策推动的相关文件,以及各界意见与看法。在文件搜集过程中,依据探讨的议题将所搜集的文件进行归类整理,进而根据研究议题进行分析。文件搜集整理详见表 4-2。

表 4-2　文件分析类别项目表

文件议题类别	分析项目
政策脉络与发展背景	1. 中央层级学前教育发展相关政策本 2. 地方层级学前教育发展相关政策本 3. 专著、论文集等出版物以及网站源
理论基础与 政策执行成效	普惠性学前教育相关研究 1. 普惠性学前教育相关政策执行成效 2. 教育部及地方教育局统计资料 3. 实际案例及媒体报道

二、座谈资料处理

基于隐私保护,本研究对座谈对象进行编码,具体编码情况如表 4-3 所示。

表 4-3　焦点团体座谈参与对象编码表

编号	J1	J2	J3	J4	J5
性别	女	女	女	女	女
受教育程度	高中	大专	大专	本科	研究生
幼儿园分布	乡镇	乡镇	城区	城区	城区

三、半结构式访谈资料处理

访谈资料主要来源于访谈逐字稿,在资料编码上与焦点团体座谈法的资料编码保持一致。因访谈对象的不同,本研究访谈对象为幼儿园园长、幼儿园教师以及教育行政人员等,访谈部分的编码,受访者代号分别为 A、B、C,分别指幼儿园园长、幼儿园教师以及教育行政人员等。编码情况如表 4-4 所示。

表 4-4　半结构式访谈对象编码表

访谈对象	资料分析编号	备注
幼儿园园长	A-G(公办园)	A-G1
		A-G2
	A-M(普惠民办)	A-M1
		A-M2
	A-Y(高端民办园)	A-Y1
		A-Y2

(续表)

访谈对象	资料分析编号	备注
幼儿园教师	B-G(公办园)	B-G1
		B-G2
	B-M(普惠性民办园)	B-M1
		B-M2
教育行政人员	C	

注:表中的1、2指的是研究对象的顺序代号。

第六节　研究伦理

研究伦理主要涉及"研究者要能自我约束""研究者应能具备足够的研究能力与敏感度""研究者应与研究对象建立信赖关系""研究者能意识到研究现场的权利关系""资料释出单位的伦理意识"等(台湾成功大学人类研究伦理治理架构,2011)。

研究伦理牵涉广泛,凡以人为研究的观察、参与、实验对象,所可能牵涉的公共道德争议与规范,均在研究伦理讨论的范畴内。了解并关注研究伦理的主要目的,系为保护研究参与者,避免研究计划执行者因主观价值而与参与者之间存在潜在利益冲突;或因在研究者与参与者间信息不对等的错综复杂因素下,致使参与者权益被忽视,或其权益受到伤害,甚至严重到可能会造成参与者身心蒙受巨大风险(台湾师范大学研究伦理中心,2019)。

本研究采取文件分析、半结构式访谈以及焦点团体座谈的方法进行,有关本研究方法与实施设计研究伦理部分,包含知情同意、隐私化名、专业客观及平等互惠等,兹简要说明如下。

一、政策文件搜集之研究伦理

本研究所搜集的政策文件皆为政府公布的政策文件或网络公开资料,会议公开资料如研讨会手册、会议资料等,皆为政府公开政策文本,可供各界搜集运用,故本研究将秉持以客观公正的角度进行归纳、分析、运用,以恪守研究伦理。

二、访谈之研究伦理

本研究恪守研究伦理,尊重受访者意愿,故均在受访者知情同意且顾及个人隐私化名下进行焦点团体座谈与半结构式访谈过程。且为避免受访者的身份曝光,受访者的称呼皆以匿名代号称呼处理。

访谈过程中均尊重受访者的回应意愿,并注意访谈内容与原定研究问题的内容是相关的。访谈进行前均征得受访者同意,全程采取录音及重点语句以书面摘要方式呈现,访谈结束摘要文字稿整理出来后,也回传给受访者再次确认,无误后方才引用。另以书面形式多次电邮往返及再三电话联系确认回复内容,以诚实公正地表达出受访者的本意,访谈过程中也给予受访者充分的时间回答,在保持研究专业敏感度及立场一致下,建立彼此信任关系,使受访者能安心对话及分享,以顺利完成访谈,充分恪守研究伦理。

第五章

宁波市普惠性学前教育规划与发展

本章针对宁波市普惠性学前教育政策规划与发展进行探讨。全章分为两节,第一节为宁波市普惠性学前教育政策体系建构,第二节为宁波市普惠性学前教育政策的实施与成效。

第一节　宁波市普惠性学前教育政策体系建构

2007 年宁波市政府颁布《宁波市人民政府关于加快学前教育改革和发展的若干意见》,宁波市各区县政府积极围绕"有房、有钱、有人、有质量"的工作思路,实施"园舍建设""经费保障""教师素质提升""教育质量提高"四大工程,在人、财、物、教育质量等方面加大保障力度,促进地方学前教育的发展。

2010 年底,全市共有幼儿园 1 180 所,在园幼儿 25.8 万人,园长及专任教师1.5 万人,省三级以上幼儿园占 60%,省等级幼儿园招生覆盖率为 75.1%;乡镇中心幼儿园建园率和标准化率均为 100%;本地户籍人口净入园率为 99.2%,毛入园率为151%(宁波市教育局,2010)。

一、拟定学前教育改革试点项目

2011 年,宁波市政府颁布《宁波市学前教育改革试点实施方案》,试点内容围绕四个方面,包含构建学前教育公共服务体系、学前教育经费保障体系、幼儿园教师队伍建设体系以及学前教育质量监管体系。试点实施方案的内容进一步细分为 14 项改革项目,各县(市)区分别承担其中的一项试点改革项目,兹说明如后。

(一) 构建学前教育公共服务体系

市级政府层面要建立督促检查、考核奖励和问责机制,确保大力发展学前教育的各项措施能取得实效。各县(市)区、乡镇(街道)两级政府是发展学前教育、解决"入园难"问题的责任主体,承担组织实施和举办管理的职责;教育、财政、人事等有关部门各司其职、相互协作,加快建立起覆盖城乡、城乡一体、公益普惠的学前教育公共服务体系,满足适龄儿童就近入园需求。

1. 建立区域学前教育现代化发展模式:探索并建立区域学前教育现代化发展指标体系、评估体系和保障体系。

2. 研拟区域学前教育资源布局规划:探索区域学前教育资源布局规划制定及实施办法,将学前教育资源布局规划的制定和实施纳入政府教育工作的重要内容,纳入公共服务建设体系,纳入公共财政予以保障的范围。

3. 深化办园体制改革:探索对民办幼儿园按照营利、非营利属性进行分类管理的有效办法,制定民办幼儿园规范管理办法,引导非营利性民办幼儿园在提供普惠性服务方面进行政策创新。

4. 城镇小区配套幼儿园建设:研究制定城镇小区配套幼儿园规划布局和建设办法,规划、土地、建设部门加大力度建设城镇老小区配套幼儿园和新建小区配套幼儿园。

5. 建构现代幼儿园制度:探索建立现代幼儿园制度,制定和完善幼儿园章程,鼓励幼儿园在办园章程的统领下,完善现代幼儿园行政制度、资产管理制度、人事制度、财务制度、教学管理制度、教研和科研管理制度、幼儿园管理制度等。

6. 发展镇村一体化幼儿园管理模式:研究加快提升农村学前教育质量的有效办法,探索政府主导、乡镇中心幼儿园示范、村级幼儿园"六统一"管理的一体化管理模式。

(二) 构建学前教育经费保障体系

建立政府投入、社会投资、家庭合理分担的学前教育经费保障机制。加大教育经费投入力度,明显提高学前教育经费占同级教育经费的比率;制定优惠政策,鼓励引导社会力量办园和捐资助园;建立学前教育资助制度,资助家庭经济困难儿童、孤儿和特殊儿童接受普惠性学前教育。

1. 构建投入保障机制:详细、准确地测算学前教育成本,研究县(市)区、乡镇两级学前教育财政投入管理办法和经费分摊机制,建立多方渠道筹措学前教育经费长效机制。

2. 尝试学前教育助学券:建立教育券形式的学前教育资助制度,试点以教育券形式资助家庭经济困难儿童、孤儿和特殊儿童接受普惠性学前教育。

(三) 构建幼儿园教师队伍建设体系

加快建设师德高尚、热爱儿童、业务精良、结构合理的教师队伍。健全幼儿教师资格准入制度,完善师资培养培训体系,整体提升师资队伍素质;依法落实幼儿教师地位,切实保障、逐步提高教师待遇,制定措施吸引优秀人才加入教师队伍,整体提升幼儿教师职业的吸引力与稳定性。

1. 完善幼儿园教师素质提升办法:探索定向培养、学历加技能模式、男性幼儿教师专项培养等幼儿教师职前教育培养模式,完善现有在职教师三级培训体系,在专业课程设置、培训过程管理及考核与评价等方面进行探索与创新,增强培训的有效性。

2. 完善幼儿园教师待遇保障办法:依法落实幼儿园教师地位待遇,完善幼儿园教职工工资保障办法、专业技术职称(职务)评聘机制和社会保障政策。探索实施各种类型幼儿园在职教师社会保险一体化管理的政策,缩小各类幼儿园教师的待遇差距,在人员管理、考核评价、经费安排、补贴落实等方面探索有效的方法。

(四) 构建学前教育质量监管体系

建立学前教育质量指标体系和监测体系,制定学前教育督导问责制度,规范幼儿园办园行为,整体提升幼儿园办园水平。

1. 建立学前教育保教质量监测体系:建立反映区域学前教育保教质量的指标体系和监测体系,通过保教质量监测,整体提升幼儿园办园水平。

2. 探索幼儿园规范管理综合治理模式:加强村幼儿园、民办幼儿园、小规模幼儿园等建设和管理。对人员和设施配备、保教人员素质提升、幼儿园内部规章制度建设提出具体可行的措施,探索综合治理办法,在幼儿园安全管理方面探索出便于监控的有效办法。

3. 探索幼儿园集团化管理模式:探索"名园办新园""强园带弱园"等集团化连锁式办学模式,加快学前教育优质资源的辐射和延伸,努力缩小区域之间各种办学主体之间的质量差异。充分发挥各中心幼儿园的引领、示范、指导和管理作用,实行经费、教师、设施等方面的统一管理模式。

4. 家园联动:开展学前儿童家长的教育培训工作,建立规范的家长学校制度,编写家长培训教材,使家长接受科学育儿指导率达到100%。同时,将幼儿家长教育向低龄儿童延伸,使0—3岁的婴幼儿家长广泛接受指导培训。

各县市区根据本地学前教育发展的特点与优势进行项目申报,通过详实的研究、论证制定具体实施方案。这项改革试点实施周期为五年,前两年主要是抓紧对学前教育生均培养成本、生均教育经费、县级学前教育经费投入占教育经费比率等深入研究,推进经费筹措和保障制度,优化学前教育资源分布体系;后三年主要是推进学前教育的人事制度改革,以及学前教育质量保障体系建设。

二、推动学前教育三年提升行动计划

为进一步落实政策要求,推动区域普惠性学前教育发展,宁波市政府于 2011 年至 2020 年先后实施三轮学前教育行动计划,即《宁波市学前教育三年提升行动计划(2011—2013 年)》《宁波市第二轮学前教育三年提升行动计划(2014—2016 年)》《宁波市发展学前教育第三轮行动计划(2018—2020 年)》。政府突出"规划统筹、投入保障、公共服务、监督规范"等职能,推进地方学前教育改革进程,建构普惠性学前教育公共服务体系,推进区域学前教育均衡发展。

关于三期学前教育三年提升行动计划的主要内容,兹分项说明如下。

(一) 宁波市学前教育三年提升行动计划(2011—2013 年)

第一轮行动计划聚焦扩充学前教育资源、加大政府财政投入、提高保教人员素质与待遇以及构建学前教育质量监管体系四个层面。

1. 扩大学前教育资源

(1) 学前教育规划布局和建设:要求各县(市)区制定学前教育专项规划,并纳入地方基础教育发展规划。集中力量新建、改建、扩建幼儿园,制定全市每年 80 所的具体目标。

(2) 民办幼儿园扶持:鼓励社会力量以多种形式举办幼儿园,对民办幼儿园在财政与政策上予以支持,以多种方式引导和支持民办幼儿园提供普惠性服务。

(3) 学前教育资源优化:清理无证和不合格幼儿园,鼓励引导各级各类幼儿园提高办园水平;另一方面扶持城乡、不同园所建立发展共同体,通过集团化、连锁化办园形成规模效应,促进学前教育均衡发展。

2. 加大政府财政投入

(1) 学前教育财政保障:基本学前教育服务由政府承担为主,要求各县(市)区将学前教育经费列入地方财政预算,新增财政经费向学前教育倾斜。市政府每年安排 3 000 万元专项经费用于新改扩建幼儿园和教师培养培训补助。

(2) 学前教育成本合理分担:调整星级幼儿园收费标准,推进普惠性民办园收费制度改革,实现普惠性民办园和公办幼儿园质价统一的星级收费制度。同时对于民办幼儿园加强收费管理,实行分类管理等。学前教育社会助学和困难资助:开展社会助学行动,建立学前教育资助制度,资助家庭经济困难儿童、孤儿和特殊儿童接受普惠性学前教育等。

3. 提高保教人员素质与待遇

(1) 幼儿教师培养培训和素质提升:推进幼儿园教师职前培养与职后培训一体化,加大"五年制"大专学历幼儿园教师培养。推行幼儿教师资格证认定和注册制度,提高幼儿园相关人员的任职资格持证比例。

(2) 幼儿教师地位和待遇保障:引导督促民办园保障幼儿教师待遇和社会保险水平,落实财政补助政策,对农村幼儿园教师实施倾斜性工资补助政策。事业编制教师,参照义务段教师工资待遇,明确非事业编制教师的人均年收入应达到当地社会平均工资的 1.5 倍以上等。在幼儿园设立正高级职务(职称)对幼儿教师实行单列评审。

4. 学前教育质量监管

(1) 学前教育规范促进:严格落实《幼儿园工作规程》,规范学前教育日常教学管理,防止和纠正学前教育"小学化"倾向。推进现代幼儿园制度,建立家园合作机制,加强学前教育管理和教科研队伍建设,深入开展学前教育研究等。

(2)开展学前教育信息化行动:各县(市)区主管部门在网站中设置学前教育专栏,及时发布学前教育政策、法规等公共信息,建立与家长的沟通渠道,实施"园园通"工程,要求幼儿园建立门户网站,通过网站加强家园联系,开展园际合作与网络研修等。

(3)学前教育督导评估:建立问责制度,将学前教育责任落实情况与地方政府工作实绩考核紧密结合,设立学前教育督导评估机构,建立健全幼儿园质量评估标准,对幼儿园办园水平进行督查,督查结果与办园等级认定、办园资格核发挂钩。开展学前教育先进县(市)区、示范乡镇(街道)创建工作等。

(二)宁波市第二轮学前教育三年提升行动计划(2014—2016年)

这一时期的主要目标在于优化发展结构、提升发展内涵以及促进学前教育可持续发展等。为实现上述目标,第二轮行动计划拟出四个方面的主要任务,兹分述如后。

1. 强化政府责任,完善学前教育投入保障体系

(1)完善学前教育统筹规划。到2015年底前,市和县(市)教育行政部门会同城乡规划部门,完成所辖地区学前教育布局专项规划的编制,并报同级人民政府审批,进一步加强住宅小区配套幼儿园建设等。

(2)加强学前教育财政保障。明确各县(市)区财政性学前教育经费占同级财政性教育经费比率巩固在8%以上,不举办高中段教育的县(市)区巩固在12%以上。市级财政每年至少安排5 000万元学前教育专项经费,县(市)政府逐年增加学前教育专项经费,同时加强对学前教育经费的审计,确保使用效率。

(3)建立学前教育成本分担机制。财政部门会同教育行政部门,确定公办幼儿园生均培养成本的财政分担比率,发布公办幼儿园生均公用经费标准和普惠性民办幼儿园奖补办法。确定普惠性民办幼儿园收费指导价,逐步实现公办幼儿园和普惠性民办园同质同价。

(4)强化农村学前教育发展。补足农村地区学前教育公益普惠资源。加大农村地区学前教育财政投入及公办园建设力度,开展普惠性幼儿园园所标准化改造和基本设备改造,建立农村地区专任教师待遇保障和激励机制,鼓励公办幼儿园在行政村举办分园和教学点,鼓励骨干教师到农村薄弱园支教。

2. 优化发展结构,完善学前教育公共服务体系

(1)通过多渠道发展一批保基本的公办幼儿园。以区县为单位合理确定公办幼儿园的布局,其中重点发展一批农村公办幼儿园和小区配套公办幼儿园。

(2)深化普惠性民办幼儿园扶持和管理政策。对普惠性民办幼儿园进行分类扶持与管理。

（3）开展优质园集团化办园试点。通过引入市场机制、盘活园所资产、整合管理力量、拓展服务层次等,扶持优质园在全市范围内以多种形式组建学前教育集团。

（4）开展早期教育试点。建立由政府主导,卫计、妇联、教育等相关部门协同配合的0—3岁早期教育管理体制,形成由县级早期教育基地、乡镇（街道）和社区（村）早期教育指导站组成的公益早期教育网络。各县（市）区政府应当建立县（市）区、乡镇（街道）两级财政投入保障机制,市级财政对开展试点地区进行奖补。

（5）规范幼儿园招生行为。以县（市）区为单位,做好招生宣传工作,及时向社会公布社区内幼儿园招生政策,公布辖区内具有办园许可证的幼儿园名单。分区域试点公办幼儿园、一类普惠性民办幼儿园和小区配套普惠性幼儿园就近入园办法,试点幼儿园网上报名办法。

（6）完善困难群体入园资助政策。进一步完善学前教育帮困助学政策,扩大资助范围,对接受学前教育的孤儿、经济困难家庭子女和特殊儿童入读普惠性幼儿园实行免收学前三年保育费和伙食费政策。所需财政投入原则上由各县（市）区财政承担。

3. 提升内涵发展,推动学前教育优质均衡发展

（1）优化幼儿教师培养培训机制。在师资培养方面,进一步加大"五年制"大专幼师的培养力度,拓展以培养大专及以上学历幼师为起点的教学点,推广委托定向培养方式,补充农村优质学前教育师资,提高男幼师比例,大专院校开展专业课程改革,优化课程设置等。在师资培训方面,开展新入职教师和新任园长任职资格培训,建立幼儿园在职教师（园长）5年—轮360学时的专业发展机制。完善幼儿教师（园长）业务能力考核机制,以考促训等。

（2）保障幼儿教师地位和待遇。一方面提高非在编教师工资待遇,具有教师职称的非在编教师,其人均年收入应达到当地社会平均工资的1.5倍以上,符合条件的幼儿园教师可享有事业单位养老、医疗等社会保障;另一方面,严把幼儿教师入口关,新招聘（非应届毕业生）幼儿园教师应持有相应的教师资格证,应届毕业生应按规定如期取得相应的教师资格证。

（3）加强幼儿园保健工作。保教人员培养方面,大专院校开设幼儿医护保健专业,探索订单培养模式。保教人员配备方面,到2016年,普惠性民办幼儿园和公办幼儿园应至少配备1名卫计专业背景的专职保教人员。同时加强保健人员培训,三年完成保健人员全员培训,每年至少培训合格保健人员500名。

（4）提升幼儿园保教质量。幼儿园以《3—6岁儿童学习与发展指南》为指导,开展特色课程建设,提高园长和教师的课程执行力,完善区域教研和园本教研制度。结合幼儿园等级评定制度,建立幼儿园质量监督机制,健全保教质量评估体系,规范幼儿园办园行为,防止和纠正"小学化"倾向。

4. 健全管理队伍,完善学前教育监督管理体系

（1）加强学前教育管理和教研队伍建设。县（市）区行政部门应配备专职学前教育干部和教研人员,设置学前教育管理科室,统筹负责学前教育工作,乡镇（街道）要

落实学前教育干部和教研力量,形成市、县(市)区、乡镇(街道)三级学前教育行政管理和教研网络。

(2)加大对薄弱幼儿园和无证幼儿园的治理力度。对薄弱幼儿园进行落实改造,对无证办园进行排查,对未经批准擅自举办的学前教育机构限期整改,逾期不整改的依法取缔,将无证办园治理成效纳入平安县(市)区考核。

(3)强化幼儿园安全管理。按有关规定建立全覆盖的幼儿园安全防护体系,加强幼儿园环境安全、卫生和食品安全,开展幼儿应急救助培训、灾害应急演练、幼儿防诱拐等安全教育。相关部门要按照职能分工,加强对幼儿园安全工作的监督和指导。

(4)健全学前教育监督管理机制。市和县(市)区人民政府教育督导机构应适时对各地行动计划进行督查,分年度开展学前教育布局专项规划的制定与落实、学前教育经费的投入和使用、学前教育资源的普惠发展、无证幼儿园的治理、保教人员的资质准入和待遇保障、规范办园行为等的专项督查。

(三)宁波市发展学前教育第三轮行动计划(2018—2020年)

第三轮学前教育行动计划的总体目标在2020年全面建成覆盖城乡、布局合理、公益普惠、优质均衡、监管完善的学前教育公共服务体系。2020年普惠性幼儿园覆盖率达到85%;等级幼儿园比率达到90%;幼儿园园长、专任教师持证率达到98%以上,具有大专以上学历达到95%以上,其他人员均须持证上岗。与此同时,学前教育管理体制与办园体制逐步理顺,经费保障体制普遍建立,幼儿园运行保障能力显著增强。幼儿园教师配备和工资待遇保障机制逐步完善,师资力量增强,质量评估体系基本形成,办园规范,保教质量进一步提高。

为达成上述目标,此时期主要措施包括完善学前教育公共服务体系、完善学前教育投入保障体系、完善学前教育保教队伍建设支持体系以及完善学前教育质量监管和业务指导体系等四个层面。

1. 完善学前教育公共服务体系

(1)加强城乡幼儿园规划建设。统筹考虑区域内学前儿童数量、分布、增长趋势和现有幼儿园状况,制定、调整本区域学前教育布局专项规划。依法办好乡镇(街道)公办中心幼儿园,充分发挥其辐射指导作用,引导有条件的行政村举办村级幼儿园,大村独立建园,小村联合办园。利用中小学闲置校舍改建幼儿园,对薄弱幼儿园进行升级改造,增加学位供给等。不得使用财政性资金建设或举办超标准、高收费的幼儿园。

(2)加快普惠性幼儿园发展。各乡镇(街道)办好一所公办中心幼儿园,办好公办园或公办中心幼儿园的分园、教学点,解决农村偏远地区幼儿的入园问题。发挥优质园辐射带动作用,探索名园办分园、合作办园、委托管理、连锁办园等多种举办方式。

(3)落实住宅小区配套幼儿园建设制度。住宅小区配套幼儿园用于举办普惠性幼儿园,举办普惠性民办幼儿园须通过公开招标方式确定委托办学方。开展城镇住宅小区配套幼儿园专项整治,对未按规定建设或移交、没有办成公办园或普惠性民办园的要全面整改,并于 2018 年底前整改到位。

(4) 健全普惠性民办幼儿园扶持和管理机制。进一步完善普惠性民办幼儿园管理办法,各区县(市)政府通过购买服务、综合奖补、减免租金、派驻公办教师等方式,支持普惠性民办幼儿园实现自我发展,提升办园等级。通过收费减免、基金奖励、捐资奖励等优惠政策,鼓励个人、企业和社会组织举办普惠性民办幼儿园。对普惠性民办幼儿园,给予同等级公办幼儿园同一标准的生均公用经费补助。

(5) 深化优质园集团化(联盟)办园试点。通过建立激励机制、整合管理力量、提升服务层次,积极推进"1+N"集团化(联盟)办园试点。探索名园带新园、公办园助民办园、城乡结对办园等多种形式,形成资源共享、包点支教、合作教研、提优扶弱的捆绑式发展模式,整体提升优质学前教育资源供给能力。

(6) 建立 0—3 岁婴幼儿早期教养指导服务体系。借助现有学前教育资源增设早教指导中心,在一级幼儿园和乡镇(街道)中心幼儿园内增设早教指导点,初步构建覆盖城乡的早教指导服务网络。

2. 完善学前教育投入保障体系

(1) 加大学前教育经费保障力度。在上一轮行动计划基础上,进一步加强对学前教育的投入,安排专项经费用于新增学位补助、普惠性幼儿园生均公用经费奖补、幼儿园等级评估提升奖励、劳动合同制教师培训经费补助、课程改革经费等,进一步完善市级学前教育专项经费使用管理办法。

(2) 健全学前教育成本分担机制。确定学前教育公共财政和家长合理缴费分担成本比率,健全公办幼儿园收费动态调整机制。各县(市)区可依据不同等级幼儿园合理办园成本、政府补助状况和群众承受能力,确定公办幼儿园收费标准和普惠性民办幼儿园收费指导价。

(3) 完善学前教育资助制度。对困难家庭子女免收保育费和伙食费,对在民办幼儿园就读的,按当地三星级公办园保育费和伙食费标准给予补助,所需经费由政府财政承担。推进学前残疾幼儿融合教育,鼓励幼儿园建设特殊教育资源教室,接受轻度残疾儿童随班就读,提高残疾幼儿接受学前教育比例。

(三) 完善学前教育保教队伍建设支持体系

1. 提高幼儿教师的待遇和地位

采取多种方式提高幼儿园劳动合同制教师的工资待遇,确保人均年收入不低于上一年度所在地全社会单位在岗职工年平均工资。确保劳动合同制教师在职称评定、业务培训、评奖激励等方面与事业编制教师享有同等地位。督促民办幼儿园举办者保障幼儿教师待遇水平,落实社会保险和财政补助政策。对农村幼儿园教师实施倾斜性补助政策。

2. 健全教师编制动态管理机制

在地方机构编制限额内采取核定编制、统一招考管理等方式,及时补充公办幼儿园教师。幼儿园按标准配足、配齐保教人员,其中二级幼儿园应配备 2 教 1 保,三级幼儿园应配备 2 教或 1.5 教 0.5 保。

3. 优化幼儿园保教队伍培养培训机制

创新选人用人机制,依托地方高校,采用定向招生、择优录取等方式,培养一批现代幼儿园所需骨干教师。推进幼儿教师职前培养和职后培训一体化,健全"五年制"和"3+4 制"。前三年在中职学校学习,颁发中职毕业证;参加春季高考报名并进行转段测试,合格者进入对应高等院校进行四年本科学习,毕业后颁发"普通高等学校本科毕业证书"。

4. 提升园长、幼儿教师专业素养

加强幼儿教职工培训,经费由县(市)区财政预算保障。以需求为导向,建设研训议题的学前教育培训网络,开设适应不同岗位保教人员专业发展需要的在职培训课程,增强培训针对性和实效性。重点培养名师、名园长、骨干教师。推进名师、名园长工作室建设,发挥名师、名园长示范引领作用,加大对民办幼儿园、农村幼儿园教师的培训力度。

(四) 完善学前教育质量监管和业务指导体系

1. 强化幼儿园办园行为监管

建立县(市)区、乡镇(街道)、幼儿园三级办园行为动态监管机制。加大对薄弱幼儿园的改造和无证幼儿园的整治力度,建立全覆盖的幼儿园安全防护体系。建立幼儿园课程备案审核制,规范幼儿园课程实施和保教行为,杜绝"小学化"倾向。开展第三方办园质量评估,着重对幼儿园的人员配备、设施设备条件、保育和教育质量、服务对象满意度等进行评估,并将评估结果作为考核的重要依据。

2. 加强幼儿园保育教育指导

根据幼儿园数量和布局划分教研责任区,建立由优秀园长和名优教师组成的专兼职教研员队伍,形成覆盖县(市)区、乡镇(街道)各类幼儿园的教研指导网络。加强科研队伍建设,开展学前教育科学研究,提升园长的课程领导能力和教师的课程实施能力。发挥乡镇(街道)公办中心园的辐射和指导作用,探索乡镇(街道)公办中心幼儿园和村级幼儿园一体化管理。

3. 加快学前教育信息化建设

将学前教育信息化纳入基础教育信息化建设和管理体系,建立基于"园园通"平台的市、县(市)区、园、家四级信息应用平台,提升管理能级。鼓励幼儿园建立家园网络互通平台,整合各种媒体加强家园联系,传播科学育儿知识,开展园际合作和网络研修。加强学前教育行政管理人员、园长、幼儿教师信息技术应用能力培训,推进信息技术在学前教育中的有效应用。

三轮学前教育提升行动计划,以扩增普惠性学前教育资源为重点,通过扩增公办学前教育资源、创建示范幼儿园,发挥公办园与示范园的引领作用;积极引导民办园转型为普惠性民办幼儿园,扩增普惠性学前教育资源总量;以增加财政性学前教育经费为保障,稳步提升财政性学前教育经费投入,为普惠性学前教育公共服务体系建设奠定物质基础;以激活力量为手段,重视学前教育师资队伍建设,加大幼儿园教师培养与培训,完善学前教育师资的职前职后一体化培养、培训机制,提升师资素质;以提升学前教育整体质量为目标,通过加强监管与评估,推进幼儿园课程改革,推动幼儿园等级评估。通过设定目标,分步推进的方式,试图通过在普惠性学前教育资源总量增加的过程中,逐步提升普惠性学前教育质量,构建普惠性学前教育公共服务体系。

三、完善普惠性学前教育政策体系

为进一步推进区域普惠性学前教育公共服务体系建设,宁波市相继推动地方性学前教育法规以及相关管理细则,为普惠性学前教育发展提供制度保障。

（一）颁布地方性学前教育法规

为进一步完善普惠性学前教育政策保障,2012 年 3 月 31 日经浙江省第十一届人民代表大会常务委员会第 32 次会议批准《宁波市学前教育促进条例》(以下简称《条例》),于 2012 年 7 月 1 日起施行,为宁波市普惠性学前教育发展提供法源依据。关于该项条例内容简述如后。

1. 明确政府发展学前教育的主体责任

依据《条例》第 3 条,发展学前教育是政府、社会、家庭和学前教育机构的共同责任,应当坚持公益性和普惠性,坚持政府主导、社会参与、公办民办并举,构建覆盖城乡、均衡发展的学前教育公共服务体系;《条例》第 4 条,市和县(市)区人民政府应当加强对学前教育工作的领导,建立由相关部门组成的学前教育联席会议制度,对本行政区域内学前教育发展的重大事项进行统筹和协调。

2. 学前教育资源规划布局与建设

依据《条例》第 6 条,市和县(市)教育行政部门根据行政区域内学前儿童的数量分布、流动趋势和保教需求状况,与同级城乡规划部门共同编制学前教育布局专项规划;《条例》第 7 条,新建住宅小区根据规划条件,配套建设学前教育设施;《条例》第 8 条,新建小区配套学前教育设施应当用于举办公办幼儿园或者普惠性民办幼儿园,任何单位和个人不得改变配套学前教育设施的用途等;另依据《条例》第 10 条,农村地区的镇(乡)、街道应当至少建成一所公办幼儿园,并随着经济社会发展,适当增加办园数量。

3. 规范学前教育保育与教育

依据《条例》第 15 条,学前教育机构应当遵循儿童身心发展规律,面向全体儿童,促进保育教育相结合;制度保障上,《条例》第 18 条,学前教育机构应当健全组织机构,建立和完善保育教育管理、卫生保健、食品安全、安全管理、财务管理、人事管理、档案管理、家园联系等制度。

4. 明确从业人员资格与权利

依据《条例》第 24 条,学前教育机构的从业人员应当具备国家规定的任职条件或者取得相应的职业证书;《条例》第 26 条,县(市)区教育行政部门和卫生行政部门分别对学前教育机构教师、卫生保健人员按照规定实行注册登记管理制度。

待遇保障上,依据《条例》第 27 条,公办幼儿园和普惠性民办幼儿园具有专业技术职务资格的非在编教师,其人均年收入应达到当地社会平均工资 1.5 倍以上;《条例》第 28 条,为提高学前教育保育教育队伍整体素质,市和县(市)区教育行政部门应当建立健全学前教育机构教师业务培训、专业发展、工资保障、专业技术职务评聘以及有序流动制度,对学前教育机构教师和保育员定期实施免费培训;《条例》第 29 条,为促进城乡均衡发展,鼓励城镇优质学前教育机构与农村和欠发达地区的学前教育机构进行结对帮扶。

5. 财政扶持与保障

依据《条例》第 30 条,各级人民政府应当将学前教育经费列入财政预算。县(市)区财政性学前教育经费占同级财政性教育经费的比率应不低于 8%,不举办高中的区不低于 12%;《条例》第 31 条,市和县(市)区人民政府应当设立学前教育发展专项资金,用于农村和欠发达地区新建、改建、扩建学前教育机构的补助,非在编教师工资和社会保险的补助以及其他有关促进学前教育发展的经费资助;《条例》第 33 条,为提升民办幼儿园转型为普惠性民办园的积极性,县(市)区人民政府可以采取购买服务、减免租金、以奖代补、派驻公办教师等方式,引导和支持民办幼儿园提供普惠性服务。

6. 建立学前教育管理与监督机制

依据《条例》第 37 条,市和县(市)区人民政府教育督导机构,应当对学前教育发展规划及其布局进行督导并纳入年度教育工作督导考核范围;《条例》第 38 条,教育行政部门应当建立学前教育机构分级管理制度,对其基本办学水平进行评估,实行动态管理,定期开展专项督查,促进保育教育质量的整体提升;《条例》第 41 条,在收费制度上,普惠性民办幼儿园的保育费参照公办幼儿园的收费标准收取,逐步实行普惠性民办幼儿园和公办幼儿园质价统一的收费机制。

(二) 规范普惠性民办园管理

为积极引导民办幼儿园提供普惠性服务,破解“入公办园难、入优质民办园贵”的难题,宁波市教育局自 2012 年 10 月 31 日起开始试行《宁波市普惠性民办幼儿园管理办法(试行)》。经 5 年试行,在广泛征求各方意见基础上进行修订,新修订的《宁波市普惠性民办幼儿园管理办法》(以下简称《管理办法》)于 2016 年 1 月 26 日正式实施。该项管理办法内容简述如下。

1. 普惠性民办幼儿园内涵

依据《管理办法》第 2 条,普惠性民办幼儿园是指面向大众,以非营利为目的,享受公共财政资助并参照当地同类公办幼儿园保育费标准或按照当地政府指导价收费的民办幼儿园。

2. 普惠性民办园基本条件

依据《管理办法》第 4 条,普惠性民办幼儿园应具备如下基本条件。

(1)依法办学。经教育行政部门审批,并取得《民办学校办学许可证》,按教育行政部门核定规模招生、办园行为规范,近 3 年年检合格。并在申报日前 1 年内未发生安全责任事故,无县(市)区级以上通报批评或处罚。

(2)科学保教。遵照教育部颁布的《幼儿园教育指导纲要(试行)》《3—6 岁儿童学习与发展指南》等有关规定,合理安排幼儿生活作息时间,科学开展保育教育活动,办园条件、设施设备、人员配备等达到《浙江省幼儿园等级评定标准》三级以上要求。

(3)合理收费。收费项目符合规定,保育费参照当地同类公办幼儿园标准或按照当地政府指导价收费。

(4)规范管理。建立健全资产管理制度,法人产权独立完整,所有资产由幼儿园依法管理和使用。建立健全财务独立核算制度,依法依规进行年度财务审计。保教费收入存入单位基本账户,委托银行代发教职工薪酬。

依据《管理办法》第 7 条,县(市)区教育行政部门要与经认定的普惠性民办幼儿园签订普惠性服务购买协议,明确双方的权利和义务。

幼儿园举办者若自愿退出普惠性民办幼儿园,须提前 1 年向县(市)区教育行政部门提出书面申请,并妥善做好后续工作。教育行政部门应及时接受幼儿园的退出申请,并对幼儿园接受政府补助的经费使用情况进行审计,及时撤销普惠性幼儿园认定,并向社会公布。

3. 普惠性民办园扶持措施

依据《管理办法》第 8 条,普惠性民办幼儿园必须以非营利为目的,办学盈余不对出资人分红而全部用于幼儿园发展。

按照政策要求,政府扶持普惠性民办幼儿园发展,建立普惠性民办幼儿园补助机制,市级财政对各地普惠性民办幼儿园的奖励性补助经费安排以是否建立补助机制为前提条件。

(1)补助经费使用。奖励性补助经费用于提高教职工待遇,改善办园条件,不得用于清偿债务、回报举办者、支付捐款、赞助投资、罚款等其他用途。制度保障上,普惠性民办幼儿园应建立财务会计决算报告制度,建立保育费、政府资助资金专户,实行预算管理,对补助经费实行专项核算(《管理办法》第 8 条)。

(2)规范保教质量。教育行政部门应建立普惠性民办幼儿园管理档案,健全管理制度,加大对幼儿园管理人员和师资队伍的培训力度,加强保教业务指导,定期开展培训和工作考评,提高幼儿园的管理水平和保教质量(《管理办法》第 9 条)。

(3)监督管理。教育行政部门要定期对所辖区域内普惠性民办幼儿园办学情况进行考评,对未履行协议的,责令其整改,整改后仍不符合要求且情节严重的,勒令退出(《管理办法》第 12 条)。

依据《管理办法》第 10 条,其中,普惠性民办幼儿园有下列情形之一的,教育行政部门将予以通报批评、责令限期改正,并视情节严重,予以缓拨、停拨或追回补助经费,取消普惠性民办幼儿园资格;涉嫌犯罪的,将移送司法机关处理。

① 申报补助经费弄虚作假或违规使用补助经费;

② 保育教育的内容、方法违背儿童成长规律,损害儿童身心健康;

③ 组织儿童参加商业性活动;

④ 每年未保障一定资金用于幼儿园持续发展,园所环境和设施设备陈旧;不能保持普惠性民办幼儿园水平;

⑤ 未严格执行财务制度,有乱收费、克扣幼儿伙食费现象。

(三) 规范学前教育专项经费使用

为规范专项经费使用和管理,提高经费使用效益,2012 年 11 月 1 日,宁波市教育局、财政局颁布《宁波市市级学前教育专项经费使用管理办法》(以下简称《经费办法》)。该项经费办法内容简述如下。

1. 专项经费使用范围与用途

依据《经费办法》第 2 条,专项经费使用范围主要用于公办幼儿园和普惠性民办幼儿园的新改扩建项目奖补、农村公办幼儿园和普惠性民办幼儿园装备改造奖补、县(市)区学前教育发展奖补、国家学前教育体制改革试点项目实施补助、学前教育评比考核奖补及教科研活动补助等。

2. 专项经费使用项目及标准

(1) 幼儿园新改扩建奖补及装备改造奖补。

① 新建奖补。根据新建幼儿园规模,当年先按经批准的新建班级数予以预拨,次年予以结算。针对各地经济发展水平差异,各县(市)区奖补金额有所不同。如余姚市的经济欠发达乡镇、奉化市、宁海县、象山县奖补金额为每班 6 万元,农村公办园则按上述奖补标准的一倍进行奖补。其他县(市)区奖补金额为每班 3 万元。

② 改扩建幼儿园奖补。改扩建幼儿园经改建或扩建后应达到浙江省《普通幼儿园建设标准》。改扩建班级数在 3 班以下(含 3 班)的经济欠发达的县(市)区(同上)奖补金额为经批准财务竣工决算投入金额的 10%。其他县(市)区则为 8%;超过 3 个班的,经济欠发达县(市)区奖补金额为每班 4 万元,其他县(市)区为每班 2 万元。其中单所幼儿园新建、改建、扩建后,班级数超过 15 个的,按照 15 个班级进行奖补。

(2) 幼儿园装备改造与品牌园推广项目补助。

对列入市级幼儿园装备改造项目的新增上等级农村公办园和普惠性民办园,给予每所幼儿园 2 万元补助;推广品牌园和幼儿园工作奖补经费则主要用于推广品牌幼儿园和优质幼儿园集团化办园工作奖补。

专项经费使用、管理和监督上,依据《经费办法》第 3 条,奖补经费须全部用于县(市)区学前教育发展;《经费办法》第 5 条,专项经费纳入财政预算管理,实行专款专用。由市教育局、市财政局成立经费管理工作领导小组,市教育局相关领导任组长,市财政局有关处室和市教育局计财、基教、组织、人事、督导、监察等处室负责人为成员,对经费使用进行监督、管理和绩效考评。

(四) 开展幼儿园等级评估

对幼儿园开展等级评估是地方教育行政部门对幼儿园进行业务管理的重要手段。2008 年浙江省颁布实施《浙江省幼儿园等级评定办法(试行)》和《浙江省幼儿园等级评定标准(试行)》,以等级幼儿园建设为抓手,突出日常保教规范和质量导向,提高办园条件,提升办园内涵,推动幼儿园上等级,扩大优质学前教育资源。

根据省级等级评估要求,幼儿园等级评估包含办园条件、园务管理、安全卫生条件、教育工作、家长和社区工作、示范辐射作用六个方面,幼儿园等级由高到低分为一级、二级和三级。

宁波市 2015 年颁布《宁波市等级幼儿园评定实施办法》,围绕园舍空间与设施、班级空间与设施、人员配备与待遇、园务管理与教师队伍建设、安全与卫生保健、班级保育和教育、家长工作与社会服务七个层面将幼儿园等级由高到低细分为六级,分别为六星级、五星级、四星级、三星级、二星级、一星级。其中一星级、二星级对应认定为浙江省三级幼儿园,三星级、四星级幼儿园对应认定为浙江省二级幼儿园,申报认定五星级、六星级的幼儿园,经审核后,可推荐参加浙江省一级幼儿园评估,评估结果作为认定五星级、六星级幼儿园的基本依据。

1. 申报等级评估幼儿园需具备的条件

(1) 经县(市)区以上教育行政部门审批设立、具有事业单位登记证或民办非企业单位法人登记证,以 3—6 岁儿童为主要教育对象的幼儿园;

(2) 办学满 2 年以上;

(3) 申报五星级、六星级的幼儿园,其专任教师须 100%持有教师资格证;申报三星级、四星级的幼儿园,其专任教师持有教师资格证的比率不低于 90%;申报一星级、二星级的幼儿园,其专任教师持有适用教师资格证的比率不低于 80%;

(4) 幼儿园名称应当符合有关法律规定,不得损害社会公共利益,不得冠以"全国""中华""中国""国际"等字样,不得使用易产生误导的词汇,已办幼儿园的园名中如有此类字样,在申报星级前须予以更正。

2. 幼儿园等级评定方法与标准

教育行政部门组建幼儿园等级评估工作组,开展评估工作。评估工作组成员由幼儿园教育教学专业人员、幼儿园管理专业人员、卫生保健专业人员以及财务审计专业人员构成。

评估采用定性、定量相结合的方法,通过查(源文件资料、文件、账目)、看(班级半日活动、园舍环境)、听(汇报、座谈)、问(问卷调查、个别访问)、评(评分、评级)等进行综合评估与核查。

幼儿园须达到相应等级得分,方可通过等级评定,具体评分如下:

(1)五星级、六星级幼儿园满分为150分,五星级幼儿园总得分须达到135分以上,六星级幼儿园总得分须达到142分以上;

(2)三星级、四星级幼儿园满分为120分,三星级幼儿园总得分须达到108分以上,四星级幼儿园总得分须达到113分以上;

(3)一星级、二星级幼儿园满分为100分,一星级幼儿园总得分须达到90分以上;二星级幼儿园总得分须达到95分以上。

评定等级的幼儿园每4年需复核一次,对复核不合格或有下列情形之一的等级幼儿园,给予限期整改或降级处理:

(1)教育内容与方法违背教育规律,损害幼儿身心健康、造成严重影响;

(2)家长投诉多,经查实存在严重管理问题。

对下列情形之一的等级幼儿园,给予直接降2个星级,降级1年的处理:

(1)发生较大责任事故;

(2)经查实有体罚或变相体罚幼儿等违背师德的行为,情节恶劣、造成严重后果。降级处理期满后,幼儿园须重新申报等级评定。

综上所述,宁波市政府通过颁布相关政策,从普惠性学前教育资源扩充、提升师资队伍素质、规范师资队伍管理、提高学前教育师资待遇保障、提升幼儿园保教质量、增加学前教育财政投入等多维度,通过改革试点项目探索、以三年为周期的提升行动计划稳步推进地方普惠性学前教育公共服务体系建设,为普惠性学前发展提供法源依据与政策保障。

第二节 宁波市普惠性学前教育政策实施与成效

宁波市通过政策体系建构,为普惠性学前教育事业发展提供制度保障,伴随相关政策的实施,关于普惠性学前教育公共服务体系建设亦取得诸多成效。

一、普惠性学前教育政策实施的内容

(一)扩增普惠性学前教育资源,实施不同体制幼儿园分类管理

1. 扩增普惠性学前教育资源

以县(市)区行政区域为单位,根据区域学龄前儿童的数量分布、流动趋势和保教需求状况制定园区布局规划和分步实施规划,满足家庭就近入园需求。考虑到城乡差异,采取不同的建设制度。

(1)城市地区。在实施旧城改造、新小区和安置小区建设时,通过千人指标和服务半

径的计算,合理规划配套幼儿园,小区配套幼儿园按照"同步设计、同步建造、同步验收、同步交付使用"的原则进行建设,完成后其产权归属于县级教育行政部门,不得改变性质与用途,优先向社区适龄儿童开放。以2016年为例,全市建成小区配套幼儿园125所,其中公办或普惠性民办幼儿园111所,普惠性幼儿园占比超过80%(宁波日报,2017)。

(2)农村地区。在农民集中居住的农村按照城市小区配套幼儿园的建设制度实施,根据学校布局调整时被撤并的农村中小学校舍和土地应优先举办或建设幼儿园,实现每个乡镇都建设好一所独立设置的标准化中心幼儿园,并以乡镇中心园为骨干和示范辐射周边其他幼儿园发展,建构农村地区学前教育服务网络。

结合宁波市发展学前教育第三轮行动计划(2018—2020年)进一步扩增学前教育优质资源,推进学前教育均衡发展,2019年全市新(改、扩)建幼儿园29所,2020年新(改、扩)建幼儿园20所,推进学前教育提质扩容(宁波市人民政府,2020)。

2. 分类治理不同体制幼儿园

(1)公办幼儿园。收费严格按照政府规定的收费标准进行收费,教师素质相对较好,教育质量较高,主要分为三类:

① 由政府财政直接拨款的教育局直属幼儿园;

② 有部分事业编制的政府财政拨款的乡镇幼儿园;

③ 其他单位拨款的系统办幼儿园,如大学、军队举办的附属幼儿园等。

(2)普惠性民办园。为使更多的民办幼儿园积极转型为普惠性民办幼儿园,政府所采取的主要措施是通过免费提供园舍、生均经费补助、开班补助、教职工补助、改扩建补助等一系列扶持政策引导民办幼儿园转型。目前普惠性民办园主要有三种类型:

① 原有收费较高的民办幼儿园,按照政府收费标准要求降低收费标准,其间可享受政府的优惠政策,选择转型为普惠性民办幼儿园。

② 国有民营性质的普惠性幼儿园,由教育局或街道出资、品牌园承办,以民营机制运行,这类幼儿园办园起点高,公派园长以及骨干教师管理教学,教育质量有保证。

③ 村级的普惠性民办幼儿园,往往规模较小,办学规范有待完善,政府通过给予补助,引导这类幼儿园进行园所改造,规范其办学。

(3)选择性幼儿园。收费高于政府规定标准,办学条件好,开展小班化、特色化的幼儿园。这类幼儿园的举办者多为有实力的教育机构或集团。

针对以上三种不同办园体制的幼儿园,地方政府所采取的主要措施为:首先,大力发展公办园,扩充公办学前教育资源,同时发挥公办园的引领、示范作用;其次,引导民办园转型,通过扶持政策引导民办园转型为普惠性民办园或提供普惠性学前教育服务,在一定程度上扩增普惠性学前教育资源总量;最后,为满足群众多层次的教育需求,增强区域学前教育竞争活力,对选择性幼儿园实施适度发展的策略。通过上述措施,实现普惠性学前教育资源的有效扩增。

(二) 配置普惠性财政性投入,探索多种路径教育投入方式

三轮学前教育提升行动计划都明确要求各区县(市)要切实加大财政投入力度,确

保区县(市)财政性学前教育经费占同级财政性教育经费比例巩固在8%以上,其中不举办高中段教育的区县(市)巩固在12%以上,新增财政性教育投入向学前教育倾斜。将学前教育经费列入财政预算的根本目的在于从源头上保证教育经费的有效落实。

除此之外,第一轮行动计划中市级财政每年安排3 000万元专项经费用于改、扩建幼儿园和教师培养培训补助。第二轮行动计划要求市级财政每年至少安排5 000万元学前教育专项经费,县(市)区逐年增加学前教育专项经费,用于保障辖区内非事业编制教师待遇、开展保教人员培训等。专项经费的安排在一定程度上打破了原有财政经费只用于保障公办幼儿园以及事业编制教师工资待遇的传统掣肘,使其他类型幼儿园以及非在编教师获得财政保障。

在经费的投入上,学前教育专项经费主要用于农村幼儿园建设、幼儿园教师业务进修和中心幼儿园业务指导、特殊困难家庭儿童入园资助、星级幼儿园等级奖励、教师社会保险经费及幼儿园日常事业经费等。市级专项经费主要用于经济欠发达地区农村幼儿园建设补助、骨干教师免费培训和幼儿园教师培养体系建设等。

与此同时,建立生均定额经费拨款机制,按照政府购买服务的理念和体现公共性、普惠性的原则,根据生均成本和核定的收费标准,对各级各类幼儿园实行生均定额补助。具体实施中,主要措施如下。

1. 保障非编教师工资待遇

《宁波市学前教育促进条例》以及三轮行动计划中都明确规定公办幼儿园和普惠性民办幼儿园具有专业技术职务资格的非在编教师,其年均收入应达到当地社会平均工资的1.5倍以上。地方各级政府根据自身财政实际水平制定其补助政策,补助内容包括岗位补助、职务补助、区龄补助、资格证书补助等多种形式。

如宁海县(2015)对持有教师资格证、职称证、大专学历、学前教育大专学历的非在编教师给予补助。持有教师资格证的教师每年补助3 000元,有职称的教师每年补助3 000元,大专学历教师每年补助1 500元,学前教育专业每年再补助1 500元。又如北仑区(2015)持有教师资格证书和专业技术资格证书的非事业编制幼儿园教师的待遇保障,按要求此类"双证"教师原则上人均年收入应达到当地社会平均工资的1.5倍以上。2013年北仑区企业编制中级教师人均年收入达到6.7万元,初级教师达到6.2万元,合格教师人均达到5.2万元。

以慈溪市(2015)为例,制定工资统发制度,以当地前一年度社平工资为基点,规定普惠性民办幼儿园中仅持有教师资格证的教师,年工资在基点1倍以上;既具有教师资格证又具有专业技术职务的教师,年工资在基点的1.5倍以上(以上两类教师分别称为"单证教师"和"双证教师")。单证教师和双证教师年工资分别按基点的1倍和1.5倍,其中市财政承担50%以内。按以上规定,基点的1倍和1.5倍分别为普惠性民办幼儿园中单证教师和双证教师的最低工资,这里面不包括各幼儿园根据各自情况按不同工作年限、专业技术职务、工作岗位和工作业绩发放的奖金和补贴。

2. 普惠性民办园奖补

为引导民办幼儿园转型为普惠性幼儿园,政府对普惠性民办园的补助项目如下。

（1）对普惠性幼儿园免租金提供园舍。

（2）普惠性幼儿园每开办一个班级给予开班补贴。

（3）为普惠性幼儿园非在编教师缴纳社保资金提供补助。

（4）为普惠性幼儿园考核评比、园所等级提升以及辅导提供奖励资金。

（5）提供幼儿园基建维修资金等。

以江北区为例,第一轮行动计划实施期间,江北区对普惠性幼儿园每开办一个班级给予8万元一次性补助,其中区级财政补助5万元,市级财政补助3万元;对于非在编教师社保资金补助,区级财政给予1/2的补助等。同时,学前教育专项资金对新开办的普惠性幼儿园建设补助2 100万元左右,对于普惠性幼儿园考核、上等级、辅导幼儿园和早教点的奖励约450万元(吕萍,2015)。

又如镇海区各普惠性民办幼儿园在享受区专项资金补助的基础上,对首批市区两级普惠性民办幼儿园进行一次性奖励,标准为市级一类普惠性民办幼儿园每班3万元,市级二类普惠性民办幼儿园每班1万元,区级普惠性幼儿园每班0.5万元;首批市级普惠性民办幼儿园享受区级奖补最高可达60万元(宁波市教育局基教处,2013)。

3. 保障对幼儿的经费补助

普惠性民办幼儿园按照"限定收费标准,拨付生均经费"的原则,体现对幼儿经费补助的项目包括生均补贴与困难学生补助。如海曙区(2019)对省三级以上普惠性民办幼儿园按在园幼儿数发放生均经费补助,标准依次为:三级600元/生/年、二级650元/生/年、一级700元/生/年。又如镇海区(2013)分区、镇(街道)两级对普惠性民办园进行补助,中央财政给予的普惠性民办幼儿园专项奖补资金全部用于普惠性幼儿园补助。区级补助以生均经费形式下拨,标准为:一类普惠性民办幼儿园省一级1 500元/生/年、省二级1 200元/生/年、省三级900元/生/年;二类普惠性民办幼儿园省一级1 000元/生/年、省二级800元/生/年、省三级600元/生/年。再者,慈溪市2012年投入270万元对困难家庭保育费、伙食费进行补助,使近千户困难家庭获益(宁波市教育局基教处,2013)。

(三) 提升师资队伍质量,推进教师管理制度改革

学前教育高质量普及与发展离不开一支高素质、稳定的幼儿教师队伍。在建构普惠性学前教育公共服务体系的过程中,通过分层管理促进幼儿教师队伍素质的不断提升。

学前教育师资队伍管理改革施政措施包括以下层面。

1. 双轨并行,稳定师资队伍

为保证师资队伍尤其是非编教师的稳定性,减少师资的流失,宁波市采用完善与创新的方式,采取双轨制,即对事业在编身份的幼儿园教师,由教育行政部门统一招

聘录用,分配至各事业单位性质幼儿园并建立人事聘用关系。对非事业编制教师建立非在编教师注册制度,并在部分区县增设企业编制,开展多元探索。例如,余姚市(2015)建立持证非在编教师注册制度,要求所有幼儿园非在编教师须每学期按规定办理注册手续,注册手续包括新注册(首次在市内幼儿园工作)、变更注册(工作单位变动或专业技术职务变动)和注销注册(到退休年龄或不再在市内幼儿园工作),按规定注册是教师享有各类待遇的前置条件。

又如,江北区(2015)在同样建立教师注册等级制度外,建立非在编教师评优评先制度,区政府颁布非在编教师2年一次评优评先政策,对评优评先的非在编教师予以表彰、奖励,提高非在编教师的社会地位。再者,慈溪市(2015)加强对非在编幼儿教师监管,落实专人对登记在册的教师在岗情况进行动态监管,试行年度核准验印,确保所有登记在册的教师真正做到全日制在职在岗,将非在编幼儿教师规范办理上岗登记作为幼儿园教师享受财政补助的必备条件。北仑区(2015)则在一时无法扩增事业编制的情况下增设企业性质编制,实施幼儿教师"先纳入、再考核、后录用"的办法,形成了"先自聘—后企业—再事业"的用人激励机制,幼儿园教师实行资格准入、自主聘任、合同管理和统一注册的管理制度。

2. 强化教师培训制度,提升保教素质

《宁波市学前教育促进条例》明确规定,"民办幼儿园在审批登记、分类定级、评估指导、教师培训、职称评定、资格认证、表彰奖励等方面与公办幼儿园具有同等地位"。普惠性民办幼儿园非编教师基于此规定,可以享受与公办幼儿园教师同样的教师培训服务。例如,宁海县(2015)将普惠性民办幼儿园教师培训纳入公办园培训体系,搭建平台保障普惠性民办幼儿园园长、一线教师的培训时间、培训经费和培训效果,与公办园共享培训资源。同时市级以上培训增加普惠性民办园名额,持证教师每年都要参与《浙江省教师培训管理平台》的培训专案,五年需完成360学分。

又如,鄞州区(2015)民办幼儿园教师与公办幼儿园教师同等享受免费培训、参加职称评定及评优评先等活动;江北区(2015)则要求民办园将保育费收入的3%用于教育培训,对教师培训进行财政补助,并下拨专项资金用于教育培训等;北仑区(2015)将自聘教师的培训工作纳入浙江省中小学教师专业发展培训管理平台,并明确区级和省、市指令性培训的经费由区财政承担;慈溪市(2015)将幼儿教师在职进修纳入中小学教师培训体系,并设立专门的幼儿教师培训处负责幼儿教师培训工作。各级地方政府通过补助培训经费、与公办幼儿园共享培训资源等措施协助普惠性民办幼儿园提升师资素质。

3. 派驻公办教师,协助普惠性民办幼儿园发展

政府扶持民办幼儿园发展措施中,其中重要一项即为派驻公办教师,引领普惠性民办幼儿园发展。根据民办幼儿园举办者需求,地方教育行政部门将一些在编骨干教师或高职称教师分配到民办幼儿园担任园长或教研骨干教师,发挥示范、引领作用。引导民办幼儿园在课程建设、教科研发展以及园所建设中逐步规范,进而在园所

等级提升、特色园所建设、师资素质提升等方面获得发展。

以江北区为例,第一轮行动计划期间,江北区教育局派出高级职称教师40人,到民办或农村幼儿园开展为期1—3年的支教,其中20人担任所在园园长岗位,20人担任教研负责人,引领受援幼儿园教师成长(吕萍,2015)。

(四) 注重内涵发展,建立多主体督导体系

普惠性学前教育发展不仅需要人、财、物等方面的大力投入,更需要将有限资源的效益最大化,以实现学前教育资源增量与学前教育资源质量的双提升。建立科学合理的监管和督导体系显得尤为重要。在实践中,宁波市探索形成了"三督导"体系,即政府督政、政府督园、社会督园(沈海驯、于海军,2018)。

1. 政府督政

将学前教育工作纳入对地方政府教育事业考核的重要内容,逐年增加考核比重,并按此开展宁波市学前教育示范乡镇(街道)创建工作和宁波市三年提升行动计划中期督查工作,形成市、县(市)区、乡镇共同促进学前教育发展合力。

通过开展学前教育示范乡镇(街道)创建工作,制定《宁波市学前教育示范乡镇(街道)创建评估细则》,从规划布局、园舍建设、投入保障、师资建设、规范办园、监督管理六个方面进行考核评估,并对评估优秀的街道(乡镇)予以奖励。

如北仑区(2011)对被评为"北仑区学前教育示范街道(乡镇)"的乡镇(街道)一次性奖励10万元,两年一次复评优秀的示范街道(乡镇)再一次性奖励10万元,被评为"宁波市学前教育示范街道(乡镇)",一次性给予50万元奖励。

2. 政府督园

各县(市)区采取积极措施,整治无证园,规范民办园,加强对幼儿园的监督与规范。如宁海县(2015)开展集中整治行动,通过四项措施使全县无证民办园归零。

(1) 增加标准化幼儿园建设力度:推动《宁海县学前教育布局专项规划》与《宁海县学前教育三年行动计划园舍建设规划表》的实施,在推进新建小区配套幼儿园建设力度的同时,改善乡镇中心幼儿园办学条件,使市县、乡、村三级学前教育网络进一步完善,从源头遏制无证幼儿园的产生。

(2) 杜绝无证幼儿园产生:2012年制定《宁海县幼儿园筹设的申请条件和管理办法(执行)》,从布局规划、人员资质、办园面积、办学规模等方面予以规范,提高新设立幼儿园标准,使民办幼儿园在准入时就有高起点,从而促使不符合办园条件的无证园望而却步。

(3) 实行分类整理以逐步减少无证园数量:按照"先整改后整治"的原则,有计划、有步骤地对无证办园行为予以清理和整顿。各乡镇采用"审批一批,停办一批"的办法,对整改期内的无证幼儿园加强指导,根据"逐园过关、不留死角"的要求,进行逐一排查。对符合条件的无证园,积极帮助和敦促其通过规定程序报批,创造条件取得合法办园资格;对无法取得办园资格的无证园坚决停办。同时通过媒体向社会公告,

对个别未停办的无证园进行曝光。

（4）优化管理以彻底消除无证幼儿园：通过多渠道、多形式拓展优质学前教育资源，实施名园集团化、组建共同体等办学模式，扩大优质教育资源范围，使无证园失去生存市场。大力发展普惠性民办幼儿园，提升其硬件建设与办学水平，淘汰家庭作坊式的无证园。

3. 社会督园

社会监督是通过建立与广大家长的沟通交流渠道，及时回复家长的意见和建议，形成全社会共同监督的良好氛围。例如，海曙区建立教育议事会制度，作为对学校办学重大事务进行咨询和审议的外部监督组织，是学校与家长、社区建立长期密切联系与合作的平台。教育议事会主要由教育专家、家长、教师、社区干部组成。具备"三权"即知情权、参与权和部分决策权（转化为校务委员会决定）和"三功能"即学校与外界系统沟通协调功能、学校与外界系统发生冲突时的仲裁功能、对学校的根本发展方向、校（园）风、学风、教风的建议、参谋、监督功能（海曙区教育局，2008）。

三轮行动计划按照基本建立、注重内涵发展、深化体制改革的逻辑思路层层推进，通过推行三类办园体制、探索三种财政投入方式、实施三类师资管理及"三督导"体系的普惠性多元供给模式，实现普惠性园所总量扩增、学前教育经费普惠配置、教师队伍素质提升以及幼儿园内涵发展不断提升的目标，逐步建构并完善政府主导的"广覆盖、保基本"的学前教育公共服务体系，见图5-1。

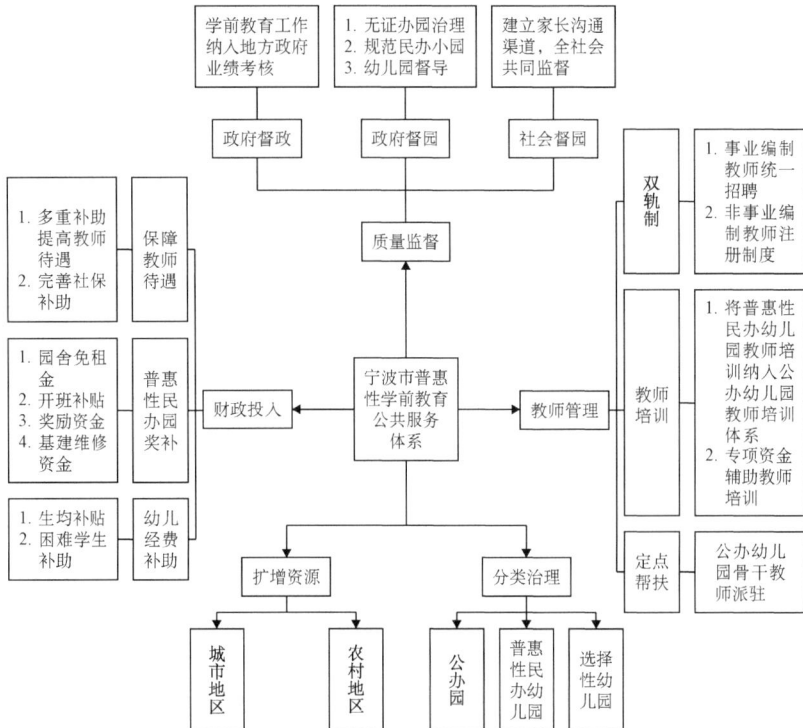

图 5-1　宁波市普惠性学前教育公共服务体系架构图

二、普惠性学前教育政策实施成效

自 2010 年宁波市"强化政府发展学前教育责任"列入国家教育体制改革试点项目以来,在落实国家政策号召,推进地方普惠性学前教育公共服务体系进程中,通过强化政府规划统筹学前教育职责、完善政策保障、增强财政投入保障、加强学前教育监督规范,进一步提升了学前教育公共服务水平。

(一) 学前教育改革试点项目初具成效

宁波市学前教育体制改革分三个层面设定试点分项目,第一个层面是以市政府为首的综合性项目;第二个层面是市统一设定、部分县(市)区参与试点的专项性项目;第三个层面是各县(市)区选题并申报批准的自选性项目(宁波市教育局基教处,2012)。在此期间,学前教育改革试点项目成效兹说明如下。

1. 学前教育经费投入保障完善

江北区制定《江北区学前教育三年提升计划实施细则》,形成公办园、普惠性民办园及选择性民办园等多元办园体制的认定、扶持政策,落实"三种补贴方式"多维强化财政的普惠性。

(1) 补教师。2011 年,江北区对 534 名非在编教师、653 名后勤人员补助资金485 万元。

(2) 补幼儿园。通过减免租金、班级补助、考核奖励等多种方式补助各类幼儿园,2011 年共计补助 351 万元。

(3) 补学生。采用"限定收费标准,拨付生均经费"的财政拨款方式,对学生进行补助。同时还实施了发放教育券、免除困难幼儿伙食费和保育费等直接补助的方法。

慈溪市明确提出要为非在编幼儿教师普遍办理社会保险,保障持证教师年收入达到社会平均工资(2011 年达到 33 895 元),持证且有职称教师人均年收入达到社会平均工资的 1.5 倍(约 50 543 元)。对达到上述年收入标准的幼儿园,财政给予教师年收入 50％的补助(由市、镇两级财政 8：2 分担)。

余姚市制定《余姚市民办幼儿教师工资指导制度》,实行新入职幼儿园教师工资承诺制度和民办幼儿园教师工资年报制度,加强工资检查,并把结果与幼儿园各项考核评比挂钩。以 2011 年为例,非事业编制教师工资与社保保障补助经费达 564万元。

鄞州区颁布《关于进一步规范幼儿园办园行为的通知》建立健全区镇两级管理体制,规范办园行为,大力发展公办幼儿园,彰显学前教育的公益性、普惠性。同时,加大对民办幼儿园的管理和扶持力度,推进民办学前教育资源优质化,设立学前教育专项资金,民办幼儿园和公办幼儿园同等享受政府补助,不断提高对民办幼儿园教师工资的补助。以 2011 年为例,民办幼儿园教师年收入增加了 1 万—1.5 万元。

2. 信息化建设明显提升

鄞州区为幼儿园增添计算机,实现教师计算机配备比率1:1,有计划地更新班级电教设备,为幼儿园配备电子白板。要求所有的民办幼儿园建立网站,并纳入教育信息网。调研幼儿园管理软件装备与使用情况,开发幼儿园网上招生系统,加大幼儿教师技能培训,提高教师的信息化素养。

象山县大力推进学前教育信息化基础建设,全县80%的幼儿园开通互联网并接入象山县教育城域网,60%的幼儿园建立自己的网站,启动象山幼教网平台建设,制定和完善学前教育信息化建设的政策措施。

3. 幼儿园建设标准规范

镇海区幼儿园标准化建设试点工作分两个层面开展:通过新建、改建、扩建、迁建等方式,改造或新建一批乡镇(街道)中心幼儿园和中心村幼儿园,中心级幼儿园标准化率达到100%;面对现有公办幼儿园规模小、民办幼儿园条件差的情况,开展准办园达标验收工程,幼儿园标准化率达到90%。编制包括办园场地、设备设施、经费投入、人员配备、课程设置等一系列标准的《镇海区准办园达标验收标准》。

宁海县开展无证幼儿园整治工作,自2010年6月始,经过一年半时间,全县共整治无证办园41所,停办20所,改成村教学点5个,新审批21所。积极辅助一批民办小园,开展民办小园"和谐园长和爱心教师"评比活动,举办民办小园档案管理和财务评比活动,明确普惠性民办园申报条件,建立相应补偿制度。

奉化市先后制定、颁布了《奉化市学前教育发展布局规划》《奉化市学前教育建设发展规划(2011—2020年)》《奉化市幼儿园发展规划与建设管理办法》等,进一步优化全市学前教育网点布局和资源配置,积极利用闲置校舍改建标准化村办幼儿园,推进农村地区学前教育网点规划建设等。

自学前教育改革试点项目实施以来,宁波市各县(市)区开展积极探索,推进改革试点项目,初具成效。增加财政投入,补教师、补幼儿园、补幼儿,进一步完善学前教育财政投入保障;规范幼儿园标准化建设,推进园所信息化建设等,逐步完善幼儿园物质环境建设,提升园所环境,为普惠性学前教育公共服务体系建设奠定基础。

(二) 普惠性学前教育资源增加明显

2011年宁波市有各级各类幼儿园1 197所,其中公办园275所,在园幼儿26.9万人,公办幼儿园覆盖率32.1%。2021年,宁波市各级各类幼儿园1 093所,公办幼儿园383所,在园幼儿29.2万人,公办幼儿园覆盖率53.7%(宁波市教育局,2021)。尽管幼儿园总数减少104所,但这是对幼儿园进行分类治理,清除大量无证园措施的体现。经过10年发展,公办园数量增长了1.39倍,公办园的覆盖率增长了1.67倍,普惠性学前教育资源覆盖率增长明显。

幼儿园等级体现幼儿园保教质量。2011年全市共有省一级幼儿园74所,星级以上幼儿园 782 所,等级幼儿园招生覆盖率 75.1％。2020 年,全市共有省一级幼儿园 185 所,等级幼儿园招生覆盖率达到 99％。省一级幼儿园数量增长 2.5 倍,等级幼儿园招生覆盖率增长近 1.32 倍,学前教育整体质量明显提升。

(三) 幼儿教师师资规模与素质提升

师资水平的提升包括职前培养与职后提升两个层面。为进一步提升师资水平,保障普惠性学前教育质量,宁波市在幼儿教师师资职前培养与职后培训上的诸多措施助力师资规模增长与素质提升。

职前培养方面,加大大专起点幼儿专任教师的培养力度,通过建设宁波市幼儿教师培养基地,健全"五年制"和"3＋4 制"学历幼师培养制度。

在职培训方面,按照政策要求在开展全员培训的基础上,重点抓名师和骨干教师队伍建设,发挥省特级教师和市名师、名园长的引领作用,以及骨干教师的支柱作用。通过市、县两级培训,培育幼儿园骨干教师。

2010 年,全市幼儿园教职工 2.5 万人,其中园长及专任教师 1.5 万人,专任教师学历合格率为 98.8％,拥有大专及以上学历的占 57.9％;经过十年发展,2021 年,全市幼儿园教职工 4.1 万人,其中园长及专任教师 2.2 万人,专任教师学历合格率为 100％,教师持证率为 99.4％;师资规模和师资素质提升明显,详见表 5-1。

表 5-1 2010—2021 年宁波市幼儿园概况

时间	幼儿园总数(所)	幼儿总数(万)	园长及专任教师数(万)	大专及以上学历(％)
2010—2011 学年	1 198	25.7	1.5	57.9
2011—2012 学年	1 197	26.9	1.6	67
2012—2013 学年	1 208	27.6	1.7	73.3
2013—2014 学年	1 254	27.59	1.77	80.51
2014—2015 学年	1 254	27.84	1.68	86.93
2015—2016 学年	1 278	28.02	1.92	91.1
2016—2017 学年	1 252	28.2	1.98	90.8
2017—2018 学年	1 238	28.8	2.07	92.6
2018—2019 学年	1 220	28.97	2.12	100
2019—2020 学年	1 178	29.15	2.2	100
2020—2021 学年	1 093	29.2	2.2	100

资料来源:笔者根据宁波市教育局统计数据而得。取自:http://jyj.ningbo.gov.cn/col/col1229166713/index.html。

（四）体制机制的初步建立与完善

学前教育的健康、持续发展，须以体制机制的建立与完善为前提，伴随着三年行动计划的实施，宁波市政府相继颁布了一系列政策文件，引导和规范学前教育发展。宁波市颁布的促进地方普惠性学前教育发展的政策大体分为以下四类：

1. 地方性学期前政策法规，如《宁波市学前教育促进条例》；

2. 各地方政府学前教育三年行动计划，如《江北区学前教育三年行动计划（2010—2020 年）》等，制定本区域学前教育发展目标与任务，其中重点在幼儿园建设、幼儿教师培养与培训等；

3. 针对三年行动计划实施中的特殊情况颁布调节性政策，如《学前教育专项资金管理办法》《普惠性民办园认定标准》《学前教育综合奖补资金管理使用办法》等；

4. 学前教育常规管理政策，如《民办幼儿园申报与管理办法》《幼儿园分类评估标准》等。

（五）学前教育财政投入增加明显

宁波市借助国家教育体制改革试点城市的契机，在完善学前教育经费保障机制和管理服务机制方面进行探索，凸显政府发展学前教育主体责任。加大学前教育财政经费保障力度。第二轮三年行动计划期间，明确规定县（市）区财政性学前教育经费占同级财政性教育经费的比率不低于 8％，不举办高中的区不低于 12％。2014 年全市财政投入共计 23.9 亿元，财政性学前教育经费占财政性教育投入比率为 14.74％；2015 年全市财政投入 25.7 亿元，财政性学前教育经费占财政性教育投入比率 15.70％（宁波市教育局，2017）。

设立学前教育专项资金。第一轮三年行动计划期间，市政府每年安排 3 000 万元专项经费用于新改扩建幼儿园和教师培养培训补助；第二轮行动计划专项经费增加至每年至少 5 000 万元，2018 年这一专项经费要求达到每年 1 亿元。

经过十年发展，宁波市一方面按照中央政策要求，落实普惠性学前教育政策要求，另一方面，利用学前教育体制改革试点的契机，结合地方实际情况，进行普惠性学前教育资源扩充、建构普惠性学前教育财政保障体系、加强幼儿教师队伍建设、增强幼儿园内涵建设。普惠性幼儿园招生覆盖率明显提升，幼儿园教师队伍建设取得成效，幼儿园教师尤其是非编教师的工资待遇获得保障，幼儿园教师数量与学历结构整体水平提升明显，学前教育财政投入稳步提升，政府发展学前教育主体责任凸显。

第六章

宁波市普惠性学前教育政策执行成效-利害关系人的观点分析

普惠性学前教育政策是否落实,利害关系人的感受是衡量执行成效的重要指标之一。本章共分为四节,分别从家长、幼儿园园长、教师及普惠性学前教育行政人员的视角,对宁波市普惠性学前教育政策执行状况进行分析。第一节为教育行政人员对普惠性学前教育政策执行成效的观感,第二节为幼儿园园长对普惠性学前教育政策执行成效的观感,第三节为幼儿园教师对普惠性学前教育政策执行成效的观感,第四节为家长对普惠性学前教育政策执行成效的观感。

第一节　教育行政人员对普惠性学前教育政策的感受

在实现政策目标的过程中,方案确定的功能只占 10%,而其余的 90% 取决于有效执行(丁煌,1991)。教育政策执行是保障政策有效性的重要环节,同时也是社会转型的指向标,反映的是政策执行效果与预期的契合度。普惠性学前教育政策自实施以来取得一定成效,在执行过程中亦存在偏差,作为政策执行的利益主体之一,本节将从政策执行者的视角分析普惠性学前教育实施过程中的相关问题,对宁波市普惠性学前教育的实施状况进行探讨。

一、普惠性资源覆盖率目标达成,优质学前教育资源不足

中国共产党的十九大报告指出,中国特色社会主义进入新时代,中国社会的主要矛盾已经转化为人民日益增长的美好生活需要和不平衡不充分的发展之间的矛盾。在教育领域,满足人民日益增长的美好生活需要和寻求平衡与优质发展,不仅需要适时颁布教育政策来推进教育实践,而且需要强调教育政策执行。

随着中国社会主要矛盾的转化,新时代教育政策执行意味着两个要点:一是要坚持以人民为中心的发展思路,二是追求公平与质量。要满足人民日益增长的美好生活需要,就必须追求公平与质量(李孔珍、李鑫,2021)。

以人民为中心的教育政策执行,从民生角度不仅要重视老百姓对教育的时机需求,还需强调老百姓在教育执行结果方面对教育获得感的提升。

宁波市先后完成了三轮学前教育行动计划,第一轮是 2011 年到 2013 年,第二轮是 2014 年到 2017 年,第三轮是 2018 年到 2020 年,2020 年既是"十三五"规划收官之年,也是宁波市学前教育第三轮行动计划收官之年,全市共有幼儿园 1 080 所,公办幼儿园 383 所,普惠性民办幼儿园 555 所,公办与普惠性民办幼儿园占比 87%。公办与普惠性民办幼儿园,省里第三轮行动计划考核的目标是占比达到 83%,这个目标我们是达到的。全市在园幼儿 29.2 万人,公办及普惠性民办幼儿园在园幼儿 27 万多,普惠性幼儿园招生覆盖率达到 92%。目前基本形成了公办和普惠性民办幼儿园为主,多种类型幼儿园共同发展的办园格局。对于老百姓来说,现在幼儿园好上了,幼儿园保教费也没有之前那么昂贵了,"入园难""入园贵"的问题是有解决的,是有切身的获得感的。(C/20191220)

宁波市三轮三年行动计划的实施,普惠性学前教育资源扩增明显,普惠性幼儿园招生覆盖率高达九成,普惠性学前教育体系初步建成。然而在这一过程中,尽管"入园难"的问题已解决,随之而来"入好园难"的问题依旧存在。

目前我们面临的主要问题不是没有幼儿园上的问题,我们面对的是"入好园难"的问题,优质教育资源不足是主要问题。什么是优质呢? 优质是有考核指标的,省里对优质的考核指标是说省二级以上的幼儿园才算优质幼儿园,省里考核指标要求二级幼儿园在园幼儿覆盖率要达到 60% 以上。目前宁波的情况是虽然优质资源覆盖率达到 70.5%,看上去达到了优质的指标,但是这只是从园所数量上看。从分布地域上看,这些省二级园更多的是分布在中心城区,农村的优质资源依旧比较少。到目前为止,全市二级及以上幼儿园占比只有 57.2%,将近一半园所还不是优质园,全市公办幼儿园 838 所,但是占比也只有 35.5%,也就是说全市只有三分之一的幼儿园是公办的,将近三分之二是民办。全市县市区仍然有 2 个县市区公办幼儿园招生覆盖率达不到 50%,还有 4 个功能区公办覆盖率达不到 50%,距离国家说的到 2020 年公办幼儿园招生覆盖率达到 50% 的指标,我们还达不到全覆盖。很多人都觉得宁波教育很不错,包括学前教育,在省内其实我们处于中等偏下的水平。(C/20191220)

如前文所述,当前中国社会的主要矛盾是人民日益增长的美好生活需要和不平衡不充分的发展之间的矛盾,在学前教育领域,宁波市学前教育事业发展所面临的是人民对优质学前教育需求与当下优质学前教育资源不足与分布不均衡的问题。相较之前,"入好园难"已成为当前社会关注的热点问题。

二、财政投入增长,财政分配不合理导致教育资源结构、配置失衡

持续的财政投入保障是普惠性学前教育事业健康发展的重要前提,财政投入的

合理分配是保证普惠性学前教育事业高质量发展的关键。普惠性学前教育政策实施的十年,宁波市对学前教育事业的财政投入持续增长,但由于财政分配的不合理,导致教育资源结构失衡,甚至出现公办园越办越强,民办园越办越弱的现象。

浙江省第三轮行动计划中提出要求各地市学前教育财政性投入占比要占财政性教育投入的5%,宁波市很早就提出要求不举办高中的区域,财政性学前教育经费占财政性教育经费要达到12%,举办高中的区域要达到8%,这些都是高于省里的指标,而且这个占比在第一轮到第三轮行动计划中都是能够达到的。财政投入经费这十年确实不断增长了,但是却不能看到实际效果,这是为什么? 因为这些钱主要是用来造房子了。一个乡镇中心园建造,一般来说,土地是由乡镇划拨的,建一所幼儿园还要花两千万到三千万元,这是很正常的现象。有些地区建造一个实验幼儿园,就要花一亿元,政府要做的工作是托底,钱就这么多,造了房子,哪还有钱花在教师身上。另外,这些钱主要用来建造公办园了,大量财政投入也是投到公办园,说实话,政府说要给普惠性民办园补助,但事实上补助的力度是远远不够的,很多普惠性民办园也是有意见的,所以就出现了公办园越办越强,民办园越办越弱的局面。(C/20191220)

普惠性学前教育财政投入的分配,一方面涉及普惠性学前教育资源的人、事、物;另一方面包括承担普惠性学前教育服务的两大主体即公办幼儿园与普惠性民办园。宁波市普惠性学前教育财政投入过程中,尽管财政投入比率超过省级要求财政性经费保障能够有效落实,在财政投入分配过程中却不尽合理,用于园所建设的费用占比过大,部分地区存在园所建设过于奢华,地方政府"面子工程"的现象,给予普惠性民办幼儿园的财政比率不足,财政补助不足,这个也与普惠性民办幼儿园经营者的感受一致,这种情况下,公办愈强,民办愈弱,造成教育资源结构失衡的局面。

城区公办园多,优质资源也多,学前教育经费主要投入在中心城区。第一轮行动计划中就提出每一个乡镇要都要建一所公办中心幼儿园,2011年至今全市共新增乡镇公办中心幼儿园118所,但是很多乡镇中心幼儿园的资源是空余出来的,一是农村人口迁移,向城区流动,二是优质教育资源主要集中在城区,农村地区相对较弱,人们对于优质教育资源的需求,导致往往选择放弃就近的乡镇中心园,这也是为什么城区里小区配套幼儿园一造好,招生立马就"爆棚",城区资源紧张而农村来说相对空余。另外,目前我们的学前教育管理体制实行二级管理,以县为主,很多县市区也实行二级管理,以街道为主。这就容易产生一个问题,各管各的,缺乏统筹与协调性。两个乡镇,A和B,都各自只招收自己乡镇户籍的幼儿,一个家长他户籍在A镇,离他最近的幼儿园在B镇上,他的孩子却上不了,只能去更远的幼儿园,这就是缺乏统筹。(C/20191220)

教育资源配置层面,城乡教育资源配置不合理,学前教育经费集中投入在中心城区,农村地区学前教育资源虽有冗余,但城镇入学拥挤,农村学前教育发展羸弱的局面依旧存在。同时由于学前教育管理机制不合理,管理主体下移,导致学前教育管理协调性不足,缺乏统筹,造成园所虽近却入园不得的怪象。

三、普惠性学前教育质量取决于地方主政官员是否重视

宁波市作为"强化政府发展学前教育责任"的试点城市,普惠性学前教育坚持政府主导,强调政府主体责任的强化。政府作为强有力的保障,其职责履行,关系到能否营造一个公平、健康的教育环境。

2017年教育部颁布的第三轮学前教育行动计划中明确提出建立"国务院领导,省、地(市)统筹,以县为主"的学前教育管理体制,落实县级政府的管理责任。县级政府在发展学前教育主体责任的落实过程中,对于普惠性学前教育政策的理解、县级政府财政状况以及政府领导对学前教育事业的重视程度等对普惠性学前教育政策的高效执行产生直接的影响。

根据国家政策,学前教育事业发展的管理责任以县为主。县域之间的财政水平是有明显差异的,财政能力强的乡镇对学前教育投入比较多,学前教育发展相对较好,财力不足的,对学前教育的投入也不足,发展就弱得多。政府领导、一把手是不是关注学前教育发展也是重要因素。如果领导对学前教育根本不重视,认识不到位,他不会把钱投到学前教育上。现在很多乡镇中心幼儿园的园长都没办法专心搞教育,天天跑到镇政府跟领导做工作,去公关,去要钱。还有很多领导对普惠性学前教育认识不到位,一个乡镇领导就跟我讲,现在为什么要搞公办园呀,民办园搞得好好的,我们为什么还要搞啊。原来没有公办园的时候招生都很太平,因为都是民办的。现在办了公办中心幼儿园,大家都要来公办中心幼儿园,矛盾就出来了,领导干部开后门的条子也出来了。(C/20191220)

城镇普惠性学前教育事业发展进程中,扩增普惠性学前教育资源,在原有公办资源相对不足的情况下,积极引导民办园转为普惠性民办幼儿园,普惠性民办幼儿园在保证自身收益的情况下,往往与现行的相关政策产生背离。

我们当下的民办幼儿园老实说是有点畸形的,民办幼儿园应该是高质量的,政府是托底和最基本的。而我们的民办园他们不愿意上等级,因为上等级意味着对教师、对园所硬件、软件都会提出更高的要求,需要投入更多的运营成本。等级越低,运营成本较低,一年收入几十万很轻松,政府还有补助。搞民办园大多数都是以经济利润为第一目的,是要盈利的,普惠性民办园实际上也是盈利的,当然他们肯定都说自己不赚钱,很困难。有个县市区的领导曾说,他最怕民办幼儿园不办了,他们不办了,地方普惠性学前教育发展的指标肯定完不成。就感觉政府被民办园绑架了,没有底气抗衡。我就觉得,如果有一定保障,将公办幼儿园网络架构起来,民办幼儿园要求相应可以提高,差的自然淘汰掉,没有必要养着它,学前教育才会真正高质量发展。(C/20191220)

由于前期学前教育事业发展的"欠账",公办学前教育资源短缺,民办学前教育成为地方发展学前教育的主要承担者,在公办学前教育网络体系不健全的情况下,依托普惠性民办园扩增普惠性学前教育资源数量,是当下很多地方政府在政策执行中的选择。但基于盈利需求,为节省运营成本而选择教育质量不升级或降级,这也与前文普惠性民办幼儿园的叙述保持一致,造成地区整体学前教育质量不高。在公办资源严重不足的地区,依托普惠性民办园架构的学前教育网络,政府在绩效考核的压力下,不得不做出妥协。

四、学前教育师资队伍支持体制不完善

普惠性学前教育高质量发展其核心要素之一是拥有一支高素质、稳定的幼儿教师队伍,这是普惠性学前教育公共服务体系建设的关键。然而在当下,幼儿园教师面临数量普遍短缺,合格师资匮乏,师资队伍不稳定性高以及整体素质相对不高等问题。究其缘由,幼儿园教师整体待遇低、社会地位低,尤其是非编教师待遇缺乏保障等,造成幼儿园教师职业整体吸引力不足。

宁波现在有383所公办幼儿园,如果按照公办的在园幼儿数,每班30人,按照2位教师1位保育员的要求配置。2013年核定幼儿园教师编制时,宁波市幼儿园核编可以是1.5到2。也就是说一个班允许配置1.5个编制教师,按照这个比率宁波市至少在编教师应该是9 000多人。然而现实是多少?2020年,我们编制幼儿园教师才4 889个,相差一半,编制师资不足。

目前宁波的在编幼儿园教师以及相关政策是远远落后省会城市杭州的。杭州市专任教师2.9万人,我们是2万人,他们在编教师是12 293人,我们只有4 861人,在编教师占比,他们是42%,我们只有23%;在编制教师招聘上,杭州一个区光幼儿园在编教师就招50个,我们去年幼儿园在编教师招得最多的一个区也只有仅仅8个,这还是力度很大了。我们的公办园覆盖率、在编教师人数的占比在省内只是处于中等水平。现在我们的师资队伍依旧紧缺,非编教师多,我们都知道非编教师工资待遇低,师资队伍流动性大。在外面做保险业务、做化妆品专柜导购一年挣的钱远多于当幼儿园老师。从性价比上看,人家不愿意选择幼儿园教师这个行业。(C/20191220)

从上述讨论中可知,目前宁波市幼儿园教师队伍面临着在编教师数量严重不足,未按实际需求配置在编教师,在编教师短缺,非编教师占绝大多数。幼儿园教师管理实行编内和编外的双轨制管理,身份的不同直接导致不同身份的教师在待遇保障上存在明显的差异,这也导致"同工不同酬"的现象长期存在,在数量上占多数的非编教师,在现实的压力下流动性与流失率都普遍较高,幼儿园教师职业吸引力普遍不高,从而直接影响学前教育质量的整体提升。

综上所述,尽管宁波市普惠性学前教育取得诸多成绩,但依旧存在不少问题。

第一,普惠性幼儿园招生覆盖率明显增加,使更多的幼儿能够享受普惠性学前教育的政策红利,有效缓解"入园难"问题,但由于普惠性幼儿园整体质量的差异,优质学前教育资源依旧不足,"入好园难"成为新时期亟须解决的难题;第二,学前教育财政投入总量仍旧不足,由于财政投入结构的不合理,政府的财政性经费多用于园所建设与保障教师工资上,对于教师培训和设施设备完善投入不足,限制了普惠性民办幼儿园的发展;第三,财政投入层面存在资金投入流向不均衡的问题,财政经费多投向公办或带有公办性质的幼儿园,亟须财政支持的普惠性民办园以及农村幼儿园政府的财政支持力度反而有限,造成公办幼儿园越办越强,民办幼儿园越办越弱的局面,城市幼儿园与农村幼儿园的差距明显,此种财政投入机制在一定程度上背离了普惠性学前教育公共服务体系促进教育公平的初衷,加大了不同地区间、园所间的不均衡发展;第四,由于师资保障机制的不完善,造成幼儿教师队伍的稳定性以及职业吸引力不高;第五,地方政府决策者对于普惠性学前教育政策的理解与重视程度以及地方政府职能部门的联动机制是否完善等都在一定程度上限制了政策发挥作用的效益,影响普惠性学前教育公共服务体系的全面深化及有效建构和学前教育事业的健康持续发展。

第二节　幼儿园园长对普惠性学前教育政策的感受

普惠性学前教育公共服务体系提供普惠性学前教育服务的承担主体多元,幼儿园性质多样,从办园性质上可分为公办园与民办园两大类。

公办园中根据财政经费来源,又分为财政直接拨款的教育局直属幼儿园、其他单位拨款的系统办幼儿园、涉农街道(镇)政府财政拨款的乡镇幼儿园。民办幼儿园中,根据收费情况又分为:低端收费幼儿园,收费较低,幼儿园教育质量也较低,农村与城镇地区较多;中端收费幼儿园,收费高于公办园,低于高端民办,幼儿园教育质量有保障;高端收费幼儿园,收费昂贵,多开设双语课程,提供特色学前教育课程,教育品质较好。不同的办园主体在落实普惠性学前教育政策过程中,面对着什么样的问题与困难? 尤其是民办幼儿园,在转向普惠还是坚守营利的两难中如何做出选择?

一、公办幼儿园:普惠性学前教育政策的"代言人"

(一) 公办幼儿园在普惠性学前教育体系中的角色

政府举办公办园的目的有三:

1. 从全民意义上规划学前教育,保证所有幼儿均有接受学前教育的机会;
2. 建立并维护良好的办学秩序,主导学前教育机构的办学方向,实现学前教育

事业健康、有序发展;

3. 实施学前教育"保底"策略,不仅确保低收入家庭子女等弱势群体的入园机会,而且确保整个学前教育公共服务体系是有基本质量保障的,促进教育起点公平的真正实现。

我们园是开发区里仅有的一所公办园,我们园也很新,2014 年才新建的公办园,在我们办园之前,开发区里有 4 家民办幼儿园,家长只能把孩子送到这些园里接受学前教育。自我们园成立以后,家长都把孩子送到我们这里来了,毕竟是公办园,收费也是按照政府规定标准收,相较于民办园要低不少。我们园的孩子主要来自在园区务工人员的子女,他们本身经济条件不是很好,原来很多家长甚至都不送孩子到幼儿园,私立幼儿园的收费对家长来说还是难以承受,他们就将孩子留在老家,成为留守幼儿。我们幼儿园对于家庭经济困难的幼儿是免学费的,有些家庭三个孩子,三个孩子都在我们园里面,很多家长也将原来留在老家的孩子接到城里来读书了。孩子教育问题解决了,家长也更愿意长期在区里面的工厂上班,作为产业园区重要的教育配套,区政府很关注我们的发展,给予我们大力支持,财政预算也比较充足,所以做起事来也比较顺畅。(A-G1/20210520)

我们公办园的作用就是保基本、兜底线,公办园要做示范作用的。我们不能像民办园那样,去迎合市场需求,做出一些违背教育规律的事情,我们的作用就是要落实国家政策,让老百姓上得起园,能上好园。如果我们的做不起来,那学前教育事业也真的危险了。(A-G2/20210302)

之前一直说"入园难""入园贵",公立幼儿园难进,我的招生名额只有这么多,报名的是招生名额的好几倍,当然难了。根本原因还是公办资源数量不足,区域内公办资源的分布也不均衡,这是整体布局的问题。现在政府也在加紧建公办园,就是这个原因。(A-G2/20210302)

作为幼教行业的老兵,对这十年学前教育事业发展感受深切,学前教育是获得了重视的,人、财、物、政策等都获得一定保障。(A-G1/20210520)

公办幼儿园在普惠性学前教育公共服务体系中发挥着保基本、兜底线、引领方向和平抑收费的主渠道作用,是重要的普惠性学前教育资源。

公办幼儿园的建设与发展在发挥政府主导作用的过程中扮演着极为重要的角色(王海英,2013)。大力发展公办园是政府对公众学前教育诉求的积极回应,不可否认,公办幼儿园是政府最主要的诠释学前教育发展政策的"代言人",是政府宏观调控学前教育整体发展的主要杠杆。

(二) 公办幼儿园的忧与愁

公办幼儿园作为普惠性学前教育公共服务体系的支柱,对于兜底线、促公平、平抑幼儿园收费、引领幼儿园办园方向、提高幼儿园保教质量具有重要意义(刘焱,

2019)。为充分发挥公办园的引领、示范作用,在普惠性学前教育公共服务体系建构中,不论是财政投入还是政策保障,公办幼儿园所获得的各项资源都远超民办园,即使如此,公办幼儿园发展依旧面临诸多困难。

人们都说我们公办园难进,公办园园长脸难看,权力大。我们也是有苦难言。我的幼儿园就这么大规模,每年只能招几个班,但是社区周边的适龄幼儿人数在那,不可能人人都能上,每年招生时还有各种打招呼、托关系,每年招生季我的电话都是关机。(A-G2/20210302)

其实最主要的原因还是我们的公办资源不足,我们街道就只有一家公办园,其他都是民办,大家都知道公办园师资好、质量高、收费比民办低,都想方设法把孩子送过来,我们这边招满了,再分流到其他园去。如果公办资源再多些,家长也就有更多的选择。(A-G1/20210520)

"二孩"政策刚放开那几年,新生儿数量有明显增加,同年入园时,学位就很紧张。家长也都在看着,如果没有按照招生要求出现违规招生问题,家长立马就会去教育局举报。(A-G2/20210302)

"入园难"问题的主要表现就是进入公办园难。近年来,随着公办学前教育资源数量的增加,公办幼儿园的招生覆盖率也在逐年增加,然而现实的状况却是,公办幼儿园的发展依然不能满足老百姓的入园需求。地方政府将大量财政经费投入到公办幼儿园建设中,公办幼儿园数量较之前有明显增长,这也就意味着对于幼儿园教师的需求也与日俱增。然而现实的情况却是由于公办幼儿园教师编制的严重不足,已经成为掣肘公办园发展的主要因素。

我们现在面临的主要难题是教师不足,尤其是优质师资的短缺。我们这边只有两所公办园,两所幼儿园近20名老师,有编制的只有3位,我们园就只有我这个园长有编制,其他的都是非编的。目前幼儿园教师编制控制得很严格,没有编制,我们也很难吸引到优秀的人才,同样没有编制,我们的财政投入也比较少。(A-G1/20210520)

现在最主要的问题是幼儿园教师没有编制,编制不足,很多新建的公办幼儿园往往都是只有园长1人有编,没有编制留不住人,另外财政经费也比编制多的幼儿园少很多。(A-G2/20210302)

我们乡镇中心幼儿园本身编制不多,我们几个有编制的还是小学的编制调剂过来的,城区公办园每年都会有编制放出来,虽然不多,但是至少有啊,我们基本上就没有了。所以很多优秀的年轻老师跑去有编制的城区了,我们乡镇园就面临这种问题。(A-G1/20210520)

公办幼儿园教师编制不仅是加强公办幼儿园教师队伍建设、提升教育质量的重要手段,也是教育财政性经费进入公办幼儿园的重要渠道。目前很多地方公办幼儿园多年未核定编制或人员,并且编制只出不进,缺口越来越大,有些地方甚至采取将政府机关或中小学富余的编制调整给幼儿园,但这些做法也仅仅只是"杯水车薪"(刘焱,2019)。

公办幼儿园未能补足配齐教职工,尤其是专任教师,只能通过劳务派遣或临时聘用的方式补充教职工,这也是公办幼儿园中大量非编教师存在的原因。由于缺乏足够的财政保障,非编教师待遇远远低于在编教师,同工不同酬的现象十分严重。

公办幼儿园难进其背后是老百姓对优质学前教育资源的追求。为进一步扩增优质学前教育资源数量,推动优质资源均衡配置,公办幼儿园集团化发展成为一种选择。集团化运营就是将优质幼儿园与"小、弱"幼儿园形成联合体,利用集团的规模办学和集群效应,消除发展落差,快速补齐发展短板,从而扩大弱势群体享受优质教育资源的机会(罗伟,2021)。

现在不只是教师缺,优秀的园长也很缺。总园里很多优秀的教师都被派到下面的分园了,我们的师资也很紧缺,这些优秀教师派到分园担任管理层,这对他们来说也是很大压力。(A-G1/20210520)

幼儿园集团化运营,原来我们只要管好自己就可以,现在还需要管理下面的分园,新园的管理与建设也是我们面临的新课题。(A-G2/20210302)

现在我们有很多年轻的园长,都是这几年提拔上来的,不光是我们年轻教师需要培训学习,我们这些年轻园长也要开展业务学习,不断精进。(A-G1/20210520)

目前幼教集团运行是比较多元的,有些老实说是在地方政府行政命令的推动下形成的。这样做有利有弊,好的地方我们都知道,通过资源整合,均衡配置区域学前教育资源,达到均衡。但是运行不好,也是有弊端的,每个幼儿园各自的特色、课程、师资、文化、社区文化都是不一样的,集团化以后往往会造成大家按照同一个模式发展,造成多园一面的现象,一些相对弱小的幼儿园会失去他们自己的特色,另外,有些要求以他们的现实条件可能达不到。(A-G2/20210302)

公办幼儿园集团化运行在办学资源、管理理念、组织架构与师资保障等方面相较于单个幼儿园而言具有不可比拟的优势,因此在办学中很容易脱颖而出,成为优质学前教育供给的新高地(罗伟,2021)。其本质是通过资源整合,实现资源效益的最大化,这也是很多地方政府在发展地方学前教育事业、呈现教育政绩的一种形式。

然而,随着集团化运行的发展,教职员工与幼儿人数不断扩增,规模的扩大给管理带来挑战。此外,短时间内园所数量的过快扩张,对优秀师资以及优秀园长的需求与日俱增,这也致使大量优秀的师资被分散到各分园中,造成优秀师资的稀释,这对总园的师资储备提出更高要求。

此外,一些幼教集团的形成与运行是政府层面以行政的方式推行的,是政府主导下带有强制性的联合。幼儿园之间存在现实差距,当差距较大时,一方面难以优化资源配置,使优质教育资源稀释;另一方面,容易降低幼儿园运行效率,使其办园水平下降(李卓、罗英智,2017)。

二、民办幼儿园:普惠性学前教育政策下的"夹心饼"

2010年《国务院关于当前发展学前教育的若干意见》提出"积极扶持民办幼儿园,特别是面向大众、收费较低的普惠性民办幼儿园发展",首次将"民办幼儿园"与"普惠性"结合起来,形成极具张力感与矛盾性的"普惠性民办幼儿园"概念。

民办幼儿园是国家机构以外的社会组织或者个人利用非国家财政性经费、面向社会举办的幼儿园。办学主体为社会力量,经费来源于非财政性经费,遵循市场逻辑,诉求经济利益是民办园与公办园最大的不同之处。

(一) 转向普惠的选择

普惠性学前教育的目标之一即质优价廉,以老百姓能够接受的价格提供有品质保证的学前教育服务。民办学前教育按照市场逻辑,其运行经费、财务开支多由个人或社会力量承担,追求市场利益是其办学主旨。收费水平与服务质量关联紧密,当普惠性学前教育政策实施后,运用政府逻辑,回归普惠,民办幼儿园在自利驱动与自我保存中挣扎。

我们是自己主动选择转普惠园的。一方面,这是国家政策要求,区里面也是积极号召我们民办园转普惠;另一方面,虽然说收费上要按照政府规定的价格收费,不能像之前那样,但是我们原来的收费并不像其他高端园那样高,另外还有政府相应的财政补贴,能够保证幼儿园的开支,当然,(盈利)肯定不会像之前那样好了。我觉得对于我们来讲,最重要的一方面是被政府认可了,原来就像是游击队,政府不会来管我们,很多政策都享受不到,现在一些原本只属于公办园的政策待遇我们现在也可以享有了,这一点就是被(政府)认可了。另外,挂上普惠性民办园的牌子,老百姓对我们也更信任,这几年民办园出现各种各样的负面新闻,老百姓对民办园的信任度也不高,即使是那些大品牌的连锁园,老百姓在选择时也是很慎重,你看"×××"(某民办幼教集团)原来在宁波发展得多快,现在又有几个家长愿意把孩子送到他们的幼儿园啊!我们转为普惠性民办园了,家长也更认可了,招生情况也改善了,转普惠的这几年,我们在家长中的口碑也慢慢做起来了,现在看来,我们当时的选择是正确的。(A-M1/20201023)

这是政策要求,教育局的人也一直在倡导,劝说我们转普惠园,我们是区里的第一所民办园,转不转普惠,其他的园都在看着,得起到带头作用。(A-M2/20201123)

我们本来是不愿意转普惠的,老实说我们幼儿园的定位就是高端,我们收费是比较高,但是我们提供的教育质量也是比较高的,不管是基础设施还是教师水平我们都是保持一个较高的水准。投入与产出是呈正比的,你不能一方面要求价格低,一方面又要保证教育质量,这个是做不到的。我们所有的运营成本都是自己承担,只靠政府的补助是没有办法维持运营的。政府也是想各种办法让我们转普惠,我们办的分园是普惠园,但是实话实说,师资、设施等各方面肯定没办法与总部相比,没有办法,多方权衡下做出的选择。(A-Y1/20201122)

我们是2018年后开设的新园,2017年《民办教育促进法》不是将民办教育分为营利性与非营利性两种吗,我们选择走的是营利性幼儿园,我们本身定位就是高端民办园,国家政策也是允许发展选择性幼儿园,满足群众的多元需求,我们是服务这些家长的;另外幼儿园整体投入比较大,也希望通过运营有所营利,从而保证整体的教育质量。我们的定位就是高端民办园。(A-Y2/20201125)

通过上述讨论可以发现,不同性质的民办幼儿园在面对普惠性学前教育政策,在是否转为普惠性民办园时所采取的态度各异,积极响应、被迫妥协以及明确态度拒绝皆有,价值选择的背后是自身利益的整体考量。

在竞争激烈的民办幼儿教育市场中,中低端收费的民办幼儿园往往经费与资源缺乏,在面临政策改革时,没有足够的话语权。当要求民办幼儿园转为普惠性民办园时,低端收费的民办园拒绝的能力有限。这种情况下,他们采取主动配合的方式,一方面可以获得政策的红利,能够利用各种政策利好以及财政补贴;另一方面通过政府认可、老百姓认同的"普惠性民办幼儿园"的招牌吸引生源、稳定家长、造就口碑,乘普惠性学前教育政策的东风实现园所的升级发展。在民办幼儿园中,中低端收费的民办幼儿园多是普惠性学前教育政策的受益者。

高端民办园虽然数量较少,但其所拥有的经济资本、文化资本及社会资本相对雄厚,在面对政策改革时,与政府谈判中拥有自身的话语权,这也使他们的不满与抗争更加直白。在这种情况下,由于地方政策实施差异,在普惠性学前教育政策实施过程中,一些高端园在分类治理的政策背景下,选择坚守,坚持营利性办园,另外一些高端园则根据其实际情况,满足政策需求,提供政府需求的普惠性学前教育服务,但其服务质量相较之前有所降级,这是现实博弈情况下的选择。

回溯我国学前教育发展历程,其发展经历计划经济政府包办、市场化改革,民办学前教育崛起、调整提高,政府主导不同阶段,学前教育事业发展过程中受到"有形的手"政府,"无形的手"市场共同影响。尤其是在"入园难""入园贵"问题上,各界关注。在整个教育事业中一直处于短板的学前教育事业在市场机制运行中产生诸多问题后,需要政府运用"有形的手"加以调整。政府的阶级性和社会性决定了其在教育事业发展的各个时期、各个阶段、各个阶层都扮演着"权威者"和"引路人"的角色,普惠性学前教育发展过程中强调政府主导,通过行政手段对学前教育事业进行管理调控,保证政府意志贯彻落实,从而提高普惠性学前教育政策的有效执行。然而,对于民办学前教育而言,遵循市场逻辑,强调开放与竞争,很长一段时间,民办学前教育一直扮演着学前教育资源主要供给者的角色,为大量家庭与幼儿提供了接受学前教育的机会。然而由于市场的趋利性,不可避免地又会在一定程度上阻滞学前教育事业的健康发展,在学前教育事业改革的当下,民办幼儿园在是否转型为普惠性幼儿园的抉择就是政府与市场、"有形的手"与"无形的手"角力的体现。

（二）转向普惠后的得与失

依上所述，当民办幼儿园转型为普惠性民办幼儿园后，一部分民办园乘政策东风享受政策红利，实现幼儿园的转型升级；一部分幼儿园在不情愿的情况下以降低质量为代价实现生存，不同形态的民办园在政策实施之下有得亦有失。

1. 普惠之所"得"

（1）财政补助改善办园条件。

民办幼儿园所提供的学前教育服务普遍根据市场供需关系决定入园费用，在供需环境失衡的情况下仅有经济资本占优势的家庭方可以高昂的学费获得高质量的学前教育服务的资格。经济弱势群体因支付能力受限，难以享受优质的学前教育服务。

民办幼儿园逐利性是其根本属性，目前我国民办幼儿园呈现明显的分层性，既有以具备高支付能力人群为对象的收费昂贵，提供高质量、多样化学前教育服务的高端民办园，也存在满足低支付人群的教育质量一般的普通民办园。普惠性学前教育政策落实过程中，其中重要一环即幼儿园收费平价，使老百姓能够承担。因此地方政府对普惠性民办幼儿园多采取"限价策略"，普惠性民办幼儿园的收费标准必须按照政府指导价。以家长缴费为重要办园经费来源的民办幼儿园，在转为普惠性民办园后，财政补贴与家长缴费就共同构成了其重要的经费来源。

研究表明，幼儿园质量的提升往往伴随着幼儿园生均投入的明显增加（李克建，2015）。因此财政补贴不仅是政府在经济上对民办园的扶持，也是提升普惠性民办幼儿园整体教育质量的重要手段。

《宁波市普惠性民办幼儿园管理办法》明确规定："县（市）区应建立普惠性民办幼儿园补助机制，将普惠性民办幼儿园享受财政补助等项目纳入核算中心或相关机构进行管理……市里对各地普惠性民办幼儿园的奖励性补助经费的安排将以是否建立补助机制为前提条件。"

《宁波市学前教育专项资金管理办法》规定专项经费主要用于公办幼儿园和普惠性民办幼儿园的新改扩建项目奖补、农村公办幼儿园和普惠性民办幼儿园装备改造补助、县（市）区学前教育发展奖补、国家学前教育体制改革试点项目实施补助、学前教育评比考核奖补及教研活动补助等。

转为普惠园后，我们可以申请政府的财政经费了，我们现在正在对幼儿园的后厨和厕所进行改造，办园时间长了，这些设施设备需要升级改造，这部分经费我们就可以向政府申请。在以前我们就只能自己承担，为了节省成本，有些设备都是用到不能再用了才报废、更新的，现在政府财政补助中就有相应的补助项目，我们可以通过申报这些项目，申请财政经费。（A－M1/20201023）

扩增新班级后，可以申请扩班补助，我们区里的政策就是每新开一个班级，区里给5万元，市里补助3万，加起来就有8万。（A－M2/20201123）

转为普惠园后，我们既有压力也有动力，对我们是一种鞭策，以前各种各样的考评、比赛跟我们基本上是无缘的,我们民办园基本上是边缘的群体。转普惠后,我们也可以参加各种区里、市里的考评和比赛了,去年,我们园里的教师和保育员就先后参加了区里和市里的幼儿园教师技能大赛和保育员能力大赛,获得了区里的二等奖和市里的三等奖,这些在年终考核的时候都是算进去的,我们就拿到了区里考核的奖励。(A-M1/20201023)

我们申请的财政补助主要用来改善我们的硬件设施,你看,我们现在的幼儿园地面全部做了软化处理,这些设备也是更新换代的,工作坊里面的游戏材料也是可以走财政补助的项目的。(A-M2/20201123)

民办幼儿园转为普惠性民办园后,能够享受到政府的财政补助,专项经费的使用能够帮助这些民办幼儿园在原有的基础上实现办园条件的改善,在一定程度上使在"限价策略"压力下的民办幼儿园能够维持正常的运营。这些补助的经费是否能够承担幼儿园的整体运营所需? 这些财政补助项目申请是否方便?

老实说,现在的日子肯定没有以前那么好过了,虽说有财政补助,但是申请手续比较复杂,专项专用,年终还要接受审计部门的财政审计,没有之前自由的。(A-M1/20201023)

政府补助的经费肯定不够,我们集团有好几所园,我们的财政运营光靠政府补助是不够的,窟窿还要我们自己补。(A-Y1/20201122)

我比较担心的是,目前这些经费都是专项补助,这几年学前教育事业受到关注,政府也肯投入,过几年,这个势头过了,还有没有这些专项经费和补助谁也说不清,到时我们的发展该怎么办?(A-Y2/20201125)

普惠性民办幼儿园可以获得财政补助,但申请财政补助的手续较为繁琐,申请补助经费与幼儿园的实际运用所需仍有差距。扶持政策所涉及的项目虽然涵盖的面比较广,但总量却有限。并且目前学前教育经费多以专项经费的方式执行,连续性与稳定性不足,这也致使部分普惠性民办幼儿园担心财政补助"今日有,明日无"。

(2)政府认可,家长信任,生源扩增。

普惠性民办幼儿园就像商品的质量认证体系一样,我们买东西的时候会关注商品通过 ISSO 质量认证,我们会觉得这个商品质量有保障。普惠性民办园的招牌也是一样,它是经过政府审核认定的,说明符合政府的要求,办学规范,质量有保证,这对于我们来说是十分重要的。现在家长在选择幼儿园的时候是十分慎重的,尤其是这几年幼儿园"虐童"事件屡屡发生,很多家长对幼儿园是不信任的,像我们民办园,很影响我们招生。现在公办的幼儿园也越来越多了,大家收费都差不多,家长都肯定相信公办园,选择公办园。我们这种类型的民办园,不像那些高端园,可以收取昂贵的学费,我们的条件在那里,招生对于我们就很重要,有了普惠性民办幼儿园这块牌子之后,家长也知道这是政府认定、认可的幼儿园,这几年的招生还是很不错的。(A-M1/20201023)

我们这两年的招生,每年新增的规模都在 1 个班左右,转为普惠后,一方面是因为我们的价格下来了,另一方面家长也对我们的教育质量更为认可。(A－M1/20201023)

从普惠性民办幼儿园认定的基本条件以及讨论中可以发现,在扩增普惠性学前教育资源的过程中,并非所有的民办园都有资质申请认定为普惠性民办园。通过认定的民办园,经过政府认定以后,其教育质量获得政府认可,这在一定程度上能够提高家长对民办幼儿园的认可度,提升招生数量。这种效应在中低收费的民办幼儿园中效果明显。

(3)教研培训,提升教育质量。

在"平价"的同时要保证"优质",是普惠性学前教育公共服务的题中之义。教育质量的提升不仅是幼儿园物质设备等"硬件"的提升,同时也包括幼儿园教师培训、园本教研、课程质量等"软件"的提升。

2006 年教育部推出"以园为本教研制度建设"项目,在全国范围内开展园本教研的研究与实践,其目的在于建立和完善以园为本的教研制度,促进幼儿园教师专业成长,提升幼儿园保教质量。

长期以来,民办幼儿园尤其是低端收费的民办园,由于资金及师资受限,未建立完善的园本教研制度,课程建设滞缓。在三年行动计划中,皆强调注重内涵发展,提升幼儿园保教质量,通过发挥地区公办园的示范、引领作用,通过派驻骨干教师的方式,帮助转普惠的民办园开展园本教研、课程建设。

老实说,原来之前我们是没有园本教研的概念的,或者说没有真正了解园本教研的精神,最多就是我们老师大家一起就相关的教学开展研讨,整体上是相对松散和缺乏制度的。转普惠后,县里公办园派了 1 位骨干教师来我们园担任副园长,主抓教研工作,逐步建立起了园本教研制度,通过教研活动,我们老师也觉得学习到了很多东西,尤其是之前她们没有接触过的一些理念,同时也开始反思,现在我们也准备尝试着做我们的园本课程。(A－M1/20201023)

区里面给我们园派驻我们区里面公办园的副园长来我们园,她负责我们的园本课程建设,通过她的牵线搭桥,我们与师范学院也建立了联系,与师范学院的教授团队合作,共同开展园本课程建设。现在每个学期都会有几次主题研讨和园本课程建设推进会,我们的全部老师都参加,这对我们整体教师质量和课程建设水平的提升还是起作用的,尤其是有专家引领,比我们之前埋头苦干好多了。我们园也一直想做园本课程建设,但是没有资源,一方面外部支援不足,另一方面我们的师资水平也支撑不起来。现在好多了,有了专家引领。(A－M2/20201123)

原来我们都是自己摸索,很多东西都是不规范的,现在有驻园的骨干老师,她向我们展示公办园是怎么做的,这个点如何突破,课程研讨如何进行,这比我们自己摸索要有效多了。公办园示范、引领还是很有必要的。(A－M1/20201023)

从上述讨论可知,转为普惠园后,通过政策引导,公办幼儿园发挥示范引领作用,通过派驻优秀骨干教师在普惠性民办园中担任副园长或教研组长,这些公派教师一方面将公办幼儿园的园本教研制度与课程建设经验带到帮扶的幼儿园中,帮助其完善相关制度;另外一方面,这些公办园的骨干教师可以通过其自身资源与人脉关系,帮助民办园牵线搭桥,获得更多的发展资源,从而实现保教行为的规范与质量提升。

2. 普惠之所"失"

(1)"限价策略"下夹缝求生。

普惠性民办幼儿园按照政府"限价策略",根据政府指导价收取保教费用。公办园享有政府财政差额拨款,在园所建设、设备采购改造、教师工资福利等方面均有公共财政保障,需要收费得以维持的项目占比相对较少,因而可以实现"优质平价"。相对于同等级公办园而言,普惠性民办园需要更高的办园成本(贺红芳,2017)。然而普惠性民办园并未与公办园获得同等待遇的财政支持,却需要在收费水平上参照公办园的标准,这对于普惠性民办园而言压力较大,普惠性民办园的运营需要较高的前期资金投入,园所运营过程中,人员经费、场地租金等支出较高,所获得的政府财政补助相对有限,在政府财政支持有限、收费限价的现实情境下,不少普惠性民办园在夹缝中生存。

政府给我们的财政补助远远无法支撑园所的正常运营,只能压缩经营成本。(A-Y1/20201122)

我们老板有好几个园,我们这个园是普惠园,我们还有几个高端园,靠政府财政补助肯定不够,用我们老板的话说,就是以高端园的收费来养我们这个普惠园。(A-Y1/20201122)

我们所知道的,有些普惠性民办园为了压缩运营成本,可能会在教学设备、教师待遇上打一些折扣。(A-Y2/20201125)

公办园他们不需要考虑经营成本的问题,政府拨款,财政充足,当然要注重质量,讲教育情怀。我们的经营都是自己一点点用血汗干出来的,所有的人员经费和设备更新都需要自己开支,前期投入也比较多,靠政府财政补助的经费是没办法维持下去的。政府重视普惠园建设,公办园和民办园还是差别明显,资源更多地倾向公办园,虽说民办园也获得政策支持,但是相对还是比较少,毕竟公办园是主角,我们只是配角。(A-M2/20201123)

从政府的限价政策实施后,转为普惠性民办园的民办园失去了原本的"收费自由",需严格按照政府指导价标准收取保教费用,这对依靠家长缴费维持生存的民办幼儿园而言,在一定程度上限制了其发展。为了维持正常运营,在"不亏本"的前提下,通过聘用低水平教师、购买低质量的实施设备等压缩运营成本的方式经营,这在一定程度上导致了教育质量的倒退,"低价"导致了"低质"。

（2）频繁监管检查疲于应付。

民办幼儿园转为普惠性民办园后由于受到其原本"经济人"属性、运行惯性和园所发展水平等因素影响，存在着偏离甚至背离学前教育价值取向的风险，必须予以监督管理（杨大伟、胡马琳，2019）。三年行动计划中强调强化幼儿园办园行为监管，对幼儿园安全防护、课程改革、课程实施、保教行为进行规范管理，通过开展第三方办园质量评估对幼儿园进行评估，将评估结果作为考核的重要依据。

转普惠前没有那么多人来监管我们，要做各种各样的评估，现在我们要做课程改革、要开展课程审议，这些都是区里面明确要求的，原来区里面是不管这些的，这些都是公办园在做，对于民办园是没有硬性要求的。现在最怕的就是迎接各种评估，要准备各种各样的材料，很大一部分精力都花在造材料上。（A-M2/20201123）

目前的检查评估都是按照幼儿园等级评估的标准开展的，原来我们是不纳入等级评估的，很多的标准都是不达标的，现在为了通过评估，就得临时准备很多材料。（A-M2/20201123）

我感觉转普以后，上面管你的人更多了，各个部门都来查你，做评估，消防部门、公安部门、食品安全部门、教育部门过来评估保教质量，感觉大部分时间都花在应付各种检查上。每次检查、评估都需要提供大量材料，很多时候大家都在赶材料，都在"造材料"，一些材料几个园之间共享，拿过来改改就用。（A-Y1/20201122）

对普惠性民办园进行监管与评估是规范普惠性民办园行为，保障保教质量的重要措施。在转为普惠性幼儿园之前，对其进行的监管与评估相对较宽松，这也使很多民办园转为普惠园后普遍觉得大量精力疲于应付各不同部门的评估考核。普惠性民办园为了应付考核，临时补材料、借人员、调课程，通过"变脸"应付监管部门的检查，使得监督检查的结果失真。

（3）公办园的"人才储备池"。

学前教育的普及与发展依赖高素质且稳定的师资队伍。相对于公办园而言，民办园教师与公办园教师存在素质落差的问题。相关研究显示（刘海、洪福财，2020），普惠性民办幼儿园师资素质面临学历水平与持证比率偏低、整体素质不高、评定职称比率少、收入待遇低、培训机会少、专业增能不足等现实难题。

普惠性学前教育政策实施中，尤其强调加强对幼儿园教师，尤其是普惠性民办园教师发展的支持，普惠性民办幼儿园教师在培训、职称评定、评奖评优等方面与公办园教师享有同样待遇，通过财政补助等方式提升非编教师工资待遇与福利保障，这些对于普惠性民办幼儿园师资素质而言皆为利好政策。然而现实中却发现，伴随着普惠性民办园教师素质提升相关政策的落实，普惠性民办园却面临着优质师资的流失问题，存在着优质师资向优质公办园流动的现象。

我们很多优秀老师都更愿意去公办园，很多我们重点培养的业务骨干，职称评上了，很多都去了公办园。觉得民办园的老师不如公办园的老师，民办园的老师会低一

头,人才留不住。(A-Y1/20201122)

我们园有个业务骨干,今年考上了编制就离开了,我们也希望有优秀的老师能留下来,但是有编制跟没编制差距就摆在那里,人往高处走。(A-M2/20201123)

很多时候,我们这些民办园园长在一起开玩笑说我们就是公办园的人才培养基地、人才蓄水池,我们把教师培养好了,然后人就去他们(公办园)那里了。人难留,难留人。(A-M1/20201023)

相较于公办园,我们对于优秀教师的吸引力是不足的。现在对我们民办老师的培训加强了,也可以评职称了。但是说老实话,有些时候我们的老师外出培训,我们也是有点不愿意的,一方面我们本身人手不足,一个萝卜一个坑,一个人去参加培训了,就得有另外一位老师补上;另外一方面,老师们培训中学到的东西多了,知识面广了,她们也难免会产生新的想法,外面的世界更广阔,就不再想局限在小地方了。(A-M1/20201023)

你现在看到我们园里的老师整体年龄结构都是偏年轻的,中层和骨干老师也很年轻,我们的老师流动性很强,很多刚毕业的新教师,都是来这边过渡一下,有更好的机会时就离开了,要么是考上编制了,没考上编制,公办园如果有机会的话,就选择去公办园了。我们园原来的教研组长,我们的业务骨干,评上中级职称以后就离开了,我们又得花大量时间与精力培养新人。(A-Y1/20201122)

优秀师资的高流动性是很多普惠性民办园在师资建设过程中面临的问题,尤其是公办园的虹吸效应,公办普惠性学前教育资源的扩增,使原本执教于民办园的优质师资在面临更多元的机会时选择离开。一方面是编制教师与非编制教师长期以来存在的"同工不同酬"的不公平现象;另一方面,相较于公办园而言,民办园教师常常被贴上专业能力不强、专业素质不够等低于公办幼儿园师资素质的标签,这种待遇与认知的偏见,使得民办幼儿园的师资长期处于不稳定的状态,不仅流动性强,更使得民办园的教育质量难以获得有效保障。

综上所述,在普惠性学前教育公共服务体系建设过程中,不同性质的幼儿园承担着不同的角色。作为公办园,其肩负着保基本、兜底线、引领方向和平抑收费的重任,其所获得的政府支持、财政投入等相较于普惠性民办园而言更为丰富。然而,即使如此,公办幼儿园依旧面临着编制教师数量不足的难题,与此同时,由于还需承担引领区域学前教育质量提升的重任,承担对普惠性民办园的指导以及集团化办园等政策要求,原本有限的师资资源往往面临着被"稀释"的问题,编制的掣肘、人员的不足,公办园亦有自己的发展困境。

于普惠性民办幼儿园而言,民办幼儿园转为普惠性民办园的动机不一,不论是主动还是被动的"转普",其背后折射出民办园管理者对普惠性学前教育政策核心信仰的缺失,市场经济背景下对于经济效益的追逐使得民办幼儿园经营者在"转普"后,由于政府财政补助的有限,通过降低教育质量减少财政投入从而保障经济获益,这也是导致普惠性民办园整体质量参差不齐的重要原因。对于普惠性民办幼儿园财政投入的不足,在一定程度上亦是行政管理者对普惠性民办幼儿园政策定位不明确,即普惠性民办幼儿园政策到底是暂时性的"救济方案"还是长期发展的"战略版图"。对这一问题认识的不清晰,致使在具体的政策制定和执行过程中往往存在笼统化和象征性执行的倾向(杨大伟、胡马琳,2019)。

第三节　幼儿园教师对普惠性学前教育政策的感受

谁站在懵懂状态的孩子面前,谁蹲在懵懂状态的孩子中间,谁就决定着孩子的"德行习惯""精神血脉"和"经历经验"(霍力岩等,2018)。

幼儿园师资队伍建设是办人民满意的幼儿教育,实现幼有所育这一重大决策部署的关键。长期以来幼儿园教师缺乏单独、统一的幼儿园教师职称序列,对幼儿园教师尤其是农村幼儿园教师、民办幼儿园教师的工资福利待遇等法律保障力度不够,导致幼儿教师长期处于教师队伍系列的末端,幼儿教师整体职业吸引力不足(彭泽平、曾丽樾、李礼,2021)。

近几年幼儿园发生的"虐童"事件,对幼儿园教师入职资质、从业标准以及师德师风建设提出了更高要求。宁波市第三轮行动计划中提出从四个方面完善学前教育保教队伍建设支持体系:

1. 提高幼儿教师的待遇和地位;
2. 健全教师编制动态管理机制;
3. 优化幼儿园保教队伍培养培训机制;
4. 提升园长和幼儿教师的专业素养。

一、入职标准不断提高,重视专业背景与学历

长期以来,社会对幼儿园教师的刻板印象为"三低",即学历低、收入低、社会地位低,导致幼儿园教师职业吸引力不足。幼儿园虐童事件的频发更是引起全社会对幼儿园教师质量的反思。很多研究者呼吁提高对幼儿园教师的资质要求(莎莉,2010)。

2012年《关于加强幼儿教师队伍建设的意见》明确要求严格准入,确保教师质量,幼儿园教师必须取得相应的教师资格证书。2018年《中共中央 国务院关于学前教育深化改革规范发展的若干意见》也提出要严把幼儿园教师的入口关,全面落实持证上岗。

入职前,园方肯定会要求你考取幼儿教师资格证,这个是硬性要求,没证肯定是没有办法上岗的。(B-G1/20201008)

现在幼儿园教师是有一定的门槛,相较于之前而言,重视学历和是否取得教师资格证,学历上要求大专及以上,必须要有教师资格证。这几年我们新进的教师都必须

持证上岗,学历要求要达标,这些都是考核的硬标准。(B-G2/20201005)

现在幼儿园教师紧缺,我知道有些幼儿园(民办园),在招聘老师的时候,可能刚入职的时候还是没有教师资格证的,但是入职后园长肯定会跟她提要求,在规定时间内必须要考到教师资格证,要不然是没有办法留下来的,这在入职的时候就要说清楚。教育部门督查的时候也很重视这些。(B-M1/20201011)

现在幼儿园老师是没有那么好当的,以前我们那个时候没有教师资格证,也没有说要学历提升,觉得带好孩子就可以了。现在要求不一样,有证、学前教育专业毕业、大专学历是最低要求。(B-M2/20201010)

从上述讨论中可知,在幼儿园教师入口关中,持有教师资格证、大专及以上学历、学前教育专业背景是幼儿园教师入职的基本门槛,相较于2010年之前,对幼儿园教师的从业资质做出明确规范。

教师队伍质量是提升学前教育质量的关键因素,学前教师质量指标分为结构化与非结构化两类,其中学历、专业、教师资格证持有情况是其中较为容易观测的指标(龚欣、郑磊、由由,2020)。

教育部2012年印发《幼儿园教师专业标准(试行)》指出,幼儿园教师是履行幼儿园教育工作职责的专业人员,需要经过严格的培养与培训,具有良好职业道德,掌握系统的专业知识和专业技能。这是对合格幼儿园教师专业素质的基本要求,是幼儿园教师开展保教活动的基本规范,是引领幼儿园教师专业发展的基本准则,是幼儿园教师培养、准入、培训、考核的重要依据。

二、教师待遇提升,"同工不同酬"现象突出、地区差距明显

幼儿园教师待遇偏低一直以来是影响幼儿园教师职业选择的重要因素。"挣买白菜的钱,操卖白粉的心",是幼儿园教师对自身职业付出与收入所得的自嘲。

普惠性学前教育公共服务体系建构过程中,财政投入保障幼儿园教师尤其是幼儿园非编的合同制教师的工资待遇是其中的一项重要措施。财政投入保障幼儿园教师待遇的主要措施有二:

1. 财政补助提高教师收入,确保人均年收入不低于上一年度所在地全社会单位在岗职工年平均工资;

2. 财政补助完善教师社保,符合条件的幼儿园教师可享有事业单位养老、医疗等"五险一金"保障。

现在非编老师的待遇是有提高的,新入职的老师拿到手一个月差不多在4 000元左右,我们幼儿园对持有教师资格证、学前专业背景等还有补贴。(B-G1/20201008)

宁波市的政策规定,非编教师按照职称等级年收入在8、9、10万元,各地区又不一样,像市区基本上都在11、12、13万元,已经超过了这个标准,但是像其他财政条件

一般的地区,也只能达到这个标准。(B-G2/20201005)

《宁波市学前教育促进条例》以及三年行动计划中都明确规定公办幼儿园和普惠性民办园具有专业技术职务的非在编教师年均收入要达到当地社会平均工资的1.5倍以上。根据2020年宁波市单位从业人员年平均工资情况,教育行业年平均工资为61 030元,基本达到政策要求。

尽管幼儿园教师尤其是非编教师待遇在财政投入的保障下工资待遇有所提升,但与公办园编制教师差距依旧十分明显,不同地区由于财政实力的差距,非编教师待遇也存在明显差距。

与编制教师的待遇差距还是挺大的,我们的年收入只有编制教师的一半,有些甚至更低。(B-M1/20201011)

大家都是做着同样的工作,水平都差不多,你说有多明显其实也没有多明显,大家的工作量也是一样的,但是只拿着人家一半的收入,心里肯定是不平衡的,"同工不同酬"让人难以接受,当然是希望能够"同工同酬"。(B-M2/20201010)

希望政府能够多关注非编教师的待遇,切实提高非编教师的待遇,大家能力都差不多,在待遇方面总是觉得比人(编制教师)矮一头。(B-M3/20201012)

肯定希望能考上编制,考上编制待遇上一下子就提高了不少。以前有位同事,在园里工作了好几年,一个考上编制的刚毕业的新教师收入是她的近一倍,她一气之下辞职转行,不干幼教了。(B-M3/20201012)

不同地区的幼儿园教师待遇差距还是挺大的,都是非编教师,北仑区、鄞州区这些地方的教师收入比我们要高不少,有些老师就选择离开,去这些收入比较高的地区的幼儿园。(B-M1/20201011)

学前教育事业的快速发展,普惠性学前教育资源的扩增对教师的需求与日俱增,在事业单位人事改革的大背景下,编制吃紧,只出不进,即使是公办幼儿园,非编教师在数量上也占多数,普惠性民办幼儿园更是没有编制。

与编制教师相比,非编教师的待遇由于未被纳入财政预算,导致其与在编教师待遇存在较大差距。相关调查显示(张志勇,2018),目前公办园在编教师月平均工资水平为5 412元,非在编教师仅为2 371元,非在编教师工资水平还不到在编教师的一半。

宁波市幼儿园在编与非在编教师待遇的差距大体与此一致。尽管通过财政补助会对非编教师予以财政支持,提高非编教师待遇,但差距依旧存在。不同地区之间由于地方财政实力差距,对非编教师的财政补助力度各有差异,造成区域间收入差异,这些都对数量庞大的非编教师工作积极性与师资队伍稳定性产生直接影响。

三、业务培训提升专业能力,重视培训同时导致工学矛盾突出

专业能力是幼儿园教师专业化发展在教育实践中的集中体现,是保障其完成职

业要求和工作职责的必要条件,直接影响幼儿园的教育质量和幼儿的健康快乐发展。幼儿园教师的专业能力不同于中小学教师以学科为核心的能力结构,须凸显幼儿园保教结合、以游戏为基本活动的特点,以及环境和生活对幼儿发展的重要价值与独特作用(刘占兰,2012)。

《幼儿园教师专业标准(试行)》作为幼儿园教师专业发展的基本准则,是衡量和考察教师专业素质状况的重要依据。对幼儿园教师的专业能力提出包括环境的创设与利用、一日生活的组织与保育、游戏活动的支持与引导、教育活动的计划与实施、激励与评价、沟通与合作、反思与发展7个方面共27条具体要求。对幼儿园教师专业能力提出了全方位、综合性的高要求。

然而目前幼儿园教师专业能力因为教龄、学历、园所属性等多元因素影响,呈现显著差异(陈蓉晖、张茜萌,2017)。相关研究(邓泽军,2014)指出,目前幼儿园教师专业发展进程和职业素养仍然不乐观,由于职前教育训练不够扎实,职后继续教育机会太少,加之在研究与学习方面的投入不够,幼儿教师普遍专业水平不高。专业培训作为协助幼儿园教师专业发展的重要手段,有助于提升普惠性民办幼儿园原本较为薄弱的教师专业能力,是提升学前教育行动计划的重要内容。

首先最明显的感受就是参加培训的机会多起来了,原来都是公办园教师才能享有的,普惠政策实施时,普惠性民办幼儿园教师也纳入到政府培训等体系中,可以说在培训这方面我们跟公办园教师是一样的。(B-M1/20201011)

现在的要求是5年要完成360学时的培训时数,业务学习的机会增多了。(B-M2/20201010)

原来我们民办园教师要去参加培训都是自费的,园长不会给你报销,现在转普后,对于教师培训是有财政补助的,大家参与培训,学习专业知识的积极性也提高了。(B-M3/20201012)

提升教师专业素养,加强幼儿园教职工培训,将培训经费列入县(市)区财政预算,财政补助强化培训提升师资素质是宁波市在提升幼儿园教师尤其是普惠性民办幼儿园师资素质的重要措施。

宁海县(2015)将普惠性民办幼儿园教师培训体系纳入公办园体系,与公办园共享培训资源。江北区(2015)的做法则是要求民办园将保育费收入的3%用于教师培训,对教师培训进行财政补助,并下拨专项资金用于教师培训。

通过上述措施,普惠性民办幼儿园教师在培训层面的获得感明显。

在培训机会明显增加的同时,培训内容、形式以及培训产生的效果如何,是否达到提升教师专业能力的初衷,则是更应关注的重点。

现在的培训,感觉有点太多了,有些培训时间都安排在周末或者假期,领导都说培训是福利,平时工作已经很忙了,还要去参加各种培训,连休息的时间都没有了。(B-G1/20201008)

很多培训的内容存在重复,怎么说呢,大同小异。专家们的理念当然都是很不错的,但是有时候跟我们的现实情况脱节。我们也知道要关注幼儿的个体差异,但是我们现在一个班30多个孩子,教师也不够,现实的情况我们无法做到,就是感觉理念与现实之间存在差距。(B-M3/20201012)

疫情期间,培训都是通过在线开展的,老实说,我们也没怎么认真听,我们经常都是(一边听)一边在幼儿园做环创,手机就放在那。现在在线培训要查你的在线时间,不达标是拿不到学时的。最主要还是要拿到学时。(B-G2/20201005)

我们希望培训的内容能够结合幼儿园一线的实际情况,毕竟每个幼儿园的实际情况是不一样的,有些理念我们也觉得很好,但是以我们的现实条件肯定不具备操作性,在培训的时间上是不是也可以考虑到教师的实际工作情况,可以不占用难得的休息时间。(B-G1/20201008)

从上述讨论中可知,提升幼儿园教师专业能力的教师培训相继开展,培训机会明显增多。宁波市通过开展定期培训和全员轮训以作为促进教师专业发展的重要手段。全体教师都有参与培训的机会和条件,对参加培训的教师提出了培训时长的要求,同时通过财政投入保障教师的培训经费。在培训时间安排、培训内容的适切性、针对性上仍有待提升。培训机会的增多有利有弊,利在为幼儿园教师尤其是普惠性民办幼儿园教师专业成长提供增能的机会,不足在于培训时间的安排挤占了老师的休息时间,造成工学矛盾突出。

第四节　家长对普惠性学前教育政策执行成效的观感

普惠性民办幼儿园作为学前教育公共服务体系重要的补充力量,相对于公办幼儿园而言,往往是家长退而求其次的选择。育儿之路长路漫漫,如何为子女选择幼儿园是摆在适龄幼儿家长面前的重要课题,本节将从家长选择幼儿园的历程及影响因素等面向加以说明研究结果。

一、家长基于信任关系的幼儿园选择

随着普惠性学前教育资源的不断扩增,家长对于幼儿园的选择关乎教育公平与幼儿的健康成长,家长择园入学成为越来越普遍的现象。面对教育质量参差不齐,特质各不相同的幼儿园,家长如何选择幼儿园,通过何种途径选择幼儿园成为值得关注的问题。

家长了解幼儿园信息的渠道主要有两种,一为亲戚邻里的介绍,二为通过网络渠道,尤其是幼儿园的网站获取信息。在亲戚邻里的介绍渠道中,又分为两类,一种是对幼儿园的相关信息完全不了解,从与亲友的讨论中获取信息;二是在亲友处获得相关信息后再进行关注,了解周边幼儿园信息并进行比较。

同时,不同背景家长获得信息的来源呈现明显差异,年龄较大的家长更多从亲友邻里处获取相关信息;年轻家长则更多依靠网络了解幼儿园信息。

就是别人介绍的。(J1/20201120)

家里亲戚小孩在那读书,他们介绍的。(J3/20201120)

孩子快到了上幼儿园的年纪,身边的朋友都在为孩子选择幼儿园,有同年入学的邻居他们都在微信群里讨论将来孩子去哪里上幼儿园,我也就开始关注这个问题了。(J4/20201120)

我很早就开始关注这方面的信息,提前一年左右开始有意识地了解身边的幼儿园,然后我就会去区教育局的官网上看,查询小区周边幼儿园的相关信息,还会到幼儿园的网站里面去看看,并做了比较。(J5/20201120)

我们周边公办园不多,很难进,民办园收费又贵,后来了解到普惠性民办园,现在教育局网站每年都会公布辖区内的普惠性幼儿园名单,我就会找来看看,感觉政府公布名单里面的幼儿园应该会靠谱点,毕竟政府公布的,应该还是有保障的。(J2/20201120)

公办园还是比较正规的,不会乱来。(J3/20201120)

相较于民办园来说,当然更愿意选择公办园了。(J5/20201120)

我们这个幼儿园虽然是民办,但是是政府认证的普惠性民办园,官方认证了,还是有保障的。(J2/20201120)

原来对普惠性民办园是没有什么概念的,后来才知道,这些幼儿园政府的监督管理跟公办园差不多,这个还是比较放心的。(J4/20201120)

通过以上论述可以发现,家长通过不同的路径寻找幼儿园,在一定程度上代表着家长的价值选择。在普惠性学前教育公共服务体系建构过程中,扩增的学前教育资源为家长提供了更多的选择机会。在信息的获取中我们可以发现,家长听取亲戚友邻的建议,是建立在对传统熟人信任的基础上,基于对亲友的信任而对幼儿园的质量建立信任。通过网络渠道,尤其是政府公布的普惠性幼儿园名单了解园所信息,是基于对政府公信力的信任。

二、多种因素影响家长的幼儿园选择

(一) 离得近:双薪家庭的重要考量

普惠性学前教育公共服务的一个重要目标就是让普通群众获得就近、方便的学前教育资源,即就近易得。"入园难"问题背后所反映出来的一个突出的问题不仅是优质学前教育资源不足,同时也反映出学前教育资源分布不均衡,普通百姓无法在就近的距离获取学前教育资源。就近易得,从空间角度而言,是指拥有相应需求的人群通过某种交通方式从某一区位到达园所的便捷程度,包括出行的难易程度和花费成本(Linneker, Spence, 1992)。

在选幼儿园的时候,我首先考虑的就是离家近不近,方不方便接孩子,我们两个人都上班,家里老人带孩子,路上交通还是有点不放心,近一点,觉得放心些。(J4/20201120)

离家近,接送方便,是选择这个幼儿园(普惠性民办园)的首要原因吧。(J2/20201120)

幼儿园(普惠性民办园)就在小区里,上班就将孩子送过去,下班了就刚好接回去,还是比较方便的。另外就在小区里面,孩子在幼儿园有些什么事情,我在上班,家里人过去处理也比较方便。(J4/20201120)

我们家大宝原来是在另外一家幼儿园,平时奶奶送她,坐公交车还要转车,对老人来说很不方便。现在小区附近又开了家新幼儿园,步行过去就几分钟时间,接送方便多了。(J3/20201120)

现在幼儿园比之前多了不少,小区附近新办了好几家幼儿园,数量多了,我们选择也多了,近一些总方便些。(J1/20201120)

幼儿园近是近,但幼儿园的时间安排还是有点不合理,下午四点多就放学,我们都还没有下班,时间上还是有点不方便,家里没有老人帮忙的话,还要请人接孩子放学。(J5/20201120)

是的,幼儿园如果能晚点放学就好了,要不然中途还要请假出来接孩子,总是请假还要被老板批评。(J3/20201120)

幼儿园要是能够配合家长的上下班时间就再好不过了。(J4/20201120)

从上述访谈中可知,离家近、方便接送孩子是家长选择幼儿园的重要因素之一。随着普惠性学前教育政策实施,学前教育资源的扩增,园所数量的增加使家长能够在就近的距离找到合适的幼儿园,从地理空间上缩短了家长接送幼儿的距离与成本。然而,尽管空间距离有效减少,但目前幼儿园的时间安排尚缺乏弹性,难以配合家长的工作时间。

相关研究指出(姜勇等,2019),普惠性学前教育的就近易得应包括以下五个方面:

1. 地点可达性,即幼儿园距离幼儿居住的地方要在有限的里程之内;
2. 效用可达性,即幼儿与家长能以安全、方便、便捷的交通方式到达目的地;
3. 时间可达性,即幼儿入园及离园的时间与家长接送的时间相匹配;
4. 个体属性可达性,即影响儿童出入园或接送家长出行的个人因素;
5. 机会可达性,即幼儿园的吸引力大小。

目前的普惠性学前教育公共服务更多地关注地点可达性、效用可达性,对时间可达、个体属性可达性以及机会可达性关注度相对不够。

（二）付得起:经济压力下的妥协

以相对平价的方式获得有质量保障的学前教育服务是家长在选择幼儿园时的一个重要考量,同时也是一所幼儿园是否普惠的先决条件,是对"入园贵"问题的积极回应。

现在幼儿园的收费我觉得还是可以接受的,一个月800—1 000元的费用。（J5/20201120）

这个收费水平我觉得还是可以,比之前上幼儿园要便宜了。（J4/20201120）

我们夫妻俩都是来宁波打工的,城里幼儿园的收费跟老家幼儿园的收费差不多,也没有多太多,我们就把孩子接到城里自己带着。（J1/20201120）

公立幼儿园收费都差不多,私立幼儿园还是有点贵,有外教的幼儿园收费更贵,毕竟一分钱一分货吧,现在幼儿园的收费还是可以接受的,如果不选择收费比较贵的高端幼儿园的话。（J5/20201120）

作为家长,当然希望幼儿园收费越低越好,但是对有些收费特别低的幼儿园还是有点顾虑,毕竟孩子吃喝拉撒睡都在幼儿园,还是希望有保障的,毕竟现在孩子少。（J2/20201120）

现在上幼儿园一个小孩一个月近1 000元,像我们有3个小孩,3个小孩都上幼儿园,一个月的花销还是有压力的。（J2/20201120）

我们都是来宁波务工的,开发区幼儿园对于务工人员子女入园有补助,这也是让我们愿意把孩子从老家带出来,来这里读书（的原因）。（J1/20201120）

家长在学前教育成本分担中所占的比重制约着家长的选择意愿,越是能负担得起的价格,家长往往越愿意将孩子送入幼儿园。尤其是在农村地区,家庭收入对幼儿入园的影响相较于城市地区家庭更甚。

目前学前教育尚未纳入义务教育体系中,学前教育成本主要还是由家长负担。从经济角度而言,家长能够付得起,是在现实经济压力下的妥协,不同收入群体经济负担能力不同,普惠性学前教育服务所提供的是对于不同收入群体来说收费合理、可以接受的学前教育服务,对于每一个家庭而言,应当是可接受、付得起的。

（三）进得去:社会资源的比较

研究表明,家庭背景差异在人力资本投资、积累和代际传递中有差异化表现和社会分化趋势,收入越高的家庭和受教育程度越高的父母会更多地对子女进行人力资本投资,其子女也会获得更高的教育成就、更高的预期收入和经济地位（Guryan,et al, 2008）。

刘国艳等人（2016）的研究表明,不同家庭背景的幼儿获得学前教育资源的机会有显著差异,城镇家庭相比农民工家庭来说学前教育机会分布更公平。

我们当然想进好的公办园,但是没有路子啊。(J3/20201120)

孩子入园之前,也是做过比较的,现在这个幼儿园是我们至少能进的,有些幼儿园,不是想进就能进的,名额卡得很紧的。(J4/20201120)

为了让孩子能进这个幼儿园,提前半年就托人打招呼了。二孩政策刚放开那时候,一园难求,没想到让孩子上幼儿园也这么难。我们对于幼儿园好坏没有什么概念的,孩子能够进去就可以了。(J1/20201120)

公办幼儿园名额有限,这个幼儿园(普惠性民办幼儿园)有名额,我们就送进来了。(J2/20201120)

在学前教育资源有限的情况下,家长选择幼儿园其背后是家庭社会资源、家庭社会背景的博弈,城市地区学前教育资源相较于农村地区丰富,但对教育质量有更高追求,"入园难"依旧存在,此时家庭社会资源差异影响明显。普惠性学前教育政策实施后,普惠性学前教育资源数量明显提升,在入园选择上相较于之前有明显提升,但在入园机会上仍存在明显差异,入园机会的公平问题依旧存在。

(四)学得好:教育质量的追求

随着普惠性学前教育公共服务体系的建构,普惠性学前教育资源供给的不断提升,社会大众对学前教育的需求已从"有园上"到"有好园上",是从量的满足到质的提高的转变。家长对于学前教育质量提出了更高的要求,幼儿园的教育质量是影响家长选择幼儿园的重要因素。

这个幼儿园星级比较高,是公办幼儿园,不管是老师素质还是幼儿园的环境相对都是比较好些,历史也比较悠久,教育质量是有保障的。(J4/20201120)

我比较看重幼儿园老师的资质,从新闻上也看到有些幼儿园老师虐待孩子,在网上看到那些视频,看得又气又怕,那些没有什么资质的民办园我是不敢送孩子过去的。这个园是政府认证的,还是放心的。(J5/20201120)

现在送孩子到幼儿园,对孩子学到多少知识倒并不是很在意,我比较关注孩子良好行为习惯的养成和学会与同龄的幼儿相处,注重全面发展,这个幼儿园开展的一些课程我觉得还是很不错的。(J5/20201120)

我在选择幼儿园之前,有特地了解过园里老师的基本情况,现在的年轻老师素质都还是不错的,至少都是大专学历,幼儿园的质量还是得看老师,老师素质高,孩子才能学到更多。(J3/20201120)

现在的幼儿园都还不错,尤其是那些新园,场地很大,也有很多的设备,孩子在幼儿园里面吃的、玩的比我们那时候读幼儿园好多了,孩子也喜欢上幼儿园,我就觉得挺好。(J2/20201120)

不同家长对幼儿园教育质量的关注有所不同,会关注园所等级、教师素质、课程设计、环境设备等不同面向,出发点皆在希望幼儿接受更好的学前教育。

综上所述,家长选择幼儿园是在多种因素综合考量下的权衡,主要包括四个层面:

1. 考量幼儿园是否就近易得,包括距离远近、接送是否方便等,主要基于学前教育服务的近便性考量;

2. 考量家庭学前教育服务费用的可承担性,是基于家庭经济是否可负担的考量;

3. 教育机会的获得性,尤其是优质学前教育资源机会的获得;

4. 幼儿园是否提供优质的学前教育服务,是基于学前教育质量的考量。

第七章

结论与建议

本章就研究发现加以归纳,分别提出研究结论与建议,以作为宁波市普惠性学前教育政策发展与修订的参考。本章分为三节,第一节为主要发现,第二节为结论,第三节为建议。

第一节　主　要　发　现

一、普惠性学前教育政策是因应现实发展困境而提出的学前教育体制改革

我国学前教育发展历经多次改革,改革进程中取得成绩的同时亦积累了诸多问题,伴随着经济社会的改革,一方面,前期发展的不足积累了"历史的欠账";另一方面,伴随着教育事业的整体改革,以及新的人口政策调整后面临的新增入园需求,在此双重压力下,普惠性学前教育政策的实施是政府对解决"入园难""入园贵"这一民生问题的回应,满足普通民众对于普遍惠及有质量的学前教育需求。

回顾普惠性政策发展的历程,自2010年《国家中长期教育改革发展与规划纲要(2010—2020年)》以及《关于发展学前教育的若干意见》颁布实施,确定发展普惠性学前教育政策以来,中央政府在这十余年间就普惠性学前教育密集颁布了相关政策,地方政府则结合区域发展实际,自上而下推进普惠性学前教育政策落实。

宁波市在普惠性学前教育政策实施前,学前教育事业发展面临诸多问题,尤其是以民办学前教育为主体的办学格局,已不适应当时整体经济、社会改革以及学前教育事业发展环境的变化。学前教育管理机构的设置与新的发展形势不相适应,公办幼儿园数量的严重不足,学前教育财政投入不足,公办园与民办园投入严重失衡,农村学前教育薄弱,城乡发展不均衡,学前教育师资队伍待遇差、素质低、流失严重,以及民办园办学行为不规范造成的学前教育质量整体下滑等现实问题,让我们呼吁学前教育事业的改革。

二、宁波市普惠性学前教育政策实施仍遭遇诸多待解难题

（一）普惠性学前教育资源覆盖率目标虽已达成，优质学前教育资源仍显不足

"十三五"（2016—2020 年）期间制定的目标是学前教育三年毛入园率应达到85%，宁波市通过三轮学前教育提升行动计划的实施，以 2020 年为例，作为"十三五"规划的收官之年，公办园和普惠性民办园占比 87%，普惠性幼儿园的招生覆盖率达到92%。按照制定的目标要求，宁波市的普惠性资源覆盖率达到既定目标。伴随着普惠性资源的扩增，"入园难""入园贵"得到有效缓解，但新增的普惠性资源中，公办园占比依旧偏低，尚未达到国家要求的 50% 的比率，普惠性民办幼儿园承担了更多提供普惠性服务的任务，优质学前教育资源依旧短缺。

（二）学前教育财政投入明显增长，但由于财政分配不合理，导致普惠性学前教育资源结构与配置的失衡

三轮学前教育提升行动计划实施期间，宁波市政府不断提高学前教育财政投入，明确各级地方政府在学前教育财政投入上的比率，财政投入呈现持续增长。在财政投入分配中，更多的财政经费用于园所建设，用于教师待遇保障的经费有限。同时，不同类型的幼儿园获得的财政投入差异明显，公办幼儿园获得更多的财政资源，普惠性民办园尽管可以获得政府的部分补助，但力度有限。公办幼儿园越办越强，民办幼儿园越办越弱，普惠性学前教育资源结构呈现失衡的局面。

（三）普惠性学前教育质量取决于地方政府官员是否重视

地方政府行政决策者对普惠性学前教育政策认识不到位，认识上的两种错误倾向影响地方普惠性学前教育的发展。一是尚未认识到政府发展学前教育的主体责任，政府对学前教育发展重视与投入不足；二是对普惠性民办幼儿园认识不足，认为国家发展普惠性民办园只是在当前公办园供给能力不足情况下的"短期急救方案"而非"长期战略版图"，对普惠性民办幼儿园缺乏系统长远规划，对普惠性民办幼儿园在投入、管理与师资队伍建设等方面投入欠缺，影响区域学前教育的发展，不同区域间因各自地方政府的重视程度不同呈现显著差异。

（四）普惠性学前教育师资支持体制依旧不完善

普惠性学前教育师资队伍建设层面，存在公办园未按照师资配比要求配齐足额的编制教师，编制数额严重不足，非编教师大量存在的问题。由于"身份制"的影响，在编与非在编教师待遇差异明显，在幼儿园教师整体待遇有限的情况下，幼儿园师资

队伍流动性与流失率较高，职业吸引力有待提升。

三、宁波市普惠性幼儿园发展质量呈现失衡现象

（一）作为政府诠释普惠性学前教育的"代言人"的公办幼儿园同样面临发展的难题

在普惠性学前教育公共体系建构过程中，公办幼儿园承担着兜底线、促公平、平抑收费与引导办园方向的重任。政府大力发展公办幼儿园，其数量明显增加，招生覆盖率虽有增长，但由于数量有限，仍旧呈现"学位难求"的局面。由于未足额配置编制师资，公办幼儿园所获财政投入依旧有限，对优质师资吸引力也有限。同时由于部分地方政府以行政方式推行区域学前教育集团化运营，造成优质师资与教育资源的稀释。

（二）普惠性民办幼儿园面临收费限价与保证质量的双重压力

普惠优质是普惠性学前教育的根本所在。不同类型的民办幼儿园转型为普惠性民办幼儿园的动机多元，或主动或被动。一方面能够享受到普惠性政策带来的红利，在招生、办园条件提升、教师待遇保障以及教师专业提升等层面获得原本不曾获取的资源；另一方面，由于受到收费限价的约束，使得原有的营利空间压缩，进而影响举办者对于办园的整体投入，对幼儿园整体质量的提升产生直接影响。伴随着公办幼儿园数量的增加，普惠性民办园的生存空间受到挤压的同时，还受到园所内部优质师资向公办园流动的损失，成为公办园师资培育的"蓄水池"。

四、公办幼儿园仍是家长首选，普惠性民办幼儿园次之

（一）家长优先选择公办园，其次才是普惠性民办园

家长在选择幼儿园时，普遍认为公办幼儿园教育质量更有保障，对公办幼儿园具有更多的信任，为幼儿选择幼儿园时优先选择公办幼儿园。在公办幼儿园学位有限，无法获得公办幼儿园入园机会的情况下，再转而求其次选择普惠性民办幼儿园。

（二）多种因素影响家长的教育选择

影响家长选择幼儿园的因素多元，包括幼儿园的教育质量、幼儿园的收费情况、幼儿园距离的远近，是否接送方便以及幼儿园是否提供足够学位，能否取得入园资格等。随着普惠性学前教育资源的扩增，就近易得、收费平价等获得家长认可，家长在选择幼儿园时更多考虑幼儿园的教育质量。

五、宁波市普惠学前教育政策有利于提升幼儿园教师待遇,但教师专业能力未能有相应成长

(一) 幼儿园教师队伍的入职标准不断提升,重视专业背景与学历

普惠性学前教育政策实施过程中重视幼儿园师资队伍建设。幼儿园教师的入职门槛不断提升,新入职教师在学历要求上必须为大专及以上,同时还应具备学前教育专业背景,并持有幼儿园教师资格证。

(二) 教师待遇有明显提升,但"同工不同酬"现象突出,地区差距明显

普惠性学前教育政策实施以来,学前教育财政投入增长,幼儿园教师待遇保障有明显改善,相关政策法令中对于幼儿园教师最低工资标准应高于当地最低平均工资1.5 倍的要求严格执行,幼儿园教师工资待遇相较普惠性政策实施前有明显提升。编制教师与非编教师的差距十分明显,公办幼儿园中两种不同身份的教师"同工不同酬"现象突出。此外,由于各地方财政投入的力度不同,不同区域间公办幼儿园与民办幼儿园的教师薪资待遇存在显著差异,区域间教师待遇差距明显。

(三) 强化业务培训,提升幼儿园教师专业能力,但也造成"工学矛盾"突出

为提升教师专业素养,加强幼儿园教职工培训,宁波市通过将培训经费列入区县(市)财政预算,以财政补助强化培训,提升师资素质。给教师提供的培训机会增加,教师参加培训的范围扩展,普惠性民办幼儿园教师同样享有与公办园教师一同接受培训的机会,大部分教师表示,通过专业培训能够有效提升教师的专业业务能力。随之而来,由于培训机会的增多以及培训时间多安排在假期,挤占教师的私人时间,造成"工学矛盾"突出。

第二节 结 论

关于本研究结论,结论一至七主要针对中央与宁波市就普惠性学前教育政策发展的执行情形;结论八至十五主要说明宁波市执行普惠性学前教育政策的成效。研究结论分述如下。

一、基于区域经济发展水平与学前教育发展基础,2010 年宁波市入选"强化政府发展学前教育"的教育改革试点城市,推进学前教育体制改革

2010 年,中央在推进《国家中长期教育改革规划纲要(2010—2020 年)》的进程

中,遴选出包括辽宁省大连市、上海市闵行区、浙江省部分省市等十余个省市县开展学前教育改革试点。其中浙江省杭州市与宁波市获选为政府发展学前教育的责任改革试点城市。宁波市作为中国大陆东部地区经济发达的城市,经贸发达,整体经济实力较强,同时学前教育事业发展具备较好的基础。借助改革试点城市的契机,宁波市开启学前教育试点改革,落实中央政策要求,推进普惠性学前教育公共服务体系的建构。

二、根据中央政策要求,制订市级学前教育三年提升行动计划,下辖各县(市)区结合自身情况制订各区域三年行动计划,自上而下推进三轮行动计划

为推进普惠性学前教育政策,中央要求以县为单位编制学前教育三年行动计划。宁波市根据中央要求,一方面,从市级政府层面制订宁波市学前教育三年提升行动计划;另一方面,宁波市下辖各县(市)区政府根据地方实际,在中央及省、市级学前教育三年行动计划的指引下,制订地方性学前教育行动计划,从中央到地方,自上而下推进学前教育三年提升行动计划。

三、发布《宁波市学前教育促进条例》《普惠性民办幼儿园管理办法》《学前教育专项资金使用管理办法》等法规与政策,为普惠性学前教育政策发展提供依据

为落实中央政策要求,为普惠性学前教育公共服务体系建构提供法源依据和政策保障。宁波市普惠性学前教育政策体系分为三类,即地方性学前教育政策法规,如《宁波市学前教育促进条例》、市级及各县(市)区学前教育三年提升行动计划等;针对三年行动计划实施中颁布的调节性政策,如《普惠性民办幼儿园管理办法》等;学前教育事业发展的常规性管理政策,如《幼儿园分类评估标准》等。政策体系的不断完善,为地方普惠性学前教育政策发展提供政策保障与依据。

四、公办园、民办园及普惠性民办园实行分类治理,城市通过小区配套幼儿园建设,农村地区通过标准化中心幼儿园建设,扩增普惠性学前教育资源

针对不同办园体制的幼儿园,采取分类治理措施,大力发展公办幼儿园,发挥公办园兜底线、促公平、平抑收费以及引领方向的作用;通过扶持性措施,引导民办幼儿园转型为普惠性民办幼儿园;对高端民办幼儿园则采取适度发展策略。通过上述措施,不断扩大普惠性学前教育资源总量。

在扩增普惠性学前教育资源的具体措施中,根据城乡差异,在城市地区通过小区配套幼儿园建设,规划配套学前教育资源;在农村地区则通过集中住宅小区配套幼儿园建设以及利用中小学空余土地或校舍改造等措施建设乡镇标准化中心幼儿园。

截至 2021 年,宁波市全市共有各级各类幼儿园 1 093 所,在园儿童 29.2 万人,学前三年净入园率达到 99.96%,公办幼儿园和普惠性民办幼儿园招生覆盖率达到 92.5%,乡镇中心幼儿园建园率、标准化率达到 100%。

五、借由优化财政分配措施,学前教育财政投入聚焦教师待遇保障、民办园奖补及幼儿经费补助

普惠性学前财政以专项经费的形式投入,财政投入包括市级财政投入和地方政府的配套资金投入。第一轮三年行动计划专项经费每年投入 3 000 万元,第二轮行动计划增加至 5 000 万元,2018 年初专项投入再次增加,达到每年 1 亿元人民币。专项投入主要聚焦于三个层面,师资待遇保障、民办幼儿园奖补以及幼儿经费补助等,改变了以往财政投入只用于保障公办幼儿园及事业编制教师的掣肘,受惠群体扩展至普惠性民办园、非编幼儿园教师以及幼儿等。财政投入的增加以及惠及对象的拓展,使普惠性学前教育真正起到普遍惠及的施政初衷。

六、实施教师聘任"双轨制"、强化教师培训、公办园骨干教师定点帮扶等措施,加强师资管理并提升师资素质

为进一步增强师资队伍的稳定性,宁波市在教师聘任中采用"双轨制"的策略,即编制教师统一招聘统一分配,非编教师实施注册制度,加强师资管理,杜绝无序流动;通过强化师资培训,将原有只属于公办幼儿园的培训要求拓展至普惠性民办幼儿园,普惠性民办幼儿园教师与公办幼儿园教师享有同等的培训福利,与公办幼儿园共享培训资源。面对普惠性民办幼儿园师资队伍素质薄弱的现实问题,采取公办幼儿园定点帮扶的措施,多重措施共同提升普惠性民办幼儿园师资队伍素质。

七、建立"政府督政""政府督园""社会督园"的三督导体系,强化学前教育质量督导

为进一步保障普惠性学前教育质量,宁波市建立"政府督政""政府督园""社会督园"的三督导体系。将学前教育工作纳入对地方政府教育事业发展考核的重要内容,通过开展学前教育示范乡镇(街道)创建工作,对推进普惠性学前教育工作评估为优秀的予以奖励。在幼儿园质量提升层面,通过清理无证办园、规范民办幼儿园办园行为,加强民办园的监督管理等措施,形成政府督园的机制;除此之外,通过加强外部监

督,导入幼儿家长、学者专家以及社区干部等多方资源,通过民主参与的方式,形成社会督园的机制。通过上述措施,宁波市逐步建立起三督导的学前教育质量督导体系,保障普惠性学前教育质量。

八、普惠性学前教育覆盖率提升明显,省一级幼儿园数量增长,教师持证率与评定职称人数等皆有所提升,有引导学前教育质量正向发展之效

自 2011 年至 2021 年,十多年间,宁波市公办幼儿园数量增长 1.39 倍,公办幼儿园和普惠性民办幼儿园覆盖率达到 92.5%;省一级幼儿园由 2011 年的 74 所增长至 2021 年的 185 所,增长 2.5 倍;教师层面,教师持有幼儿教师资格证率、拥有职称比率及大专以上学历分别由 2011 年的 69%、36.5%、58.2%,增长至 2021 年的 99.4%、70.9%及 97.1%,分别增长 1.37 倍、1.44 倍和 1.67 倍。通过上述数据的变化可发现,普惠性学前教育质量正向发展成效显现。

九、"入园难"与"入园贵"等问题虽得到缓解,但"入好园难"却成为逐步凸显的新问题

普惠性学前教育政策实施十年以来,截至 2021 年,宁波市全市各级各类幼儿园 1 093 所,公办幼儿园和普惠性民办幼儿园招生覆盖率已达到 92.5%,入园难的问题得到缓解。在学前教育收费方面,宁波市公办幼儿园保教费实行政府指导价管理,不同星级的幼儿园收费标准有所不同,最低的二星级公办幼儿园收费 300 元/月/生,最高的六星级幼儿园收费 650 元/月/生,普惠性民办幼儿园最低一星级收费 350 元/月/生,最高六星级的幼儿园收费 800 元/月/生,幼儿家长对普惠性学前教育的就近易得与收费平价获得感明显。与此同时,由于公办幼儿园数量不足,普惠性民办幼儿园整体质量参差不齐,在普惠性学前教育资源能够做到普遍惠及的前提下,对于学前教育整体质量的诉求凸显,民众对于高质量的学前教育的需求与日俱增,普遍感受到优质学前教育资源学位数量不足。这也是当下学前教育事业发展的主要矛盾转化为人民群众日益迫切与强烈的对子女接受普惠且有较好质量的学前教育的美好向往与学前教育事业发展不充分不平衡之间矛盾的集中体现。

十、家长对普惠性幼儿园就近易得、收费平价具有较高满意度,同时对优质学前教育资源的获得提出更高要求

作为普惠性学前教育的直接受益者之一,家长在选择幼儿园的过程中,尽管对普惠性学前教育政策内容了解有限,但对政策落实的具体效果有切身感受。在幼儿园选择中,家长对公办幼儿园的认可度较高,对普惠性民办幼儿园的认可是建立在政府

公信力的基础上。然而由于大多数家长对普惠性民办幼儿园教育服务能力与质量缺乏科学可靠的评价所需的素养储备,普惠性民办幼儿园提供给家长的信息不够完整,家长依旧难以获得对幼儿园有关教育质量与规范管理的信息。

在服务使用的感受中,伴随着普惠性学前教育资源的扩增,家长可以在离家近的距离选择合适的幼儿园,学前教育支出也在家长的经济承受能力之内,师资素质与园所环境质量及课程建设有所提升,学前教育质量能够满足家长的需求。目前幼儿园的接送时间安排与家长工作时间存在冲突,优质学前教育资源获得的公平性问题也依旧存在。

十一、普惠性学前教育资源虽有增加,公办学前教育资源总量依旧不足,幼儿园集团化运营带来优质学前教育资源"被均衡"的隐忧

作为普惠性学前教育公共服务体系支柱的公办幼儿园是政府施政成效的"代言人"。政府加大对学前教育财政投入的力度,公办学前教育获益明显。然而在政策实施过程中,由于资源投入的不均衡,区域差异、城乡差异显著。不同区县间受财政保障力度、政府重视程度等因素影响,区域间发展水平差异显著;同时,有限的财政投入多向城区倾斜,城乡学前教育资源布局与教育质量差异明显,城市拥挤、农村冗余的现象凸显。

公办幼儿园在普惠性学前教育公共服务体系中同时还扮演着引领者的角色,引领区域学前教育发展的方向,这也致使公办园肩负起提升区域学前教育质量的重任。一方面,公办幼儿园由于受到编制的掣肘,未能配足、配齐教职工;另一方面,有限的优秀师资被分散到其他园中承担管理与指导的责任,致使优秀教师资源稀释,优质学前教育资源存在"被均衡"的现象。

十二、城乡教育投入分配失衡的现象明显,公办愈强、民办愈弱的差距更加显现,应予以正视

尽管政府颁布相关政策保障学前教育财政投入,宁波市学前教育财政投入伴随着三轮学前教育提升行动计划的开展增长明显。但在财政投入配给中,公办幼儿园与民办幼儿园所获资源差异明显,政府将更多的财政资源投入在公办学前教育资源的建设中。普惠性民办幼儿园尽管可以获得政府财政补助,但多数普惠性民办幼儿园举办者均表示所获得的财政补助有限,杯水车薪。普惠性民办幼儿园一方面要按照政府要求限定收费,另一方面要按照政府要求保证优质,这需要民办幼儿园举办者花费更多的成本聘请优质的师资并采购较高质量的设施设备。在政府财政补助有限的情况下,普惠性民办幼儿园难以获得合理回报。

相较民办幼儿园而言,公办幼儿园获得政府财政投入的优势明显,对于优质师资

的吸引力更强,普惠性民办幼儿园的优秀师资向公办园流动,无编制教师向编制岗位流动,造成普惠性民办幼儿园师资队伍不稳定,难以储备优质师资,出现公办园越来越强,民办园越来越弱的现象。

十三、民办幼儿园"转普"动机不一,普惠性民办学前教育质量参差不齐

目前民间资本主要为投资办学而非转资办学(杨卫安、袁媛、岳丹丹,2020)。在国家政策的大背景下,在普惠性学前教育公共服务体系建设过程中,不同类型的民办幼儿园在"转普"过程中面临不同的抉择。中低收费的民办幼儿园往往由于话语权不足,无力与行政权力博弈,采取配合态度。"转普"需要按照政府有关规定限定收费,但对于部分幼儿园而言,"转普"能够获得稳定生源、获取家长信任,基于长远发展角度,幼儿园举办者对普惠政策采取积极态度,配合政策实施。对于高端民办幼儿园而言,基于前期投入与运营成本之考量,会在行政压力下采取被动配合的态度,通过减少财政投入的方式维持普惠性幼儿园运营,在一定程度上会因收费普惠而导致教育质量下降。

十四、地方政府承办人员对政策理解与中央发布的内涵有所差异,因而导致普惠性学前教育政策推进异化

从普惠性学前教育政策执行上看,整体呈现自上而下推进的趋势,各级地方政府根据上级政府要求,推进落实具体政策。学前教育管理实施国务院领导、省市统筹、以县为主的学前教育管理体制。作为对地方发展和学前教育发展负主体责任的县级政府,其对于中央政策内涵的理解与执行力度切实影响地方学前教育事业发展质量。在县级政府政策执行过程中,由于部分地方政府对学前教育性质定位和重要作用认识上的偏差,以及对普惠性民办幼儿园在学前教育公共服务体系构建和普及普惠发展中的地位和价值认识不到位,导致其发展学前教育尤其是在对于普惠性民办幼儿园的支持方面不到位,这些都使得普惠性学前教育政策推进异化,值得关注。

十五、普惠性学前教育政策推动时未同时订立完善的师资素质保障机制,师资队伍的稳定性与质量仍有待提升

学前教育师资队伍建设作为普惠性学前教育公共服务体系建设中的重要一环,受到政府重视。三轮学前教育行动计划中尤其强调普惠性民办幼儿园师资队伍建设的重要性。宁波市在施政作为中通过增强专职教师持证比例、提高教师工资待遇及福利保障、加强专业培训等不同措施进一步增强师资队伍建设。近年来,专职教师在学历水平与持证水平上提升明显,但幼儿园教师队伍依旧面临如下问题。

1. 公办幼儿园教师编制缺口依旧较大,核定编制幼儿园教师不足。

2. 幼儿园教师师资待遇整体不高,职业吸引力不强,师资队伍流失严重。

3. 编制教师与非编教师待遇差距明显,出现"同工不同酬"现象明显。

4. 重视专业培训,普惠性民办幼儿园教师专业培训机会增加,但培训的内容、效果仍有待提升,培训增加的同时,工学矛盾突出。

第三节　建　议

本节依据前述主要发现与结论,提出如下建议,以供普惠性学前教育政策推动及后续研究参考。

一、对政策发展的建议

(一) 加强顶层设计,制定长远规划,基于人口政策调整与区域人口流动,合理规划区域学前教育布局

受出生人口下降的影响,未来中国大陆人口总量增速放缓,负增长时代即将到来,这就要求教育资源配置做出相应的调整。与此同时,人口流动仍呈现出由农村向城市流动的城镇化进程。人口数量变化与人口流动的现实需求都要求地方政府在普惠性学前教育公共服务体系建构过程中,尤其是普惠性学前教育资源供给侧充分考量地区发展实际需求,未雨绸缪,全面收集人口变化信息,加强出生人口的动态监测,提前对区域内学前教育资源的需求量进行预测,合理规划学前教育布局。

在对普惠性学前教育资源合理规划的过程中,一方面要考虑到普惠性学前教育资源的充足有效,另一方面还要充分考虑普惠性学前教育资源的公平。普惠性学前教育公共服务体系建设过程中面临着城乡优质资源的不平衡,面对城市幼儿园拥挤,农村学前教育资源却出现过剩甚至闲置的情况,在学前教育空间布局的过程中应密切关注城镇化进程和流动人口变化的影响。在农村地区幼儿园建设过程中应确保一定比例的土地用于新建、扩建公办幼儿园,城市幼儿园则应进一步保障小区配套幼儿园建设,同步规划、立项、建设和竣工移交。政府在普惠性学前教育资源配置的过程中,需统筹兼顾,合理分配,平衡城乡普惠性学前教育资源供给,缩短城乡学前教育差距,推进教育公平。

(二)《学前教育法》颁布实施,引领学前教育新时代高质量发展

《学前教育法》的正式出台,以法律的形式强化学前教育的公共性、公益性与普惠

性,确立了学前教育在国民教育体系中的地位与作用,明确了政府在学前教育发展中的主体责任,要求政府加大投入,完善管理体制,推动学前教育事业的均衡发展。同时,《学前教育法》还将办园质量规范纳入其中,对幼儿园的设立、运行、监管等方面提出了明确要求。这有助于解决普惠性学前教育发展过程中存在的不同性质幼儿园分类、投入体制以及教师政策等深层次机制问题,引领学前教育新时代高质量发展。

（三）通过政策倡导提高政治站位,加深地方政府对政策的理解,落实政府责任

应加强普惠性学前教育政策的宣传与动员,引领各级地方政府及相关职能部门切实提高政治站位,深刻认识到普惠性学前教育公共服务体系建设在满足群众需求和国家经济发展中的重要地位和作用。地方政府尤其是县级政府应具备充分理解和认同公益普惠价值观并加以维护与坚持的能力,厘清地方自主改革与中央宏观指导的关系。结合地方实际情况形成、贯彻实施并不断完善学前教育治理体系的执行力,在制度学习的基础上不断创新,切实落实政府发展学前教育的主体责任。

（四）进一步完善与细致规划保障措施,建立收费与补助的联动机制,提升民办园"转普"积极性

目前虽已颁布有关扶持普惠性民办幼儿园的发展措施,但在实际实施中,由于既有政策表述的模糊性,导致诸多已转型为普惠性幼儿园的民办园认为政府未兑现当初承诺,扶持措施支持力度有限。为进一步提升民办幼儿园"转普"积极性,应持续加大普惠性民办幼儿园的财政扶持力度,进一步细致规划财政补助的具体要求与支付标准,建立合理的普惠性民办幼儿园成本分担机制,确保财政投入在普惠性民办幼儿园经费投入中的充分性与有效性。与此同时,在给予普惠性民办幼儿园财政补助的制度设计中,应更关注如何将财政补助转化为教师工资,明确财政补助的比率用于提升教师工资待遇。由于限价政策,民办幼儿园基于办园成本考量以及营利的现实需求,在"转普"过程中面临生存困境。因此在政策制定过程中应进一步完善当前的补助与收费政策,根据幼儿园整体教育质量、考量实际办园成本,灵活调整普惠性民办幼儿园的收费标准及补贴标准,建立财政补助与收费标准的联动机制,在保障普惠性民办幼儿园正常运营的基础上,通过补助与扶持,真正实现教育质量的提升。

二、对行政机关的建议

（一）加大对财政薄弱地区学前教育投入力度,将学前教育办园绩效列入考核项目,注重城乡均衡发展

在学前教育财政投入过程中,应对财政投入进行优化配置。市级财政层面,根据

各区县经济发展水平,对财政收入相对较低的区县予以重点考量,给予财政支持。充分考量城乡之间的现实差距,财政投入优先向农村地区倾斜,尤其是较为偏远的农村地区。在政府绩效考核中,将学前教育办园绩效列入考核项目,作为基层行政主管部门绩效考核的重要组成部分。完善奖惩机制,对绩效考核优秀的地区与行政部门予以物质与精神奖励,同时对绩效考核不达标的行政部门通报批评,限期予以整改提升。

(二)优化编制体制改革,保障师资配置,完善师资保障机制

编制是保持学前教育师资队伍稳定的重要指标之一,幼儿园有编教师与非编教师同工不同酬现象凸显,非编教师职业认同感低,流动性较大,导致师资队伍的长期不稳定。

学前教育师资队伍建设的核心即为解决幼儿园教师的编制问题,尤其是农村地区幼儿园教师的编制问题。

1. 按照核定编制数量补齐缺编教师

尽管宁波市要求按照师生比1∶15的比率核定公办幼儿园的事业编制,但现实中编制教师数量不到核定编制数量的一半,编制教师数量与省内其他地区相比严重不足。在学前教育事业发展过程中,各地区应根据实际情况,按照编制标准,严格规范教师配备,补齐编制师资缺口。

2. 建立多元管理体系,促进城乡均衡发展

在编制体制改革、增加编制数量可能存在困难的前提下,一方面,各地区应结合地方实际研究拟订新形势下幼儿园师资配备标准与实施办法,严禁挤占、挪用幼儿园教职工编制的情况,规范幼儿园教师配备;另一方面,在政策许可的范围内,设立幼儿园教师"企业编制""临时流动编制"等措施,通过给予一定的经费补充,激活幼儿园教师队伍活力,稳定幼儿园教师队伍。

针对城乡学前教育发展失衡,农村地区优质幼儿园教师不足等情况,可建立在编幼儿园教师城乡流动管理机制,通过鼓励政策的扶持与引导,鼓励城市在编幼儿园教师向农村地区流动,提升农村地区学前教育师资队伍的整体素质。

(三)优化幼儿园集团化运营机制,提升普惠性学前教育整体质量

学前教育的准公共产品属性使得其仅凭市场难以实现优化配置,政府的调控职能必不可少。公益普惠是公办幼教集团的基本价值诉求与使命担当。在公办幼教集团的发展进程中应避免盲目扩大规模,须以增加优质学前教育学位供给与促进区域学前教育办学均衡发展为自身使命。

在发展幼儿园教育集团化运营的过程中,应注意处理好规模与效益之间的关系。实现集聚效益必定需要扩大规模,但在规模扩大过程中应加强内部制度设计,避免因规模扩大而产生优质资源分摊的局面。在集团化运营中,还需处理好统一与多样的

关系,在集团的核心理念、组织架构、业务流程、管理机构与质量监控体系等层面建立统一制度,但在办园特色、课程组织、文化传承等层面给予下属园区以自主权,实现多元化发展。

教育行政部门在新公共行政理念的指引下,应转变治理模式,由原来的强制性管束向公共服务转变,逐步建立基于信任的学前教育合作治理机制。加强过程性教育质量监管和督促,建构学前教育集团化运营的良好生态,实现集团化幼儿园的可持续发展。

(四)完善普惠性民办幼儿园监管机制,建立规范与质量导向的奖惩制度

加强普惠性民办园督导与等级提升建设,提升普惠性民办园整体质量,建立普惠性民办幼儿园数据库,将区域内普惠性民办幼儿园纳入动态监管机制,实施对普惠性民办幼儿园的追踪监督、管理、信息共享与交流。将普惠性民办幼儿园纳入办园质量督导体系,鼓励普惠性民办园积极参与幼儿园等级评估,并将幼儿园等级评估结果与财政奖励相结合,对积极提升教育质量的普惠性民办幼儿园予以政策倾斜与财政奖励,对于评估不合格以及不配合参与等级评估的普惠性民办园提出整改措施,限期予以整改,整改期限内未达标的普惠性民办园缩减财政补助直至摘牌退出。

针对普惠性民办园整体教育质量薄弱的现实困境,教育行政部门应搭建平台,建立高校—公办幼儿园—普惠性民办幼儿园互助合作机制。建立区域内互助合作平台,利用地方高校的科研优势和公办幼儿园的教育资源优势,对区域内普惠性民办幼儿园提供持续性、主题式指导,增强普惠性民办幼儿园文化建设、课程建设及师资培训等,协助普惠性民办幼儿园进行等级评估,提升整体教育质量。

(五)培养与培训双轨并重,通过职前职后一体化培养,在扩充幼儿园教师队伍数量的同时注重师资素质的提升

长期以来,幼儿园教师职业受限于学历、专业水平以及待遇保障等因素影响,幼儿园教师队伍面临人数紧缺以及大量流失等不稳定的困境。为进一步加强幼儿园教师师资队伍建设,满足普惠性学前教育公共服务体系建设需求,幼儿园、政府与师范院校应紧密合作,建立三位一体协同育人机制,通过幼儿园教师特岗计划、定向培养、委托培养等多种措施,政府委托地方高校开展定向招生、定向培养、定向就业等多种方式为普惠性幼儿园培养具备专业素养的本土化师资队伍,提升学前教育专业师范生的培养数量,满足当下幼儿园教师紧缺的需求。

此外,在满足数量需求的同时,应进一步加强幼儿园教师培训保障与教研度,通过职前职后一体化的教育培训,建立国培、省培、市培、县培、园培五级培训机制,利用"互联网+学前教育培训"的方式,不断推进幼儿园教师的专业化成长,提升幼儿园师资队伍的专业素养。通过"名师名园长工作室"、公办—民办幼儿园结对帮扶,区域内幼儿园优质师资的合作交流、轮岗机制等,促进区域内优质师资的流动,从而实现区

域内优质资源的互通共享,保障师资队伍的优化均衡,实现质量提升共赢。

普惠性民办幼儿园师资力量相对薄弱,师资队伍素质提升还可从如下三方面予以考量。

1. 建立区域性普惠性民办幼儿园教师学习社群,加强区域间教师的交流与学习。

2. 教科研单位针对区域内幼儿园发展需求,通过设立针对性研究项目或专案计划,相关计划与项目申请向普惠性民办幼儿园倾斜,鼓励普惠性民办幼儿园教师申报课题项目,提升教师素质。

3. 建立分层专业培训体系,针对园长、主任、骨干教师、青年教师等进行培训;或是针对不同学历水平或专业背景的教师,依据其需求规划并设计应用性强的培训课程。

(六) 强化幼儿教师管理制度,稳定学前教育师资队伍

1. 严把幼儿园教师入口关,严格落实幼儿园教师从业资格准入制度

近年来,随着学前教育事业的改革与发展,民间投资兴办学前教育热情增加,公办学前教育资源供给日增,对于幼儿园师资的需求也日增。相较于城区幼儿园,乡镇地区对优质师资的吸引力不足;相较于公办幼儿园,普惠性民办幼儿园师资力量相对薄弱。这也导致乡镇地区、普惠性民办幼儿园在师资相对缺乏的情况下存在招聘未经过专业培训或是未考取幼儿园教师资格证者入园从教,为学前教育整体质量埋下隐患。因此,各地区教育行政部门应加强监管,严把教师入职关口。

应落实幼儿园教师入职必须持有幼儿园教师资格证的政策要求,同时通过政策激励,对普惠性民办幼儿园教师的补助政策与是否持证结合,将是否持有幼儿园教师资格证与工资待遇、社保补助、评奖评优等相结合,对专任教师持证达标的幼儿园进行奖补等。在保证幼儿园教师职业入职门槛的同时,增强普惠性民办幼儿园中目前尚未持证的无证教师考取资格证的积极性,保证行业的专业化程度,提升幼儿园教师队伍的整体素质。

2. 重视非编教师,协助非编教师发展

由于身份制的差异,非编幼儿园教师无法享有编制教师同等的法律地位,民办幼儿园的非编教师还常被贴上专业能力不强、专业素质不高等标签,在工资福利、专业培训、职称评聘以及社会保障等方面,同工不同酬现象十分普遍。这种待遇与认知的偏见,使得非编教师队伍长期处于不稳定的状态。

针对上述情形,相关建议如下。

1. 各地区教育行政部门要将非编教师同样纳入当地的教师管理系统,对其人事、业务等实行统一管理。

2. 制定非编教师的最低工资控制线,落实非编教师的待遇保障,如规定幼儿园非编教师年收入不低于编制教师的一定比例等政策。对于在幼儿园工作多年,具有

丰富工作经验的非编幼儿园教师,可以通过职称评聘的政策倾斜、建立晋升考核制度等措施,对满足条件的非编教师,经过用人单位的考核与推荐,在编制考试过程中予以优先考量。

(七) 通过多种途径加强学前教育事业宣传,进一步强化财政保障教师待遇,切实提升幼儿园教师社会地位与工资待遇,增强职业吸引力

1. 凸显幼儿园教师职业专业性,提升幼儿园教师社会地位

尽管相关政策文件都明确了幼儿园教师的专业性,但现实中对幼儿园教师的重要价值与能力水平的认可依旧不足,这也导致与基础教育阶段的教师相比,幼儿园教师在薪酬待遇、福利保障、进修培训、职务评聘等各方面的合法权益保障依旧不足。

因此应进一步凸显幼儿园教师的专业性,不断提升幼儿园教师的社会地位,相关建议如下。

(1) 加大宣传力度,营造"尊师重教"的社会氛围。通过电视、网络、媒体等多种途径加强幼儿园教师职业形象与专业能力的宣传,加大"学前教育宣传月"的宣传力度,多种途径推动全社会对幼儿园教师职业身份的认同,提升幼儿园教师专业地位,使每一名幼儿园教师在岗位中获得职业尊重感、荣誉感与光荣感。

(2) 提升幼儿园教师的专业化水平。通过多种形式提升幼儿园教师的专业素养和专业化水平,为幼儿园教师提供更新专业知识的途径与机会,加强理论学习,完善知识结构,树立专业人才的形象。

(3) 重视师德培养,转变幼儿园师资培养过程中重专业技能、轻师德养成的倾向。

2. 提升幼儿园教师工资待遇,保障教师福利待遇

幼儿园教师工资待遇不仅关系到幼儿园教师生活质量、幼儿园教师职业的吸引力,也是普惠性学前教育公共服务体系中高质量学前教育师资供给的重要因素。受限于身份制管理,非编教师以及农村幼儿园教师相对边缘化,同时由于区域发展的不平衡,城乡福利待遇的差别,导致非编教师与编制教师、城区幼儿园教师与农村地区幼儿园教师差别明显。

当下幼儿园教师待遇面临的主要问题,表现为整体待遇偏低,不同性质幼儿园教师待遇存在明显差距,非编教师、农村幼儿园教师待遇缺乏保障,同工不同酬现象突出等。

尽管目前宁波市颁布的相关政策文件中对幼儿园教师的最低工资标准已做出明确要求,基于事业发展与教师队伍建设的实际需要,还需建立面向不同性质的幼儿园教师的工资增长机制,随着本地区经济社会发展水平的不断变化,幼儿园教师的待遇保障也应做出相应调整。相关建议如下。

(1) 建立不同层级政府在幼儿园教师待遇保障上的主体责任与保障机制。省市级应加大对保障教师待遇投入的责任,统筹区域内学前教育经费保障与投入,财政保

障重心由县级政府上移,缓解区域间地方政府尤其是县级政府因财政实力的差距导致区域学前教育财政保障呈现不均衡的态势。

幼儿园教师工资待遇经费保障机制建设应做到:

首先,应多渠道拓宽经费投入主体,不仅需要县级地方政府的财政投入,同时也需要省市以及中央政府的转移性支付投入;不仅需要家庭的投入,同时也需要民办幼儿园举办者自身的投入,同时还需积极呼吁、引导社会捐赠等多渠道的经费投入。

其次,在幼儿园教师工资发放过程中,地方政府、财政部门、教育行政部门、编制部门、社会福利部门等各部门通力合作,保障幼儿园教师工资的足额发放。

最后,建立幼儿园教师工资待遇保障的监管机制。对不合理、不足额发放教师工资待遇的幼儿园进行通报批评,责令其限期内足额补发;对多次拖欠教师工资待遇的幼儿园应吊销其办园资格。在幼儿园教师工资待遇保障上,政府应充分彰显其主体责任,各职能部门应协同合作,实现对幼儿园教师工资待遇的全面保障。

(2)逐步提高非编幼儿园教师的待遇保障。原有幼儿园教师最低工资标准已难以适应当下社会经济的发展水平,因此应建立工资标准的动态调整机制,根据社会经济发展水平适时调整最低工资标准基线。建立非编幼儿园教师专项补助经费,专款专用并逐年提高。健全非编幼儿园教师社会保障制度,为非编幼儿园教师办理养老保险、医疗保险、失业保险等,明确幼儿园与个人分担比率,同时应确保非编教师的退休养老待遇标准,解决大部分已超龄但未能进入养老保险的非编幼儿园教师的退养问题,通过上述措施,保障非编幼儿园教师的稳定性。

三、对幼儿园的建议

(一) 加强师资队伍建设,优化师资队伍梯队建设与配置

幼儿园教师是履行幼儿园教育工作职责的专业人员,作为幼儿发展的重要他人,在幼儿全面发展目标的实现,保教并重教育任务的达成,寓教于乐教育方式的诉求等方面,都对幼儿教师提出高质量的要求。

对于幼儿园在加强师资队伍建设,优化师资队伍梯队建设与配置方面,相关建议如下。

1. 建立新进教师职能审核机制,保证师资质量

拥有教师资格证是对幼儿园教师的基本要求,幼儿园在教师聘用上应建立职能审核机制,教师招聘过程应严格遵守相关规定,确保教师队伍的专业化水平,切勿迫于师资短缺压力放松教师招聘标准,以维护保教质量。

2. 完善教师发展机制,明晰成长规划

教师对未来规划不清晰是影响教师专业发展的重要因素,幼儿园应重视教师的专业发展规划,建立包括学习机制、反思发展机制、教学成效评价机制、激励机制等完

善的教师专业成长机制。在系统分析本园教师的整体水平的基础上,根据不同发展阶段的教师应当学习的内容、特点以及发展目标,制定教师发展规划并落到实处。

3. 以老带新培育骨干教师,建设配置合理的师资梯队

充分利用园内已有师资资源,建立园内教师互助帮扶机制,通过搭建教师互助小组,新老教师师徒结对等方式,以有丰富教学经验的老师为导师,结对工作经验不足的新教师,在教育教学、教科研开展以及课程建设等层面予以帮扶引导,助力新教师的成长。从新教师梯队中选拔优秀教师重点培育为骨干教师,成为园所发展的骨干力量,建立配置合理的"新教师—骨干教师—资深教师"师资梯队。

(二) 推进幼儿园课程改革,加强内涵建设,提升教育质量

市场经济下,供给方在市场上取得竞争优势的根本在于所提供的商品质量,即质量越稀缺越受买方市场的欢迎。在学前教育市场供给中,越是有质量、有特色、有品牌的教育资源越受家长的欢迎。因此对于幼儿园而言,需不断提升自身园所的办园质量,以优质吸引生源。与公办幼儿园相比,普惠性民办幼儿园在品牌、特色、园所整体质量上较为欠缺。基于此,相关建议如下。

1. 凝练园所特色,设计园本课程

幼儿园所处地域不同,其自身所具备的特色与长处不同,所拥有的课程资源也不尽相同,农村幼儿园自然资源丰富,城市幼儿园所具备的社会资源更具优势。幼儿园可以根据自身的实际情况,因地制宜,结合本园、本地区的资源优势,筛选可能开发的课程资源,建立园本课程资源库,进一步凝练园本特色,开发园本特色课程。

2. 推进幼儿园课程改革,协助教师成长

幼儿园课程是幼儿教育的核心,是教育思想、教育理论转化为实践的中介和桥梁。课程质量是保证教育质量的前提,也是提升教育质量的重要杠杆。幼儿园教师不仅仅是课程的执行者,在课程改革的过程中,要实现由执行者向建构者角色的转变,融服务、研究、学习于一体,推动自身继续学习、思考、探索,促进专业成长。

附录一 教育行政人员访谈大纲

1. 我市(区)普惠性学前教育整体情况如何？

2. 我市(区)在普惠性学前教育公共服务体系建设的主要措施有哪些？

3. 地方政府在普惠性学前教育政策执行过程中是否遇到困难？面临哪些困难？

4. 我市(区)对普惠性幼儿园建设提供哪些帮助与扶持？具体形式如何？

5. 我市(区)对于普惠性幼儿园的监管主要体现在哪些方面？

6. 我市(区)对于普惠性幼儿园教师素质提升是否采取相关措施？主要措施是什么？

7. 我市(区)普惠性幼儿园建设给幼儿园、教师、家长带来了哪些益处？

附录二 幼儿园园长访谈大纲

一、公办幼儿园

1. 您对普惠性学前教育的理解是什么？

2. 您认为公办园在普惠性学前教育公共服务体系中扮演什么样的角色？

3. 公办园在普惠性学前教育中能够做什么？怎么做？

4. 在普惠性学前教育政策实施中,公办园的发展存在困难吗？存在哪些困难？

5. 整体而言,您认为要有好的学前教育环境,还可以怎么做？

二、民办幼儿园

1. 贵园申请为普惠性幼儿园需要哪些程序？有什么要求？

2. 您对普惠性学前教育的理解是什么?

3. 成为普惠性幼儿园后对您的园所经营产生了哪些影响?

4. 您了解教育局对于普惠性民办园的扶助政策吗? 您觉得这些政策的落实情况如何?

5. 您觉得政府部门对于普惠性民办幼儿园是否重视? 从哪些地方可以看出他们重视或不重视?

6. 教育行政部门通过奖补资金能解决普惠性幼儿园当前存在的问题吗? 请以您的幼儿园为例谈一谈。

7. 教育部门除了奖补资金的补助以外,是否还有其他的措施帮扶普惠性幼儿园发展?

8. 普惠性学前教育政策实施后,幼儿园、教师、家长是否得到什么益处? 分别体现在哪些方面?

9. 您认为政府还应在普惠性幼儿园建设中提供哪些帮助与支持?

附录三　幼儿园教师访谈大纲

1. 您对普惠性学前教育的理解是什么?

2. 普惠性学前教育政策实施后给您个人有带来影响吗? 有哪些影响?

3. 你觉得目前我们幼儿园教师面临的主要困难或问题是什么? 当我们面对这些困难与问题的时候,我们是如何解决的? 我们如何获得帮助?

4. 在普惠性学前教育政策实施的当下,您信赖政府的政策与作为吗? 为什么?

5. 整体而言,您认为要有好的学前教育环境,还可以怎么做?

附录四　家长焦点团体访谈大纲

1. 您是通过什么方式了解幼儿园信息的?

2. 您在为孩子选择幼儿园时会考虑哪些因素? 您为什么会选择现在的这所幼儿园? 最吸引您的原因是什么?

3. 您对普惠性学前教育政策有了解吗? 您对普惠性幼儿园有了解吗?

4. 您对普惠性幼儿园的印象是什么? 你觉得普惠性幼儿园给您带来的帮助是什么?

5. 您觉得政府实施普惠性学前教育政策后,对您在让孩子接受学前教育上有改变吗? 为什么?

6. 最后,您认为要有好的学前教育环境,可以如何做?

附录五　宁波市学前教育促进条例

(2011 年 12 月 27 日宁波市第十三届人民代表大会常务委员会第三十六次会议通过,2012 年 3 月 31 日浙江省第十一届人民代表大会常务委员会第三十二次会议批准)

第一章 总则

第一条 为了满足市民对学前教育的需求,提高保育教育质量,促进学前教育事业发展,根据《中华人民共和国教育法》《中华人民共和国民办教育促进法》和有关法律、法规,结合本市实际,制定本条例。

第二条 本条例适用于本市行政区域内的学前教育。本条例所称学前教育,是指学前教育机构对学龄前儿童实施的保育和教育。本条例所称学前教育机构,是指对学龄前儿童实施保育和教育的幼儿园。

第三条 发展学前教育是政府、社会、家庭和学前教育机构的共同责任,应当坚持公益性和普惠性,坚持政府主导、社会参与、公办民办并举,构建覆盖城乡、均衡发展的学前教育公共服务体系,保障学龄前儿童接受学前教育。

第四条 市和县(市)区人民政府应当加强对学前教育工作的领导,制定学前教育发展规划,并建立由相关部门组成的学前教育联席会议制度,对本行政区域内学前教育发展的重大事项进行统筹和协调。

市和县(市)区教育行政部门主管本行政区域内的学前教育工作。发展和改革、城乡规划、建设、卫生、财政、人力资源和社会保障、工商行政管理、民政、公安、食品药品监督等部门和妇联、残联等单位,镇(乡)人民政府、街道办事处按照各自职责,协同做好学前教育工作。

第五条 各级人民政府应当适当提高公办幼儿园比例,积极发展普惠性民办幼儿园。鼓励和支持公民、法人和其他组织依法举办各类学前教育机构或者以各种形式捐助支持学前教育事业。民办幼儿园在审批登记、分类定级、评估指导、教师培训、职称评定、资格认定、表彰奖励等方面与公办幼儿园具有同等地位。

本条例所称普惠性民办幼儿园,是指面向大众,以非营利为目的,享受公共财政资助并参照公办幼儿园保育费标准收费的民办幼儿园。

第二章 规划与建设

第六条 学前教育布局专项规划由市和县(市)教育行政部门根据学龄前儿童的数量分布、流动趋势和保育教育需求状况,会同同级城乡规划主管部门编制,报同级人民政府审批。有关控制性详细规划编制应当落实学前教育布局专项规划的内容。

市和县(市)区人民政府应当根据学前教育布局专项规划,合理布局并适时调整学前教育机构的规模和标准,为学龄前儿童就近入园提供便利。

第七条 开发建设城镇住宅社区时,应当根据规划条件,以教育用地划拨或者根据土地出让合同的要求安排学前教育建设用地,配套建设学前教育设施。住宅社区配套建设的学前教育设施应当与住宅社区同步规划、同步建设、同步交付使用。住宅社区配套建设的学前教育设施建成后,建设单位应当按照土地出让合同的要求,及时移交给当地教育行政部门。

第八条 住宅社区配套建设的学前教育设施应当用于举办公办幼儿园或者普惠性民办幼儿园。任何单位和个人不得改变配套学前教育设施的用途。住宅社区配套建设的学前教育设施应当优先满足业主的需求。

第九条 学前教育布点不足的已建成住宅社区,当地人民政府应当将中小学布局调整后的富余教育资源和其他资源进行统筹安排,置换、改造为学前教育设施。

第十条 市和县(市)区人民政府应当将学前教育机构作为社会主义新农村的公共服务设施统一规划、优先建设、加快发展。镇(乡)、街道应当至少建成一所公办幼儿园,并随着经济社会发展,适当增加办园数量。

第三章 设立与审批

第十一条 举办学前教育机构应当符合本地学前教育发展规划和布局专项规划,并具备下列条件:

(一)有组织机构、章程和规范的名称;

(二)有符合规定的场所、配套设施和从业人员;

(三)有必备的办学资金和稳定的经费来源;

(四)法律、法规规定的其他条件。

第十二条 举办学前教育机构,举办者应当向举办地的县(市)区教育行政部门提出许可申请,并提交下列材料:

(一)举办者的法人资格证明或者个人身份证明;

(二)拟办学前教育机构的章程;

(三)拟聘用人员的资格证明、健康证明;

(四)拟办学前教育机构的场所权属证明和经费来源证明;

(五)办学场所建筑质量检测合格证明,消防验收合格证明或者消防竣工验收备案证明档;

(六)餐饮服务许可证明和卫生保健合格意见;

(七)联合举办学前教育机构的,应当提交联合举办的协议;

(八)法律、法规规定的其他材料。

申请筹设民办学前教育机构的,还应当依照有关法律、法规的规定办理筹设手续。

第十三条　县(市)区教育行政部门应当自受理许可申请之日起二十个工作日内作出是否批准的书面决定。准予许可的,应当在十个工作日内核发办学许可证;不予许可的,应当书面说明理由。学前教育机构取得办学许可证后,应当依照有关法律、法规到登记机关办理登记。未取得办学许可证和未办理登记手续,任何单位和个人不得举办学前教育机构。

第十四条　学前教育机构变更许可事项的,应当到原审批机关、登记机关办理变更手续。学前教育机构增设分园的,应当按照新设立学前教育机构的规定办理许可手续,并实行属地管理。学前教育机构终止的,应当依法进行清算,妥善安置在园儿童,由原审批机关收回办学许可证,并由原登记机关注销登记。

第四章 保育与教育

第十五条　学前教育机构应当遵循儿童身心发展规律,面向全体儿童,关注个体差异,以游戏为基本活动,注重良好品德和行为习惯的教育,保育教育结合,寓教于乐,促进儿童健康快乐成长。

第十六条　学前教育机构招生应当公开进行。学前教育机构的招生计划应当经县(市)区教育行政部门核定,并按照国家有关规定设置班额。学前教育机构的招生方案应当报教育行政部门备案。教育行政部门应当对公办幼儿园和普惠性民办幼儿园的招生范围进行指导和监督。学前教育机构的招生简章和广告内容应当真实,并在发布前报当地教育行政部门备案。学前教育机构招生不得进行任何形式的考试或者测查。

第十七条　学龄前儿童入园应当经医疗卫生机构健康检查合格,查验儿童预防接种证后办理入园手续。

第十八条　学前教育机构应当健全组织机构,建立和完善保育教育管理、卫生保健、食品安全、安全管理、财务管理、课程管理、人事管理、档案管理、家园联系等制度。

第十九条　学前教育机构的从业人员应当尊重、爱护儿童,不得对儿童实施体罚、变相体罚或者其他侮辱人格尊严的行为。

第二十条　学前教育机构应当推广使用全国通用的普通话和规范字。课程设置应当符合有关规定。课程内容应当密切联系儿童生活,注重培养儿童的学习兴趣。学前教育机构的教育活动,应当避免小学化倾向。

第二十一条　学前教育机构应当根据儿童的特点,建立科学、合理的一日生活制度,进行晨检及全日健康观察,做好常见病的预防和处理。学前教育机构设有食堂提供餐饮服务的,应当符合有关法律法规的规定,落实各项食品安全要求。

第二十二条　学前教育机构应当落实各项安全措施,按照规定配备保安人员和相应的安全设施。学前教育机构应当加强对从业人员和在园儿童的公共安全教育,根据实际情况和需要,有针对性地制定突发公共事件应急处置预案并定期组织演练。学前教育机构所在地公安机关、镇(乡)人民政府、街道办事处以及村(居)民委员会应当共同做好安全管理工作。发生突发公共事件时,学前教育机构应当立即采取应急措施,并及时报告当地相关主管部门和教育行政部门,不得瞒报、延报和漏报。

第二十三条 鼓励学前教育机构与家庭、村(居)民委员会合作,面向公众开展多种形式的保育教育知识宣传、指导等服务。

第五章 从业人员的资格与权利

第二十四条 学前教育机构的从业人员包括园长、专任教师、保育员、卫生保健人员、营养员、炊事员和保安员等。学前教育机构的从业人员应当具备国家规定的任职条件或者取得相应的职业证书。

第二十五条 学前教育机构的从业人员应当经卫生行政部门指定的医疗卫生机构健康检查,取得健康合格证明后方可上岗。

第二十六条 县(市)区教育行政部门和卫生行政部门分别对学前教育机构教师、卫生保健人员按照规定实行注册登记管理制度。

第二十七条 学前教育机构应当依法保障从业人员的工资、福利待遇,并依法缴纳社会保险。公办幼儿园和普惠性民办幼儿园具有专业技术职务资格的非在编教师,其人均年收入应当达到当地社会平均工资的一点五倍以上。学前教育机构聘用的具有中级以上专业技术职务的非在编教师,可以按照规定参加事业单位养老和医疗保险。

第二十八条 市和县(市)区教育行政部门应当建立健全学前教育机构教师业务培训、专业发展、工资保障、专业技术职务评聘以及有序流动制度,对学前教育机构教师和保育员定期实施免费培训,提高学前教育保育教育队伍整体素质。

第二十九条 鼓励城镇优质学前教育机构与农村和欠发达地区的学前教育机构进行结对帮扶。鼓励城镇学前教育机构骨干教师到农村和欠发达地区支教。支教教师的专业技术职务评聘、评优评先等,在同等条件下予以优先。

第六章 扶持与保障

第三十条 各级人民政府应当将学前教育经费列入财政预算。县(市)区财政性学前教育经费占同级财政性教育经费的比率应当不低于百分之八,不举办高中的区不低于百分之十二。县(市)区人民政府应当制定公办幼儿园生均经费标准和生均财政拨款标准。普惠性民办幼儿园按照当地公办幼儿园生均财政拨款标准的一定比例拨付经费,并逐步提高。

第三十一条 市和县(市)区人民政府应当设立学前教育发展专项资金,并随着经济社会的发展及时进行调整。学前教育发展专项资金用于农村和欠发达地区新建、改建、扩建学前教育机构的补助、学前教育机构支出的非在编教师工资和社会保险的补助以及其他有关促进学前教育发展的经费资助。学前教育发展专项资金的使用应当加大对农村和欠发达地区、普惠性民办幼儿园的扶持力度。学前教育发展专项资金使用和管理的具体办法,由市和县(市)区人民政府制定。

第三十二条　新建、改建和扩建学前教育机构,按照中小学用地和建设的有关规定减免相关费用。学前教育机构用水、用电、用气价格,按照居民生活用水、电、气的价格标准执行。

第三十三条　县(市)区人民政府可以采取购买服务、减免租金、以奖代补、派驻公办教师等方式,引导和支持民办幼儿园提供普惠性服务。

第三十四条　各级人民政府应当扶持农村和欠发达地区发展学前教育事业,鼓励多种形式扩大学前教育资源。积极推广集团化、连锁化等办学模式,鼓励优质学前教育机构举办分园或者合作办园。

第三十五条　各级人民政府应当保障家庭经济困难的学龄前儿童接受学前教育。各级人民政府应当重视残疾儿童等特殊群体的学前教育工作,保障其享受平等接受教育的权利。各级人民政府应当保障符合条件的流动人口随迁子女接受学前教育。

第三十六条　社会机构和组织应当支持和配合以学前教育机构在园儿童为对象的社会活动。青少年宫、科技馆、纪念馆、博物馆、美术馆等公益性文化设施以及电影院、动物园等场所,应当按照有关规定对学前教育机构在园儿童免费或者优惠开放。

第七章　管理与监督

第三十七条　市和县(市)区人民政府教育督导机构,应当对学前教育发展规划及其布局专项规划的制定与落实、经费的投入与使用、等级评定、卫生保健、保育教育质量、管理水平、从业人员待遇、安全保卫等事项进行督导,并纳入年度教育工作督导考核范围。

第三十八条　教育行政部门应当建立学前教育机构分级管理制度,对其基本办学水平进行评估,实行动态管理,定期开展专项督查,促进保育教育质量的整体提升。对评估不合格的,根据不同情况责令其限期整改、降低等级、停止招生或者停止办学。

第三十九条　政府有关部门应当定期对学前教育机构的食品安全、建筑及设施设备安全、消防安全、疾病防控及其周边交通秩序、治安秩序、经营秩序等开展专项检查和整治。

第四十条　教育行政部门应当组织开展学前教育教学研究和交流,指导学前教育机构开展科学保育教育,促进儿童身心健康发展。

第四十一条　公办幼儿园的保育费实行政府定价,按照等级收费。具体收费标准由市和县(市)价格主管部门会同同级财政、教育部门制定。民办幼儿园按照办学成本,合理确定保育费标准,在实施前报价格主管部门备案。普惠性民办幼儿园的保育费参照公办幼儿园的收费标准收取,逐步实行普惠性民办幼儿园和公办幼儿园质价统一的收费机制。学前教育机构为在园儿童提供伙食的,可以收取伙食费。

第四十二条　学前教育机构应当通过公示栏、公示牌等形式,向社会公布收费项目和标准等相关内容。学前教育机构收费应当根据单位性质分别使用财政部门统一监(印)制的政府非税收入票据或者地税部门监制的普通发票,收费收入分别纳入财政专户、单位财务管理。

学前教育机构收取的儿童伙食费应当全部用于在园儿童伙食,不得克扣、侵占,并建立专门账户,每月向家长公开账目。

第四十三条 学前教育机构不得收取与学龄前儿童入园挂钩的赞助费,也不得占用正常保育教育活动时间举办兴趣班、实验班并收取额外费用。学前教育机构不得组织儿童参加商业性活动。

第四十四条 学前教育机构应当建立由学前教育机构代表、家长代表等参加的家长委员会,及时讨论、协商、通报与保育教育活动相关的重大事项。家长委员会有权对学前教育机构的保育教育活动实施监督。家长委员会可以吸收村(居)民委员会代表和其他社会人士参与。

第八章 法律责任

第四十五条 违反本条例规定,国家和省有关法律、法规已有法律责任规定的,依照其规定处理。

第四十六条 未经批准擅自举办学前教育机构的,由所在地教育行政部门责令限期改正;逾期不改正的,由教育行政部门提请县(市)区人民政府组织相关部门和镇(乡)人民政府、街道办事处依法取缔,并妥善安置在园儿童。

第四十七条 学前教育机构有下列情形之一的,由教育行政部门责令限期改正,予以警告,并可处一千元以上一万元以下罚款;情节严重的,责令停止招生、吊销办学许可证;构成犯罪的,依法追究刑事责任:

(一)教育设施设备不符合国家卫生标准或者安全标准,危害儿童生命安全或者身体健康的;

(二)保育教育的内容、方法违背儿童成长规律,损害儿童身心健康的;

(三)组织儿童参加商业性活动的。

第四十八条 学前教育机构不按照规定用途使用补助的学前教育发展专项资金的,由教育行政部门按照规定责令退还已拨付的款项,并在两年内不予拨付同类专项资金,取消其当年获得补助与奖励的资格。

第四十九条 有关行政主管部门及其工作人员,在学前教育管理工作中滥用职权、玩忽职守、徇私舞弊的,由有权机关责令改正,对直接负责的主管人员和其他直接责任人员依法给予处分;构成犯罪的,依法追究刑事责任。

第九章 附则

第五十条 本条例自 2012 年 7 月 1 日起施行。

附录六　宁波市普惠性民办幼儿园管理办法

第一章　总则

第一条　为进一步强化政府发展学前教育责任,引导和支持民办幼儿园提供普惠性服务,促进我市学前教育公益优质普惠发展,现根据《宁波市民办教育促进条例》《宁波市学前教育促进条例》等法规,制定本办法。

第二条　本办法所称的普惠性民办幼儿园是指面向大众,以非营利为目的,享受公共财政资助并参照当地同类公办幼儿园保育费标准或按照当地政府指导价收费的民办幼儿园。

第三条　普惠性民办幼儿园,由所在地县级教育行政部门认定并向社会公开。

第二章　申报与认定

第四条　普惠性民办幼儿园应当符合以下基本条件:

(一)依法办学。经教育行政部门审批,并取得《民办学校办学许可证》,按教育行政部门核定规模招生、办园行为规范,近3年年检合格。并在申报日前1年内未发生安全责任事故,无县(市)区级以上通报批评或处罚。

(二)科学保教。遵照教育部颁布的《幼儿园教育指导纲要(试行)》《3—6岁儿童学习与发展指南》等有关规定,合理安排幼儿生活作息时间,科学开展保育教育活动,办园条件、设施设备、人员配备等达到《浙江省幼儿园等级评定标准》三级以上要求。

(三)合理收费。收费项目符合规定,保育费参照当地同类公办幼儿园标准或按照当地政府指导价收费。

(四)规范管理。建立健全资产管理制度,法人产权独立完整,所有资产由幼儿园依法管理和使用。建立健全财务独立核算制度,依法依规进行年度财务审计。保教费收入存入单位基本账户,委托银行代发教职工薪酬。

第五条　实行普惠性民办幼儿园自愿申报认定制度。符合本办法第四条规定条件的幼儿园,可向所在地县级教育行政部门提出申请。

第六条　县(市)区教育行政部门应在当年12月前完成本辖区普惠性民办幼儿园的审核认定。经过认定的幼儿园名单应当在县(市)区教育行政部门网站进行不少于5天的公示,接受社会监督。公示有异议的,县(市)区教育行政部门应进行复查。县(市)区教育行政部门应于当年12月底前,将审核认定的普惠性民办幼儿园名单书面报送市教育局备案。

第七条　县(市)区教育行政部门要与经认定的普惠性民办幼儿园签订普惠性服务购买协议,明确双方的权利和义务,分别由幼儿园、县(市)区教育行政部门和幼儿园所在地乡镇(街道)政府等备存。县(市)区教育行政部门统一制作"普惠性民办幼儿园"牌匾并授予经认定的幼儿园。普惠性民办幼儿园要在园门口醒目位置悬挂。

第三章 规范和管理

第八条 普惠性民办幼儿园,必须以非营利为目的,办学盈余不对出资人分红而全部用于幼儿园发展。县(市)区应建立普惠性民办幼儿园补助机制,将普惠性民办幼儿园享受财政补助等项目纳入核算中心或相关机构进行管理,并依法委托审计机构对普惠性民办幼儿园进行财务审计。市里对各地普惠性民办幼儿园的奖励性补助经费的安排将以地方是否建立补助机制为前提条件。普惠性民办幼儿园应当按照政府规定用途使用补助经费,奖励性补助经费应当用于提高教职工待遇,改善办园条件,不得用于清偿债务、回报举办者、支付捐款、赞助投资、罚款等其他用途。普惠性民办幼儿园应建立财务年度会计决算报告制度,建立保育费、政府资助资金专户,实行预算管理,对补助经费实行专项核算。

第九条 县(市)区教育行政部门应建立普惠性民办幼儿园管理档案,健全管理制度,加大幼儿园管理人员和师资队伍的培训力度,加强保教业务指导,定期开展培训和工作考评,不断提高幼儿园的管理水平和保教质量。

第十条 申报普惠性民办幼儿园有弄虚作假行为的,由县(市)区教育行政部门予以通报批评,取消2年内申报资格。普惠性民办幼儿园有下列情形之一的,由县(市)区教育行政部门予以通报批评、责令限期改正,并视情节轻重,予以缓拨、停拨或追回补助经费、取消普惠性民办幼儿园资格等;涉嫌犯罪的,移送司法机关处理。

(一)申报补助经费弄虚作假或违规使用补助经费的;

(二)保育教育的内容、方法违背儿童成长规律,损害儿童身心健康的;

(三)组织儿童参加商业性活动的;

(四)每年未保障一定资金用于幼儿园持续发展,园所环境和设施设备陈旧,不能保持普惠性民办幼儿园水平的;

(五)未严格执行财务制度,有乱收费、克扣幼儿伙食费现象的。

第十一条 县(市)区教育行政部门要认真履行监管职责,建立普惠性民办儿园风险预警机制、风险处置机制,制定风险防范措施,执行普惠性民办幼儿园风险保证金制度。

第十二条 县(市)区教育行政部门要定期对所辖区域内普惠性民办幼儿园办学情况进行考评,对未履行协议的,应责令其整改,经整改后仍不符合要求的及情节严重的,应勒令退出。

幼儿园举办者自愿退出普惠性民办幼儿园的,须提前一年向县(市)区教育行政部门提出书面申请,并妥善做好后续工作。县(市)区教育行政部门应及时接受幼儿园的退出申请,并对幼儿园接受政府补助的经费使用情况进行审计,及时撤销普惠性幼儿园认定,并向社会公布。如在审计中发现有违反本办法第十条规定的,应同时予以处罚。

第四章 附则

第十三条 本办法由宁波市教育局负责解释。

第十四条 本办法自 2016 年 3 月 1 日起执行。

附录七　宁波市第二轮学前教育三年提升
行动计划(2014—2016 年)

为深入贯彻落实国家、省、市中长期教育改革和发展规划纲要精神,进一步落实《国务院关于当前发展学前教育的若干意见》,根据《宁波市学前教育促进条例》(以下简称《条例》)和国家、省第二轮学前教育三年行动计划(2014—2016 年)要求,制定本计划,请认真贯彻执行。

一、指导思想

坚持学前教育的公益性和普惠性,坚持"政府主导、社会参与、公办民办并举"的发展策略,坚持改革创新,促进学前教育事业科学发展。

二、总体目标

进一步优化学前教育发展结构,提升发展内涵,力争经过 3 年努力,在全市范围内基本建成覆盖城乡、布局合理、公益普惠、质量保证、监管完备的学前教育公共服务体系,进一步满足适龄儿童就近入普惠性幼儿园需求。

(一)优化发展结构,扩大普惠性学前教育资源。建立以普惠性幼儿园为主体,选择性民办幼儿园为补充的学前教育发展结构。大力发展公办幼儿园和一类普惠性民办幼儿园,扶持和规范二类普惠性民办幼儿园。到 2016 年底,每个乡镇(街道)建有 1 所及以上公办幼儿园,全市公办幼儿园和一类普惠性民办幼儿园招生覆盖率达到 50％以上,普惠性幼儿园招生覆盖率达到 75％以上。

(二)提升发展内涵,推动学前教育优质均衡发展。到 2016 年底,完成新(改、扩)建普惠性幼儿园和农村幼儿园基本装备改造各 200 所;全市市星级幼儿园招生覆盖率巩固在 92％以上,市三星级及以上幼儿园招生覆盖率达到 55％以上;幼儿园园长及专任教师大专及以上学历达到 90％以上,园长及专任教师专业技术职称比率达到 60％以上,园长和专任教师持有教师资格证比率达到 92％以上,园长持上岗证比率达到 100％。园长及专任教师事业编制比率逐年稳步提高。

（三）保障财政投入，促进学前教育可持续发展。初步建立学前教育成本分担和运行保障机制，逐步加大财政对学前教育内涵发展的投入比重。各县（市）区财政性学前教育经费占同级财政性教育经费比率巩固在8％以上，不举办高中段教育的县（市）区巩固在12％以上。各县（市）区财政增量部分倾斜用于学前教育发展。

三、主要任务

（一）强化政府责任，完善学前教育投入保障体系

1. 完善学前教育统筹规划。到2015年底前，市和县（市）教育行政部门会同同级城乡规划主管部门，完成所辖地区学前教育布局专项规划的编制，并报同级人民政府审批。城乡居住社区配套幼儿园的建设，要纳入城市公共设施配套建设规划，切实做到社区配套幼儿园与住宅社区的同步规划、同步建设、同步验收、同步交付。市及各县（市）区政府出台城镇住宅社区配套幼儿园规划建设和使用管理办法，住宅社区配套建设的幼儿园要依法用于举办公办幼儿园或普惠性民办幼儿园。住宅社区配套建设幼儿园的命名应当体现社区名称或所在地名称，不得冠以特殊性字样，如"国际""实验""中心""双语"等等。各相关部门要统筹辖区普惠性幼儿园和选择性民办幼儿园布局，按照《宁波市人民政府关于鼓励和引导民间资本投资社会事业的意见（试行）》（甬政发〔2014〕58号）要求，将民间资本投资建设幼儿园项目纳入土地利用总体规划和年度土地利用计划，并进一步健全土地和用房保障制度。

2. 加强学前教育财政保障。各级政府将学前教育经费列入财政预算，确保各县（市）区财政性学前教育经费占同级财政性教育经费比率巩固在8％以上，不举办高中段教育的县（市）区巩固在12％以上。市及县（市）区政府要设立学前教育专项经费，市级财政每年至少安排5 000万元学前教育专项经费；县（市）区政府应逐年增加学前教育专项经费，用于保障辖区非事业编制教师待遇、发展农村公办幼儿园和一类普惠性民办幼儿园、规范二类普惠性民办幼儿园、开展保教人员培养培训等。各级审计部门要加强对学前教育经费的审计，确保经费使用效率。

3. 建立学前教育成本分担机制。各县（市）区财政部门会同教育行政部门，确定公办幼儿园生均培养成本的财政分担比率，出台公办幼儿园生均公用经费标准和普惠性民办幼儿园奖补办法。市及县（市）区物价部门会同教育行政部门定期监测公办幼儿园和普惠性民办幼儿园生均培养成本，按照公办幼儿园生均财政分担比率，建立科学合理的公办幼儿园收费标准动态调整机制；按照普惠性民办幼儿园生均财政奖补额度，确定普惠性民办幼儿园收费指导价，逐步实现公办幼儿园和普惠性民办幼儿园同质同价。

4. 强化农村学前教育发展。补足农村地区学前教育公益普惠资源。各级政府应针对农村地区，加大学前教育财政投入，加大公办幼儿园建设力度，开展普惠性幼

儿园园舍标准化改造和基本装备改造,建立农村地区专任教师待遇保障和激励机制,鼓励公办幼儿园在行政村举办分园或教学点,鼓励骨干教师到农村薄弱园支教。

(二) 优化发展结构,完善学前教育公共服务体系

1. 多渠道发展一批保基本的公办幼儿园。继续大力发展一批保教质量优、教师队伍稳、财政保基本的公办幼儿园,以区县为单位合理确定公办幼儿园的布局,逐年安排新(改、扩)建一批公办幼儿园,逐步做到"广覆盖、保基本"。重点发展一批农村公办幼儿园(教学点)和社区配套公办幼儿园。因地制宜探索公办幼儿园的多种财政投入形式,不得用财政投入建设或举办超标准、高收费的幼儿园。市、县两级编制部门要及时审批新办公办幼儿园,并按规定核定编制数。

2. 深化普惠性民办幼儿园扶持和管理政策。大力扶持一类普惠性民办幼儿园。各级政府应出台政策,创新政府购买服务方式,通过生均补助、减免租金、派驻公办教师、提供政策支持等多种方式,建立"自收自支、自主发展"的一类普惠性民办幼儿园运作机制。扶持规范二类普惠性民办幼儿园。在《宁波市普惠性民办幼儿园管理办法(试行)》基础上,进一步深化二类普惠性民办幼儿园分类扶持和规范管理,探索实施民办幼儿园财务管理办法,建立非营利运作机制。

3. 开展优质园集团化办园试点。出台激励政策,通过引入市场机制、盘活园所资产、整合管理力量、拓展服务层次等,扶持优质园在全市范围内以多种形式组建学前教育集团。到2016年底,力争在全市范围内形成一批"自主发展、内涵优质、服务面广、群众认可"的品牌学前教育集团。

4. 开展早期教育试点。各县(市)区因地制宜开展早期教育试点,建立由政府主导,卫计、妇联、教育等相关部门协同配合的0—3岁早期教育管理体制,形成由县级早期教育基地、乡镇(街道)和社区(村)早期教育指导站组成的公益早期教育网络。各县(市)区政府应当建立县(市)区、乡镇(街道)两级财政投入保障机制,市级财政对开展试点地区进行奖补。

5. 规范幼儿园招生行为。以县(市)区为单位,及时做好招生宣传工作,及时向社会公布辖区内幼儿园招生政策,公告辖区内具有办园许可证的幼儿园名单。分区域试点公办幼儿园、一类普惠性民办幼儿园和社区配套普惠性幼儿园就近入园办法,试点幼儿园网上报名办法。

6. 完善困难群体入园资助政策。进一步完善学前教育帮困助学政策,扩大资助范围,对接受学前教育的孤儿、经济困难家庭子女和残疾儿童入读普惠性幼儿园实行免收学前三年保育费和伙食费政策。所需财政投入,原则上由各县(市)区财政承担。

(三) 提升发展内涵,完善学前教育保教队伍培养培训体系

1. 优化幼儿教师培养培训机制。进一步加大"五年制"大专学历幼师培养力度,拓展以培养大专及以上学历幼师为起点的教学点,推广委托定向培养方式,补充农村

优质学前教育师资。优化幼儿教师队伍结构,适当提高男性幼儿教师比例。开展大专院校学前教育专业课程改革,优化课程设置。完善幼儿教师培训体系,开展新入职教师培训和新任园长任职资格培训,建立幼儿园在职教师(园长)5年一轮360学时的专业发展机制。完善幼儿教师(园长)业务能力考核机制,以考促训。加大幼儿教师师德建设,建设一支师德高尚、热爱儿童、业务精湛、结构合理的幼儿教师队伍。鼓励城镇幼儿园骨干教师到农村和欠发达地区支教,在教师职称评审、评优评先时,支教教师在同等条件下予以优先。

2. 保障幼儿教师地位和待遇。认真贯彻落实《宁波市公办幼儿园教职工编制标准指导意见》(甬编办发〔2013〕30号),逐步补足配齐各类幼儿园教职工,合理制订幼儿教师招聘计划,不断优化教职工队伍结构。逐步提高非在编教师工资待遇,具有教师职称(职务)的非在编教师,其人均年收入应达到当地社会平均工资的一点五倍以上,符合条件的幼儿园教师可享有事业单位养老、医疗等社会保障。按国家有关规定严把入口关,新招聘(非应届毕业生)幼儿教师应持有相应教师资格证,应届毕业生应按规定如期取得相应教师资格证。

3. 加强幼儿园保健工作。加大保健人员培养力度,在大专院校建立保健人员培养基地,开设幼儿医护保健等专业,探索订单式培养模式。加强保健人员的配备,幼儿园应当按照《宁波市托幼机构卫生保健管理办法实施细则》要求,配备保健人员。到2016年,普惠性民办幼儿园和公办幼儿园应至少配备1名卫技专业背景的专职保健人员。县(市)区编办应单独核定公办幼儿园专职保健人员编制,逐年增加公办幼儿园事业编制保健人员比例。加大保健人员的培训力度,每年至少培训合格保健人员500名,三年完成保健人员全员培训。建立保健人员业务能力考核机制,提升保健人员业务能力。重视保育员的培训,市级卫生行政部门应出台幼儿园保育员上岗培训标准,县级妇幼保健机构负责组织开展幼儿园保育员上岗培训和年度培训工作,县级教育行政部门应当建立保育员待遇保障和激励机制,提升队伍整体水平。各级妇幼保健机构按规定定期对幼儿园卫生保健工作进行监督和指导,并进行年度卫生保健工作评估。

4. 提升幼儿园保教质量。以《3—6岁儿童学习与发展指南》为指导,强化"幼儿园一日活动皆课程"的意识,优化幼儿园一日活动各环节的组织,引领广大幼儿园建立既富有特色,又符合幼儿身心发展规律的课程。进一步提升园长和教师的课程执行力,完善区域教研和园本教研制度,促进幼儿身心健康成长。结合幼儿园等级评定制度,建立幼儿园质量监督机制,健全保教质量评估体系,规范幼儿园办园行为,防止和纠正"小学化"倾向。完善幼儿园家校合作平台建设。

(四) 健全管理队伍,完善学前教育监督管理体系

1. 加强学前教育管理和教研队伍建设。各级教育行政部门要充实管理队伍,县(市)区教育行政部门应配备专职学前教育干部和教研员,因地制宜设置学前教育管

理科室,统筹负责辖区学前教育工作,乡镇(街道)要落实学前教育干部和教研力量,形成市、县(市)区、乡镇(街道)三级学前教育行政管理和教研网络。

2. 加大对薄弱幼儿园和无证幼儿园的治理力度。各县(市)区教育行政部门要全面掌握辖区薄弱园情况,对照《浙江省幼儿园准办标准(试行)》,逐园制定改造提升计划,落实改造任务。各县(市)区政府要在 2014 年底前,建立无证幼儿园的排查和治理机制,以乡镇(街道)为单位,以村委会为落脚点,明确无证幼儿园排查、上报责任。对未经批准擅自举办学前教育机构的,由所在地县(市)区教育行政部门责令限期改正;逾期不改正的,由教育行政部门提请县(市)区人民政府组织相关部门和镇(乡)人民政府、街道办事处依法取缔,并妥善安置在园儿童。无证幼儿园的治理成效纳入平安县(市)区考核。

3. 强化幼儿园安全管理。按有关规定建立全覆盖的幼儿园安全防护体系,加强幼儿园环境安全、卫生和食品安全,开展幼儿应急救助培训、灾害应急演练、幼儿防诱拐等安全教育。相关部门要按照职能分工,加强对幼儿园安全工作的监督与指导。

4. 健全学前教育监督管理机制。市和县(市)区人民政府教育督导机构应适时对各地行动计划实施情况进行督查,分年度开展学前教育布局专项规划的制定与落实、学前教育经费的投入和使用、学前教育资源的普惠发展、无证幼儿园的治理、保教人员的资质准入和待遇保障、规范办园行为等的专项督查。根据《浙江省幼儿园申办审批办法(试行)》(浙教基〔2008〕70 号)要求,进一步完善我市各类幼儿园申办审批办法。进一步完善幼儿园市星级评定机制,按市星级对幼儿园进行分类管理。

四、工作要求

(一)强化各级政府发展学前教育的责任意识。各级政府要认真贯彻落实《条例》和本行动计划,切实履行"统筹规划、投入保障、公共服务、监督规范"的政府职能,认真编制实施第二轮学前教育三年提升行动计划,建立市、县、乡三级学前教育联动发展机制。进一步建立健全学前教育问责制度,充分发挥各级学前教育联席会议作用,建立政府牵头、有关部门参与的工作机制。

(二)建立学前教育发展奖惩和激励机制。加大对县级政府学前教育事业发展的考核,建立学前教育事业发展年报制度,开展第二轮学前教育三年提升行动计划实施情况督查,开展"实施第二轮学前教育发展行动计划先进县(市)区"评选工作。充分发挥乡镇(街道)政府发展学前教育积极性,继续开展宁波市学前教育示范乡镇(街道)创建活动。

(三)加大学前教育宣传和引导力度。宣传《宁波市学前教育促进条例》及相关法律法规、政策措施,宣传《3—6 岁儿童学习与发展指南》,宣传学前教育先进典型,宣传各地学前教育改革试点成功经验,引导全社会形成共同关心支持学前教育事业发展的良好氛围。

附录八　宁波市发展学前教育第三轮行动计划(2018—2020年)

为贯彻落实国家、省、市教育事业发展"十三五"规划,促进我市学前教育事业科学发展,根据《浙江省人民政府办公厅关于印发浙江省发展学前教育第三轮行动计划(2017—2020年)的通知》(浙政办发〔2017〕137号)等文件精神,结合我市实际,特制定本计划。

一、总体目标

以习近平新时代中国特色社会主义思想为指引,综合考虑全面两孩政策、新型城镇化进程和户籍制度改革等因素,优化学前教育发展结构,进一步重视内涵建设,整体提升学前教育质量。到2020年,全面建成覆盖城乡、布局合理、公益普惠、优质均衡、监管完善的学前教育公共服务体系,满足广大群众"好入园、入好园"、追求普惠优质学前教育的需求,促进儿童健康、快乐成长。

(一)扩大普惠性学前教育资源。提高普惠性幼儿园的比例,建立以公办幼儿园和普惠性民办幼儿园为主体,选择性民办幼儿园为补充的学前教育发展格局。到2020年,普惠性幼儿园覆盖率(公办幼儿园和普惠性民办幼儿园在园幼儿数占在园幼儿总数的比例)达到85%以上,逐步实现按规定班额招生和就近入园;新建、改扩建普惠性幼儿园120所以上,重点增加城镇学位供给,应对城镇新一轮入园高峰。

(二)推进学前教育优质均衡发展。到2020年,等级幼儿园比例达到90%以上;等级幼儿园覆盖率达到97%以上,二级及以上幼儿园覆盖率达到70%以上,逐步取消准办园。幼儿园保教人员实现数量达标。幼儿园园长、专任教师持证率达到98%以上,具有大专及以上学历达到95%以上,其他人员均需持证上岗。

(三)深化学前教育体制机制改革。以区县(市)为主、乡镇(街道)参与的学前教育管理体制和办园体制逐步理顺,与普及目标和普惠要求相适应的学前教育经费保障机制普遍建立,幼儿园运行保障能力显著增强。幼儿园教师配备和工资待遇保障机制逐步完善,师资力量进一步加强。学前教育质量评估监管体系基本形成,办园行为普遍规范,保育质量进一步提高。

二、主要措施

(一)完善学前教育公共服务体系

1.加强城乡幼儿园规划建设。各级教育行政部门要会同规划等部门制定、调整本区域学前教育布局专项规划,报本级人民政府批准后实施,制定、调整的规划应统筹考虑区域内学龄前儿童数量、分布、增长趋势和现有幼儿园状况。依法办好乡镇(街道)公办中心幼儿园,充分发挥其辐射指导作用,引导有条件的行政村举办村级幼儿园,大村独立建园,小村联合办园。优先利用中小学闲置校舍改建幼儿园,并对薄弱幼儿园进行升级改造,进一步增加学位供给,扩大优质教育资源。不得使用财政性资金建设或举办超标准、高收费的幼儿园。

2. 加快普惠性幼儿园发展。扩大普惠资源,各乡镇(街道)在办好一所公办中心幼儿园基础上,根据适龄幼儿的入园需求,进一步办好公办幼儿园或公办中心幼儿园的分园、教学点,着力解决农村偏远地区幼儿的入园问题。鼓励公办幼儿园覆盖率较低的区县(市),在新建住宅小区配套举办公办园。发挥优质幼儿园的辐射带动作用,积极探索名园办分园、合作办园、委托管理、连锁办园等多种举办方式。

3. 落实住宅小区配套幼儿园建设制度。根据《浙江省学前教育条例》《浙江省住宅小区配套幼儿园建设管理办法》要求,各区县(市)要将住宅小区配套幼儿园用于举办普惠性幼儿园,举办普惠性民办幼儿园须通过公开招标方式确定委托办学方。新建、改扩建或统一规划、分期建设的居民住宅区,按规定要求配套建设幼儿园的,应与首期建设的居民住宅区同步设计、同步建设、同步装修、同步验收、同步交付使用。各区县(市)要开展城镇住宅社区配套幼儿园专项整治,在全面排摸基础上,对未按规定建设或移交、没有办成公办园或普惠性民办幼儿园的,要全面整改,争取在 2018 年底前整改到位。

4. 健全普惠性民办幼儿园扶持和管理机制。进一步完善我市普惠性民办幼儿园管理办法,各区县(市)政府应通过购买服务、综合奖补、减免租金、派驻公办教师等方式,支持普惠性民办幼儿园实现自我发展,提升办园等级。通过收费减免、基金奖励、捐资激励等优惠政策,鼓励个人、企业和社会组织举办普惠性民办幼儿园。对普惠性民办幼儿园,给予同等级公办幼儿园同一标准的生均公用经费补助。根据《事业单位登记管理暂行条例》《宁波市非营利性全日制民办学校开展事业单位登记暂行办法》等规定,符合条件的普惠性民办幼儿园,也可登记为事业单位法人。

5. 深化优质园集团化(联盟)办园试点。通过建立激励机制、整合管理力量、提升服务层次,积极推进"1＋n"集团化(联盟)办园试点。探索名园带新园、公办园助民办园、城乡结对办园等多种方式,形成资源共享、包点支教、合作教研、提优扶弱的捆绑式发展模式,整体提升全市优质学前教育资源供给能力。到 2020 年,各区县(市)要建成一批"规模合理、内涵优质、服务面广、社会认可"的集团化(联盟)幼儿园。

6. 建立0—3岁婴幼儿早期教养指导服务体系。各区县(市)要借助现有学前教育资源增设早教指导中心,在一级幼儿园和乡镇(街道)中心幼儿园内增设早教指导站,初步构建覆盖城乡的早教指导服务网络。早教指导站要依托妇幼保健机构,面向社区提供适合0—3岁婴幼儿成长的信息服务与专业指导,满足家长接受科学育儿指导的需求。

（二）完善学前教育投入保障体系

1. 加大学前教育经费保障力度。市级财政要在上一轮行动计划的基础上，进一步加强对学前教育的投入，安排的专项经费主要用于新增学位补助、普惠性幼儿园生均公用经费奖补、幼儿园升等奖励、劳动合同制教师培训经费补助、课程改革经费等，进一步完善市级学前教育专项经费使用管理办法。各区县（市）要切实加大财政投入力度，确保区县（市）财政性学前教育经费占同级财政性教育经费比例巩固在 8％以上，其中不举办高中段教育的区县（市）巩固在 12％以上，新增财政性教育投入向学前教育倾斜；要根据幼儿园生均成本、保教费收费情况，逐步提升生均公用经费补助标准；要设立学前教育专项经费，并及时修订完善本区域内的学前教育专项经费使用管理办法，重点用于保障劳动合同制教师待遇、发展普惠性幼儿园、开展保教人员培养培训等。

2. 健全学前教育成本分担机制。按照非义务教育办学成本分担的要求，确定学前教育公共财政和家长合理缴费分担成本比例。完善普惠性民办幼儿园收费管理制度，健全公办幼儿园收费动态调整机制。参照省政府非营利性幼儿园收费原则，各区县（市）可依据不同等级幼儿园合理办园成本、政府补助状况和群众承受能力，确定公办幼儿园收费标准和普惠性民办幼儿园收费指导价。各区县（市）应建立当地学前教育生均标准、生均公用经费标准、公办园生均财政拨款标准。

3. 完善学前教育资助制度。完善学前教育帮困助学政策，对困难家庭子女免收保育费和伙食费，其中，对在民办幼儿园就读的，按当地三星级公办幼儿园保育费和伙食费标准给予补助，所需经费原则上由区县（市）财政承担。大力推进学前残疾幼儿融合教育，鼓励幼儿园建设特殊教育资源教室，接受轻度残疾儿童随班就读，提高残疾幼儿接受学前教育比例。

（三）完善学前教育保教队伍建设支持体系

1. 提高幼儿教师的待遇和地位。采取多种方式提高幼儿园劳动合同制教师的工资待遇，确保人均年收入不低于上一年度所在地全社会单位在岗职工年平均工资；确保劳动合同制教师在职称评定、业务培训、评奖激励等方面与事业编制教师享有同等地位。督促民办幼儿园举办者保障幼儿教师待遇水平，落实社会保险和财政补助政策。对农村幼儿园教师实施倾斜性补助政策。

2. 健全教师编制动态管理机制。各区县（市）要在地方机构编制限额内采取核定编制、统一招考管理等方式，及时补充公办幼儿园教师。推动所有幼儿园按配备标准配足配齐保育教育人员（含教师、保育员、保健人员等），二级及以上幼儿园应配备 2 教 1 保，三级幼儿园应配备 2 教或 1.5 教 0.5 保。

3. 优化幼儿园保教队伍培养培训机制。创新选人用人机制，依托宁波教育学院，采用定向招生、择优录用等方式，着力培养一批现代化幼儿园所需骨干教师。推进幼儿教师职前培养与职后培训一体化,健全"5 年制"和"3＋4 制"学历幼师培养制度,鼓励委托定向培养,为农村和偏远地区补充优质学前教育师资。严格按照托幼机构卫生保健管理办法要求配备保健人员,普惠性幼儿园应至少配备 1 名卫技专业背景的专职保健人员,并建立科学规范的幼儿园保育员、保健员、保安员聘用、培训和考核制度,提升队伍整体水平。

4. 提升园长、幼儿教师专业素养。加强幼儿园教职工培训,培训经费列入区县(市)财政预算,其中在编教师培训经费参照中小学教师标准。重视劳动合同制教师的业务培训,按要求安排足够的培训经费,区县(市)财政要给予一定补助。以需求为导向,建设研训一体的学前教育培训网络,多渠道开设适应不同岗位保教人员专业发展需要的在职培训课程,增强培训针对性和实效性,重点培养各级名师、名园长、骨干教师。各区县(市)要加快推进名师、名园长工作室建设,有效发挥名师、名园长的示范引领作用,同时加大对民办幼儿园、农村幼儿园教师的培训力度。

（四）完善学前教育质量监管和业务指导体系

1. 强化幼儿园办园行为监管。各级政府要履行好监管的主体责任,建立区县(市)、乡镇(街道)、幼儿园三级办园行为动态监管机制。加大对薄弱幼儿园的改造和无证幼儿园的整治力度,加强对幼儿园安全工作的监督与指导,建立全覆盖的幼儿园安全防护体系。落实我省关于全面推进幼儿园课程改革的指导意见,建立幼儿园课程备案审核制,规范幼儿园课程实施和保教行为,杜绝"小学化"倾向。鼓励区县(市)开展第三方办园质量评估,着重对幼儿园的人员配备、设施设备条件、保育和教育质量、服务对象满意度等进行评估,并将评估结果作为考核重要依据。

2. 加强幼儿园保育教育指导。完善教研指导责任区制度,根据幼儿园数量和布局划分教研责任区,建立由优秀园长和名优教师组成的专兼职教研员队伍,形成覆盖区县(市)、乡镇(街道)、村各类幼儿园的教研指导网络。加强学前教育教科研队伍建设,深入开展学前教育科学研究,有效提升园长的课程领导能力和教师的课程实施能力。发挥乡镇(街道)公办中心幼儿园的辐射和指导作用,探索乡镇(街道)公办中心幼儿园和村级幼儿园一体化管理。

3. 加快学前教育信息化建设。将学前教育信息化纳入基础教育信息化建设和管理体系,建立基于"园园通"平台的市、区县(市)、园、家四级信息应用平台,提升管理能级。鼓励幼儿园建立家园网络互通平台,整合各种媒体加强家园联系,传播科学育儿知识,开展园际合作和网络研修。加强学前教育行政管理人员、园长、幼儿教师信息技术应用能力培训,推进信息技术在学前教育中的有效应用。

三、组织实施

（一）强化组织领导。健全政府统筹牵头、部门齐抓共管的工作机制,明确机构编制、发改、教育、财政、人力社保、国土资源、规划、住建、卫生计生等市级部门职责,协力推进发展学前教育第三轮行动计划的实施。各区县(市)政府要把发展学前教育作为教育现代化的重要任务和民生实事工程,并根据本行动计划的目标要求和各地实际情况,制订实施本区域的发展学前教育第三轮行动计划,确保各项目标任务落到实处,推动本区域学前教育事业的可持续发展。

(二)加强督导考核。加大对各区县(市)学前教育事业发展的督导考核,重点对城镇住宅小区配套幼儿园建设管理、学前教育经费投入和使用、教职员工配备和待遇保障等进行专项督查,督导考核结果向社会公示。建立学前教育事业发展年报制度,把学前教育纳入教育现代化水平监测体系。开展发展学前教育第三轮行动计划实施情况督查,将督查结果列入对区县(市)政府的目标管理考核。开展市学前教育示范乡镇(街道)复核和合格乡镇(街道)评估工作,充分发挥乡镇(街道)发展学前教育的积极性。

(三)加大宣传力度。全面贯彻落实《浙江省学前教育条例》及相关法律法规,大力宣传《3—6岁儿童学习与发展指南》《幼儿园工作规程》,推广各地学前教育改革成功经验。坚持有利于学前教育健康发展的舆论导向,拓展宣传阵地,紧密学前教育机构和社会、家庭的联系与合作,进一步扩大学前教育的社会影响,提高社会、家庭对学前教育重要性的认识,引导家长正确选择,形成全社会共同关心、支持学前教育事业发展的良好氛围。

参考文献

一、中文部分

［1］丁煌.政策执行［J］.中国行政管理,1991(11):38-39.

［2］丁秀棠."普惠性"目标定位下民办学前教育的现状与发展［J］.学前教育研究,2013(3):16-21.

［3］丁忠毅.编制和实施五年规划:中国共产党治国理政的重要方式［J］.思想理论教育导刊,2021(4):71-77.

［4］上海市浦东新区教育局.学前教育财政投入与绩效监控的实践探索［R］.普惠性民办幼儿园政策研究结题报告(2011—2013),2013.

［5］王玲艳.建国以来我国幼儿教育重要文献关注的若干重大话题分析［J］.学前教育研究,2008(3):9-12.

［6］王迎兰.当前"入园难"问题的突出表现及其解决——基于主流新闻媒体报道的分析［J］.学前教育研究,2010(11):24-26.

［7］王海英.从特权福利到公民权利——解读《国务院关于当前发展学前教育的若干意见》中的普惠性原则［J］.幼儿教育(教育科学),2011(1):2-6.

［8］王元凯,刘传莉.对发展农村普惠性幼儿园的思考［J］.教育导刊(下半月),2011(7):17-20.

［9］王海英."三权分立"与"多中心制衡"——试论学前教育公共服务多元供给主体间的关系［J］.教育学术月刊,2013(1):120-123.

［10］王默,洪秀敏,庞丽娟.聚焦我国民办幼儿园教师队伍的发展:问题、影响因素及对策［J］.学前教育研究,2015(5):36-42.

［11］王声平,姚亚飞.普惠性民办幼儿园教育质量管理的现状调查及对策建议［J］.教育评论,2018(3):58-61.

［12］王道俊,王汉澜.教育学［M］.北京:人民教育出版社,1989.

［13］中国驻韩国大使馆教育处.韩国学前教育调研报告［J］.基础教育参考,2017(7):13-17.

［14］［日］平冢益德.世界教育辞典［M］.黄德诚等译.长沙:湖南教育出版社,1989.

［15］北仑区教育局.强化政府职责,切实推进北仑区学前教育优质普惠发展［R］.明确政府发展学前教育职责改革试点项目总结报告,2015.

［16］田涛.改革开放 40 年幼儿教师队伍发展的回顾与展望［J］.四川师范大学学报(社会科学版),2019(1):69-77.

［17］民进宁波市委会.关于促进我市幼儿教育事业健康发展的建议［R］.2005 年民进宁波市委会

专题调研报告,2005.

[18] 皮拥军.OECD国家推进教育公平的典范——韩国和芬兰[J].基础教育改革动态,2007(2):211-213.

[19] [瑞典]托尔斯顿·胡森.社会环境与学业成就[M].张人杰,译.昆明:云南教育出版社,1991.

[20] 成有信.教育政治学[M].南京:江苏教育出版社,2000.

[21] 朱家雄.国际视野下的学前教育[M].上海:华东师范大学出版社,2017.

[22] 伍启元.公共政策[M].香港:商务印书馆,1989.

[23] 全国妇联课题组.全国农村留守儿童、城乡流动儿童状况研究报告[J].中国妇运,2013(6):30-34.

[24] 江夏.何谓"公办园"[J].人民教育,2011(17):21-23.

[25] 江北区教育局.江北区学前教育公共财政资源普惠性配置机制改革的实践探索与研究[R].明确政府发展学前教育职责改革试点项目总结报告,2015.

[26] [美]安妮特·拉鲁.不平等的童年[M].宋爽,张旭,译.北京:北京大学出版社,2010.

[27] 李春玲.社会政治变迁与教育机会不平等——家庭背景及制度因素对教育获得的影响(1940—2001)[J].中国社会科学,2003(3):86-98.

[28] 李煜.制度变迁与教育不平等的产生机制——中国城市子女的教育获得(1966—2003)[J].中国社会科学,2006(4):97-109.

[29] 李天顺.以公益普惠的学前教育奠基未来[J].人民教育,2011(11):25-27.

[30] 李克建.幼儿园教育质量与生均投入、生均成本的关系研究[J].教育与经济,2015(2):25-31.

[31] 李召存.探寻文化回应性的学前教育质量评价[J].教育研究,2017(4):64-70.

[32] 李卓,罗英智.幼儿园集团化发展的形态、矛盾及其消解[J].现代教育管理,2017(11):47-51.

[33] 李帅.普惠性学前教育经费保障机制的构建——基于学前教育法和财税法的交叉视角[J].湖南师范大学教育科学学报,2019(11):39-45.

[34] 李卓豫.改革开放40年学前教育政府投入政策之演变[J].黑龙江教师发展学院学报,2020(10):4-7.

[35] 李孔珍,李鑫.新时代教育政策执行研究新思考[J].河北大学学报(哲学社会科学版),2021(4):99-106.

[36] 步社民.学前教育市场化反思——以浙江省某些区域的幼教现象为例[J].学前教育研究,2008(12):3-6.

[37] 吕萍.学前教育公共服务体制的建构[D].杭州:浙江大学,2015.

[38] 吴志宏,陈韶峰,汤林春.教育政策与教育法规[M].上海:华东师范大学出版社,2003.

[39] 吴定.公共政策[M].台北:五南图书出版公司,2008.

[40] 佘宇,单大圣.努力发展普惠而有质量的学前教育[J].行政管理改革,2019(2):16-22.

[41] 沈海驯,于海军.发达城市推进学前教育普惠优质发展的路径探析——以宁波市为例[J].中国教育学刊,2018(7):17-20.

[42] 宋伟,袁爱玲.正确认识学前教育普惠性的内涵[J].教育导刊,2012(6):25-32.

[43] 宋映泉.我国学前教育事业发展主要矛盾与公共财政投入改革方向[J].教育经济评论,2019(4):19-48.

[44] 范明丽,洪秀敏.我国学前教育管理体制改革的历程与方向——改革开放40周年回眸与展望

[J].学前教育研究,2019(1):22-32.

[45] 林水波,张世贤.公共政策[M].台北:五南图书出版公司,1982.

[46] 林榕,王海英,魏聪.嵌入与调适:普惠性民办幼儿园教师生存状态的社会学分析[J].教育发展研究,2019(8):41-48.

[47] 门鑫玥.普惠性民办幼儿园认定标准政策的内容分析[D].沈阳:沈阳师范大学,2019.

[48] 周永明,林佩玲.宁波学前教育事业发展的制度设计(上)[J].学前教育研究,2010(2):3-14.

[49] [美]法兰西斯·C.福勒.教育政策学导论[M].许庆豫,译.南京:江苏教育出版社,2007.

[50] 姜勇,李芳,庞丽娟.普惠性学前教育的内涵辨析与发展路径创新[J].学前教育研究,2019(11):13-21.

[51] 姜勇,王艺芳.新时期学前教育发展研究[M].上海:华东师范大学出版社,2020.

[52] 洪秀敏,朱文婷,钟秉林.不同办园体制普惠性幼儿园教育质量的差异比较——兼论学前教育资源配置质量效益[J].中国教育学刊,2019(8):39-44.

[53] 洪秀敏.中国教育改革开放 40 年——学前教育卷[M].北京:北京师范大学出版社,2019.

[54] 洪银兴.市场化导向的政府和市场关系改革 40 年[J].政治经济学评论,2018(6):28-38.

[55] 姚琳琳.普惠性幼儿园的特点及发展对策[J].徐特立研究,2011(3):44-47.

[56] [美]约翰·罗尔斯.正义论[M].何怀宏,何包钢,廖申白,译.北京:中国社会科学出版社,2001.

[57] 马锦华,陈圆圆,李晓宁.幼儿园教育质量评估指标体系比较及其启示[J].教育研究与实验,2019(5):76-82.

[58] 沙莉.规范并提高幼儿教师资质要求——国际学前教育法律及政策研究[J].中国教育学刊,2010(S1):13.

[59] 沙莉,庞丽娟.明确学前教育性质,切实保障学前教育地位——法国免费学前教育法律研究及其对我国的启示[J].学前教育研究,2010(9):3-8.

[60] 徐增辉.新公共管理研究——兼论对我国行政改革的启示[D].长春:吉林大学,2005.

[61] 高丙成,周俊鸣.公办幼儿园家长学前教育成本分担研究[J].新疆教育学院学报,2014(4):23-26.

[62] 陈奎熹.教育社会学[M].台北:三民出版社,1980.

[63] 陈文辉.宁波市学前教育调研报告[C].宁波市教育局优秀调研报告集,2007.

[64] 陈蓉晖,张茜萌.幼儿园教师专业能力现状提升策略——基于《幼儿园教师专业标准(试行)》的调查[J].东北师大学报(哲学社会科学版),2017(4):210-215.

[65] 陈纯槿,范洁琼.我国学前教育综合发展水平的省际比较与分析[J].学前教育研究,2018(12):14-27.

[66] 孙绵涛.教育政策论——具有中国特色的社会主义教育政策研究[M].武汉:华中师范大学出版社,2022.

[67] 孙绵涛.教育政策学[M].北京:中国人民大学出版社,2010.

[68] 孙美红.改革开放 40 年我国农村学前教育的变迁与政府责任[J].学前教育研究,2019(1):33-44.

[69] 黄昆辉.论教育机会均等[M].台北:文景,1975.

[70] 梁慧娟.我国现行幼儿教师政策的"身份制"特征表现与成因分析[J].学前教育研究,2011

(9):14-18.

[71] 张琴秀,赵国栋,成颖丹.中部六省学前教育成本分担现状比较及政策建议[J].教育财会研究,2019(05):43-49.

[72] 张思仪.NAEYC幼教机构质量认证体系的评价思想及其启示[J].学前教育研究,2013(9):15-20.

[73] 张晓莹.辽宁省普惠性幼儿园质量保障研究[D].沈阳:沈阳师范大学,2019.

[74] 张芳全.教育政策[M].台北:师大书苑,2000.

[75] 张焕庭.教育辞典[M].南京:江苏教育出版社,1991.

[76] 张志勇.亟须通过学前教育立法破解"六大难题"[J].人民教育,2018(9):18-20.

[77] 彭兵.武汉市幼儿园保教质量评估与监测现状及发展对策[J].学前教育研究,2013(8):14-21.

[78] 彭泽平,曾丽樾,李礼.新中国幼儿教师队伍建设的历程、经验与前瞻[J].教育学术月刊,2021(7):18-25.

[79] [美]斯图亚特·S.那格尔.政策研究百科全书[M].林明,龚裕,鲍克,等译.北京:科学技术文献出版社,1990.

[80] 叶澜.教育概论[M].北京:人民教育出版社,1991.

[81] 冯晓霞.大力发展普惠性学前教育是解决入园难、入园贵的根本[J].学前教育研究,2010(5):4-6.

[82] 朱永新,冯晓霞.中国教育改革大系——学前教育卷[M].武汉:湖北教育出版社,2016.

[83] 游忠永.教育行政学[M].成都:成都电讯工程学院出版社,1988.

[84] 曾晓东.我国幼儿教育由单位福利到多元化供给的变迁[J].北京师范大学学报(社会科学版),2006(2):11-16.

[85] 曾洁女.宁波学前教育的主要问题[C].新时期学前教育高质量发展研讨会论文集,2019.

[86] 贺红芳.普惠性幼儿园政策执行的制约因素与路径选择——基于史密斯政策执行郭晨模型的分析[J].教育科学,2017(6):58-63.

[87] 杨卫安,袁媛,岳丹丹.普惠性民办幼儿园财政补助的问题与改进——基于全国部分地区补助标准的考察[J].教育与经济,2020(3):50-57.

[88] 杨东平.从权利平等到机会均等——新中国教育公平的轨迹[J].北京大学教育评论,2006(2):2-11.

[89] 杨大伟,胡马琳.我国民办园普惠化的动力、运行机制及其政策制度优化[J].教育科学,2019(1):32-38.

[90] 虞永平.基本普及学前教育是未来十年学前教育发展的目标[J].幼儿教育,2010(28):4-6.

[91] [美]詹姆斯·科尔曼.教育机会均等的观念[M].上海:华东师范大学出版社,1989.

[92] 褚宏启.关于教育公平的几个基本理论问题[J].中国教育学刊,2006(12),1-4.

[93] 郑子莹.我国学前教育普惠性概念的建构及政府责任[J].四川教育学院学报,2012(11):1-4.

[94] 宁海县教育局.县域普惠性民办幼儿园的建设实施[R].宁海县学前教育体制改革试点项目总结报告,2015.

[95] 邓泽军.基于不同办园体制的幼儿教师专业发展分类推进策略[J].中国教育学刊,2014(5):91-94.

[96] 余中根.普惠性民办幼儿园的内涵及其政策价值[J].聊城大学学报,2016(6):111-115.

[97] 余姚市教育局.保障幼儿教师待遇[R].学前教育体制改革试点项目总结报告,2015.

[98] 刘复兴.教育政策的价值系统[J].清华大学教育研究,2003(2):7.

[99] 刘焱,武欣.欧洲国家发展普惠性学前教育的路径选择[J].比较教育研究,2019(01):69-75+84.

[100] 刘占兰.幼儿园教师的专业能力[J].学前教育研究,2012(11):3-9.

[101] 刘占兰.中国学前教育发展报告(2012)[M].北京:教育科学出版社,2013.

[102] 刘国艳,陈圆圆,陈玮玮.教育公平视角下不同家庭背景幼儿教育机会获得研究——基于深圳市的实证调查数据[J].教育与经济,2016(5):23-29.

[103] 刘志彪.中国改革开放的核心逻辑、精神和取向——为纪念改革开放40周年而作[J].东南学术,2018(4):60-66.

[104] 刘焱.普惠性幼儿园发展的路径与方向[J].教育研究,2019(3):25-28.

[105] 刘海,洪福财.提升普惠性民办幼儿园师资素质政策及其实施经验分析:以中国浙江省宁波市为例[J].台湾教育研究期刊,2020(1):255-277.

[106] 霍力岩,胡恒波,莎莉,等.普及、优质和均衡应是新时代学前教育发展的核心主题[J].人民教育,2018(7):31-36.

[107] [美]罗伯特·B.丹哈特.公共组织理论[M].北京:中国人民大学出版社,2003.

[108] [美]罗伯特·帕特南.我们的孩子[M]北京:中国政法大学出版社,2017.

[109] 罗伟.公益普惠背景下公办幼儿园集团化发展:积极效应、运营模式与潜在风险[J].教育理论与实践,2021(14):25-29.

[110] 庞丽娟.加快学前教育的发展及普及[J].教育研究,2008(5):28-30.

[111] 庞丽娟.中国教育改革30年——学前教育卷[M].北京:北京师范大学出版社,2009.

[112] 兰州市城关区教育局.抢抓机遇创新思路,积极扶持促发展[R].普惠性民办幼儿园政策研究结题报告(2011—2013),2013.

[113] 龚欣,郑磊.提升资格准入门槛就可以提高幼儿园教师质量吗?——基于数量与质量双重短缺背景的分析[J].教育发展研究,2020(24):67-75.

[114] 王恩奎.多管齐下解决幼儿"入园"难题[EB/OL].(2016-06-14)[2020-12-15].https://www.sohu.com/a/83123051_222493.

[115] 中共中央,国务院.中共中央 国务院关于全面深化新时代教师队伍建设改革的意见[EB/OL].(2018-01-31)[2020-12-15].http://www.gov.cn/xinwen/2018-01/31/content_5262659.htm.

[116] 北京晨报.幼儿园招生收费超过大学,关卡过多家长需面试[EB/OL].(2010-07-27)[2020-12-20].http://edu.sina.com.cn/zxx/2010-07-26/1746260394.shtml.

[117] 北仑区教育局.北仑设2 000万元学前教育专项发展资金[EB/OL].(2011-08-24)[2020-12-23].http://jyj.ningbo.gov.cn/art/2011/8/24/art_1229165918_52572014.html.

[118] 海曙区教育局.关于海曙区学前教育专项资金使用管理办法的通知[EB/OL].(2019-12-02)[2021-02-03].http://www.haishu.gov.cn/art/2019/12/2/art_1229114134_539107.html.

[119] 陈宝生.陈宝生在十三届全国人大一次会议记者会上的发言[EB/OL].(2018-03-20)[2021-

02-05］. http://www.moe.gov.cn/jyb_xwfb/xw_zt/moe_357/jyzt_2018n/2018_zt07/zt1807_bzzs/201803/t20180320_330636.html.

［120］ 教育部.中华人民共和国教育部 2009 年教育统计数据［EB/OL］.（2010-11-26）［2021-02-10］. http://www.moe.gov.cn/jyb_sj21/moe_560/s4958/.

［121］ 教育部.《国家中长期教育改革和发展规划纲要》中期评估——学前教育专题评估报告［EB/OL］.（2015-11-24）［2021-02-10］. http://www.moe.gov.cn/jyb-xwfb/xw-fbh/moe-2069/xwfbh-2015n/xwfb-151124/151124-sfcl/201511/t20151124-220650.html.

［122］ 教育部.2009 年教育统计数据:幼儿教育［EB/OL］.（2010-11-26）［2021-02-10］. http://www.moe.gov.cn/jyb_sj21/moe_560/s4958/s4965/.

［123］ 教育部.教育部分别在天津和南京召开学前教育工作座谈会［EB/OL］.（2011-01-20）［2021-02-10］. http://www.gov.cn/gzdt/2011-01/20/content_1789206.htm.

［124］ 教育部.学前教育三年行动计划简报 2011 年第 1 期［EB/OL］.（2011-03-21）［2021-02-10］. http://www.moe.gov.cn/jyb_xwfb/moe_2082/zl_2015n/s5205/201103/t20110321_116101.html.

［125］ 教育部.2018 年教育统计数据［EB/OL］.（2019-08-08）［2021-02-15］. http://www.moe.gov.cn/jyb_sj21/moe_560/jytjsj_2018/.

［126］ 教育部.中华人民共和国国家教育委员会令第 4 号《幼儿园管理条例》［EB/OL］.（2015-1-19）［2021-02-15］. http://www.moe.gov.cn/srcsite/A02/s5911/moe_621/201511/t20151119_220030.html.

［127］ 教育部.国家教育事业发展"十一五"规划纲要［EB/OL］.（2007-06-17）［2021-02-16］. http://www.moe.gov.cn/jyb_xwfb/gzdt_gzdt/moe_1485/tnull_22875.html.

［128］ 教育部.2006 年教育统计数据［EB/OL］.（2007-06-08）［2021-02-16］. http://www.moe.gov.cn/jyb_sj21/moe_560/moe_1659/.

［129］ 教育部.教育部关于印发《幼儿园教师专业标准(试行)》《小学教师专业标准(试行)》《中学教师专业标准(试行)》的通知［EB/OL］.（2012-09-13）［2021-02-16］. http://www.moe.gov.cn/srcsite/A10/s6991/201209/t20120913_145603.html.

［130］ 教育部.教育部 中央编办 财政部 人力资源社会保障部关于加强幼儿园教师队伍建设意见［EB/OL］.（2012-11-08）［2021-02-16］. http://www.moe.gov.cn/srcsite/A10/s3735/201211/t20121108_14554.html.

［131］ 教育部.教育部关于印发《幼儿园教职工配备标准(暂行)》的通知［EB/OL］.（2013-01-23）［2021-02-17］. www.moe.gov.cn/srcsite/A10/s7151/201301/t20130115_147148.html.

［132］ 教育部.教育部关于印发《普通高中校长专业标准》《中等职业学校校长专业标准》《幼儿园园长专业标准》的通知［EB/OL］.（2015-01-12）［2021-02-15］. http://www.moe.gov.cn/srcsite/A10/s7151/201501/t20150112_189307.html.

［133］ 教育部办公厅,财政部办公厅.教育部办公厅 财政部办公厅关于做好 2015 年中小学幼儿园教师国家级培训计划实施工作的通知［EB/OL］.（2015-04-09）［2021-02-18］. http://www.moe.gov.cn/srcsite/A10/s7034/201504/t20150409_189420.html.

［134］ 教育部等.教育部等五部门关于印发《教师教育振兴行动计划（2018—2022 年）》的通知［EB/OL］.（2018-03-23）［2021-02-17］. http://www.moe.gov.cn/srcsite/A10/s7034/201803/

t20180323_331063. html.

[135] 台湾师范大学教育学系. 研究伦理中心/研究发展处[EB/OL]. (2014-02-05)[2021-02-10]. http:www. acad. ntnu. edu. tw/7intro/super-pages. phd?ID=7introl.

[136] 国家中长期教育改革和发展规划纲要工作小组办公室. 国家中长期教育改革和发展规划纲要(2010—2020 年)[EB/OL]. (2010-07-29)[2021-02-18]. http://www. moe. gov. cn/srcsite/A01/s7048/201007/t20100729_171904. html.

[137] 国务院. 国务院关于当前发展学前教育的若干意见[EB/OL]. (2010-11-24)[2021-05-21]. http://www. gov. cn/zhengce/content/2010-11/24/content_5421. htm.

[138] 成功大学. 人类研究伦理治理架构[EB/OL]. (2011-01-05)[2021-05-21]. https://rec. chass. ncku. edu. tw/about-research-ethics/definition.

[139] 智谷趋势. 为什么我们的幼教老出事? 这组数字你要知道[EB/OL]. (2017-11-26)[2021-05-21]. https://www. guancha. cn/society/2017_11_26_436503_2. shtml.

[140] 新华社. 中共中央 国务院关于学前教育深化改革规范发展的若干意见[EB/OL]. (2018-11-15)[2021-05-25]. http://www. gov. cn/zhengce/2018-11/15/content_5340776. htm.

[141] 宁波市教育局. 宁波市 2009—2010 学年度幼儿教育基本情况[EB/OL]. (2010-07-26)[2021-05-25]. http://jyj. ningbo. gov. cn/art/2010/7/26/art_1229166713_1439994. html.

[142] 宁海县教育局.「加减法」让无证园归零[EB/OL]. (2015-02-03)[2021-05-25]. http://jyj. ningbo. gov. cn/art/2015/2/3/art_1229165918_52557889. html.

[143] 宁波市教育局. 宁波市 2020—2021 学年度学前教育基本情况[EB/OL]. (2022-06-16)[2022-05-25]. http://jyj. ningbo. gov. cn/art/2021/6/16/art_1229166713_3740990. html.

[144] 宁波发布. 2020 年宁波市单位从业人员年平均工资[EB/OL]. (2021-07-13)[2024-03-18]. https://www. sohu. com/a/477228773_121123864.

二、英文部分

[1] Linneker, B. and Spence, N. Accessibility measures compared in an analysis of the impact of the M25 London orbital motorway on Britain[J]. *Environment and Planning*, 1992(24): 1137-1154.

[2] Esping-Andersen, G. *Social foundations of post-industrial economies*[M]. Oxford: Oxford University Press, 1999.

[3] Education and training monitor 2017[EB/OL]. (2017-09-15)[2017-12-29]. https://ec. europa. eu/education/sites/education/files/monitor2017_en. pdf.

[4] Guryan, J. The effects of children's gender composition on filinal piety and old-age support [J]. *Economic Journal*, 2008(130), 2497-2525.

[5] Hechman, J. Policies to foster human capital[J]. *Research in Economics*, 2000(54): 3-56.

[6] William Dunn. *Public policy analysis: Introduction*[M]. Prentice-hall. 1981.

[7] OECD. *Education at a glance*[M]. Paris：OECD Indicators. 2017.

图书在版编目(CIP)数据

区域普惠性学前教育公共服务体系建设/刘海著.
上海:复旦大学出版社,2025.1. —— ISBN 978-7-309-
17714-5

Ⅰ. G619.2
中国国家版本馆 CIP 数据核字第 2024W4N793 号

区域普惠性学前教育公共服务体系建设
刘　海　著
责任编辑/夏梦雪

复旦大学出版社有限公司出版发行
上海市国权路 579 号　邮编:200433
网址:fupnet@fudanpress.com　http://www.fudanpress.com
门市零售:86-21-65102580　团体订购:86-21-65104505
出版部电话:86-21-65642845
苏州市古得堡数码印刷有限公司

开本 787 毫米×1092 毫米　1/16　印张 10.75　字数 222 千字
2025 年 1 月第 1 版
2025 年 1 月第 1 版第 1 次印刷

ISBN 978-7-309-17714-5/G·2645
定价:49.00 元